普惠金融与"三农"经济研究系列丛书

丛书策划：米运生

信贷可得：
金融素养与乡村振兴中的金融供给

张乐柱　张少宁　王剑楠　编著

中国农业出版社

北　京

基金资助：

广东省财政专项资金项目"普惠金融与三农经济研究"（GDZXZJSCAU 202054）

教育部人文社会科学研究规划基金项目"人口老龄化对农村家庭金融脆弱性的影响及金融需求侧的应对路径研究"（23YJA790101）

广东省社科规划基金一般项目"乡村信用体系建设：普惠逻辑、评价指标与增信机制研究"（GD21CYJ11）

序　言

金融是现代经济的核心。金融业的规模经济性和空间聚焦性容易导致金融发展的不平衡不充分问题。特别是空间分散和稀薄市场等引起的高交易成本等因素，会从广度、宽度和深度等方面，不利于农村金融市场的发展。农民，尤其是小农，容易遭遇到金融排斥和信贷配给等问题，而且农民的认知偏差和较低的金融素养，会使问题变得更为严峻。数字技术和数字经济快速发展带来的数字金融，在一定程度上降低了信息成本和交易成本，在促进长尾市场发展的同时，也在很大程度上促进了农村金融市场的发展。数字鸿沟的存在，也使得农村金融市场发展面临着较大的困难。发展中国家的农村地区普惠金融的发展是一个世界性难题。作为人口最多的发展中国家，中国也一样面临着较大的城乡金融发展不平衡问题，普惠金融也因此变得非常重要。

广东是中国第一经济强省，同时也是区域差距和城乡差距较大的省份。在金融领域，广东的区域差距和城乡差距也是比较大的。处于改革开放前沿阵地的广东，在通过普惠金融助推乡村振兴并实现现代化方面，承担着重要责任和使命。这既是国家对广东的要求，也是广东农村高质量发展的需要。当前，广东正在以习近平新时代中国特色社会主义思想为指引，谋划"十四五"发展规划。其中，发展普惠金融，也是重要的一环。广东省委、省政府一直高度重视普惠金融，广东的普惠金融发展也取得了较大的进展，探索了不少颇有成效的经验模式。不过，普惠金融的发展是一个系统工程，也是一个动态过程。对广东来说，普惠金融的发展还面临着不少亟待解决的问题，还存在一些需要克服的困难。

通过普惠金融，解决广东金融发展的不平衡和不充分问题，不但关系到广东金融业的可持续发展，也关系到广东乡村振兴战略的顺利实现，更关系到广东现代化建设目标的如期实现。研究广东普惠金融的规律，总结其经验，发现问题并提出方案，是摆在社会各界特别是学术界面前的一项历史使命。要完成这项使命，高校责无旁贷。就发展普惠金融而言，华南农业大学应该发挥它的重要作用。依托金融学广东省特色重点学科、广东省金融大数据分析重点实验室、金融学学术和专业硕士授权点、金融学国家一流专业建设点等平台，华南农业大学金融学学科，在普惠金融的学术研究、人才培养和社会服务等方面，一直发挥着重要作用，为广东农村金融和普惠金融的发展，做出了不可替代的贡献。

华南农业大学金融学学科（专业）的发展，长期以来得到了广东省委、省政府的大力支持。随着乡村振兴战略的深入推进，广东加大了对华南农业大学的支持力度。2020年，在广东省人民政府张新副省长的关心和指导下，华南农业大学成立了普惠金融与"三农"经济研究院。成立该机构的宗旨主要是：加强普惠金融的学术研究、人才培养和社会服务，探索广东普惠金融的发展道路、实践模式及其所需要的政策支撑体系；通过普惠金融的发展，助推广东乡村振兴战略和粤港澳大湾区战略，促进广东更平衡更充分地发展。根据广东经济和金融发展的特点，我们把研究方向聚焦于普惠金融、数字金融、农村产权抵押融资等领域。为了使社会各界了解广东普惠金融在理论、实践和政策等方面的状况，促进广东普惠金融事业的发展，我们计划出版系列丛书。在2021年，我们已经出版了三本专著，即《广东普惠金融发展报告（2020）》《普惠金融改革试验区：理论与实践》《普惠金融实践创新：广东案例》。在此基础上，我们决定继续出版系列专著即丛书第二辑。

　　本丛书的出版，得到了很多人的大力支持。在此，特别感谢广东省人民政府张新副省长、广东省地方金融监督管理局童士清副局长、华南农业大学刘雅红校长、华南农业大学仇荣亮副校长、华南农业大学科学研究院社科处黄亚月处长、华南农业大学经济管理学院领导、华南农业大学普惠金融与"三农"经济研究院的团队负责人和骨干成员等。当然，也要感谢广东省财政专项资金（粤财金202054号文件）对本系列丛书的资金支持。

　　　　　　　　　　华南农业大学经济管理学院
　　　　华南农业大学普惠金融与"三农"经济研究院　　米运生

目　　录

第1章 绪 论 //////////////////////////////////

1.1 问题的提出

党的十九大报告提出要"实施乡村振兴战略""加快推进农业农村现代化",党的二十大报告再次提出"全面推进乡村振兴""加快建设农业强国"。而解决好"三农"问题,促进乡村振兴、农业农村现代化、建设农业强国首先要解决农户融资问题。乡村振兴战略的实施,意味着资源要素在乡村领域的集聚,意味着在未来的较长时间内要素优先配置农村区域。农村金融是农村经济的核心,是市场机制配置资金要素的主渠道,因此,金融配置资金要素的规模和效率决定着乡村振兴的成效。

农户融资过程中面临的"信贷难、信贷贵"问题一直制约乡村振兴发展,也是学界和政府关注的重点难题。因此,探究如何有效降低农户信贷约束,提升信贷可得性,对于促进农户增收、农村金融资源的有效配置具有重要意义。金融是一种创造信用、在时空维度上实现资源与风险配置的技术与制度,是现代社会必需的核心公共产品。但农业强位弱质,乡村落后偏远,农民是弱势边缘群体,业务开发沉没成本高。所以,农业农村是金融普惠的主战场,金融服务的区域、产业、主体具有边际外部性和社会合理性,经济有效性不足。乡村中低收入人群与小微企业缺乏包容性增长机会,金融服务成本较高、信息不对称严重。如何以市场化、可持续方式满足大量碎片化的金融需求?如何将被金融排斥的群体纳入服务范围?无论是 20 世纪的政策性补贴信贷,还是微型金融实践,虽然在一定程度上可以缓解矛盾,但难以从根本上调和矛盾冲突。

信贷权是金融普惠的核心权利,农户正规信贷可得性一直是农村金融的重点、难点,现有研究主要侧重于从金融供给端优化农户信贷约束问题,较多学者从金融供给侧探究农户信贷约束的影响因素(何广文,2018),而忽略了从需求侧提升农户有效信贷需求。金融交易由金融供给侧和金融需求侧两方面共同决定。一方面,从金融供给角度,信贷交易具有严重的信息不对称、涉农贷款风险难把控、贷款金额小等特征；另一方面，从金融需求角度，农户金融知识不足、农业收入不稳定和缺乏有效抵押物，导致金融机构将农户排除在信贷范围之外。

本研究从提升正规信贷需求有效性出发，将金融素养这一影响因素引入农户信贷可得性研究中。随着农村金融市场产品日趋丰富和市场环境复杂多变，农户金融素养和金融能力已成为农户参与金融市场的重要变量。金融素养不仅能促使家庭做出合理决策，还能影响农户参与金融市场的自信心，进而提高农户信贷可得。然而，现阶段农村居民金融素养仍处在较低水平，与城镇居民差异明显。2021 年中国人民银行发布的《消费者金融素养调查分析报告（2021）》显示，农村地区消费者金融素养水平比城镇地区低 3.45 分，金融知识水平比城镇地区低 6.41 分。由此可见，农户金融素养不足已成为阻碍农户参与金融市场、提升农户信贷可得性的重要因素，有必要从金融需求侧出发，探究金融素养对农户信贷可得性的影响。

1.2 学术史的简要梳理与研究思路

关于金融素养的研究兴起于 20 世纪 90 年代，但当时的学者并未在金融素养的概念、内涵以及测度评价等方面形成共识，在已有文献中多将金融素养表述为金融知识、金融教育、金融教养、金融信息、金融能力等。早期学者Noctor 提出"金融素养是个人使用和管理资金以做出明智判断和有效决策的能力"，此后金融素养的概念又被多次定义，但并未得到普遍认可，早期关于金融素养概念的界定仅仅局限于对金融知识的掌握。金融素养理论研究始于1995 年和 1996 年斯坦福大学经济学教授 B. Douglas Bemheim 的两项研究。1995 年，他在研究税收公共政策和经济增长的联系时发现，随着金融产品的日益发展，美国家庭并没有意识到家庭金融的脆弱性。1996 年，他通过对美国家庭的一个金融教育项目进行调查，发现金融教育项目会影响雇主的金融行为。此后，国民的金融素养问题得到了美国、英国、俄罗斯、瑞典等国家的重视。与此同时，相关学者对金融素养的概念和内涵做了进一步的阐述和界定。Noctor（1992）最早提出金融素养的概念，他认为金融素养是一种能够在管理和使用财富的过程中帮助人们做出更加合理有效决策的能力。Lusardi 与Mitchell（2011）将金融素养定义为基本金融概念知识和进行简单计算的能力。Huston（2010）认为金融素养应该包含两个方面的内容，一是个体能够从教育和经验中获得的金融知识，二是个体能够对已经获得的金融知识进行有效应用。经济合作与发展组织（OECD）将金融素养定义为人们做出合理金融决策并最终实现金融福利所必要的意识、知识、技术、态度和行为的有机结合。美国金融素养和教育委员会（PACFL）提出，金融素养是指消费者所拥有的为其一生金融福祉而有效管理自身金融资源的知识和能力。

金融素养作为一项重要的人力资本，其会对居民个人或家庭的金融行为产生重要影响。Murendo 等（2017）研究发现金融素养对农村和城市居民个人的储蓄行为均具有积极影响，此外，金融素养对非正式和正式储蓄也具有正向影响。Van Rooij 等（2011）认为金融素养低的受访者投资股票的可能性更小。类似地，Clark 等（2015）研究发现金融素养水平高的投资者更倾向于持有股票，且能够获得更多的超额收益。Lusardi 与 Mitchelli（2007）发现金融素养越高的家庭参与商业保险的积极性越高，其保费支出水平也越高。Yu（2022）研究发现金融素养对退休居民的资产配置具有显著的影响，金融素养水平低的退休居民其资产配置的多元化程度较低。类似地，朱文佩和林义（2022）在相关研究中也指出，金融素养水平低会带来金融资产分散化程度低，且投资过于保守的问题，不利于家庭养老金融资产的合理配置。金融素养在影响个人和家庭理财行为的同时也会对其负债行为产生影响。Nurdan（2012）认为缺乏金融素养是导致金融消费者不合理借贷的重要原因之一，不同的金融素养水平下，消费者的借贷行为存在差异，金融素养水平高的金融消费者选择过度负债的可能性更小。Disney 与 Gathergood（2013）研究发现，户主金融素养水平低的家庭在投资组合中通常持有更大比例的高成本信贷。Klapper 等（2013）研究发现金融素养水平高的家庭更倾向于从正规金融机构获得借款。曹瓅等（2022）研究发现，金融素养会显著影响农户的正规信贷决策，农户正规信贷申请意愿会随着金融素养水平的提高而降低，金融素养越高的农户会根据自身的负债标准做出更加合理的信贷决策，避免过度负债；与此同时，金融素养越高的农户选择信用类贷款和抵/质押类贷款的可能性越高。吴卫星等（2019）认为金融素养越高的家庭获得贷款的可能性越大，金融素养水平对家庭贷款期限结构影响不显著，但对家庭综合贷款利率具有显著的负向影响。鲁斯玮和罗荷花（2020）研究发现，金融素养能够通过风险态度对居民家庭的负债决策、负债额度和负债渠道产生影响。

在金融素养的测度方面，学界对金融素养的测度方法大体可分为主观测量法和客观测量法两种。主观测量法一般是通过受访者对金融知识的了解程度或者其对自身金融素养的评价来进行测度。客观测量法则是通过能否正确回答一系列金融客观问题的方式对受访者的金融素养进行度量。部分学者认为主观测量法存在测量标准简单、主观性较强等不足，但也有学者在研究中发现主客观金融素养对居民家庭金融行为的影响同等重要（Lusardi et al.，2006；Lusardi et al.，2014；Allgood et al.，2016）。对于客观测量法而言，又可分为基础金融素养测量和高级金融素养测量。Lusardi（2005）在研究金融素养对退休福利的影响时提出，通过复利、通货膨胀以及风险分散 3 个问题对受访者的基础金融素养进行测量。由 Lusardi 建立的此种金融素养测量指标在相关研究中得到了广泛的应用。Rooij（2007）则通过设置股票等与投资组合相关的测量题项对受访者的高级金融素养进行了测度。与此同时，国内学者在金融素养测度方面也做了大量研究。苏岚岚和孔荣（2019）从金融知识、金融能力和金融意识 3 个维度对农民的金融素养进行了测度。朱文佩和林义（2022）采取基础金融素养与高级金融素养相结合的方式测量了中国国民的客观金融素养水平并通过受访者对股票、债券、基金的了解程度对国民的主观金融素养进行了测度。吴卫星等（2021）学者在研究金融素养对家庭储蓄率的影响时，基于居民对投资产品和贷款产品了解程度方面的 9 个问题构建了金融素养测量指标。此外，从已有研究来看，因子分析法是客观金融素养测量过程中所普遍采用的一种计算方法（温涛等，2023；曹璨等，2022）。

基于上述背景，不同于以往从正规金融供给的视角，本书从金融需求的角度出发，从理论和实证上探究金融素养对农户信贷可得的影响及机制，弥补现有文献的不足，进而提出相应的政策建议。本书的研究思路如图 1-1 所示。

1.3 内容安排

本书的结构安排如下：

第 1 章为绪论。通过学术史的梳理，明晰金融素养的概念、金融素养的影响与作用、金融素养的评价指标与测度等方面的发展情况。金融素养对金融行为的影响已是学界共识，对于金融素养概念的界定和测度指标的选取因学者们关注的侧重点不同而存在一定差异。金融素养会对个人和家庭的金融行为以及由此带来的金融福祉产生重要影响，金融素养越高的家庭越有可能对资产做出合理配置，与此同时，金融素养越高的家庭选择过度负债的可能性越小，且更倾向于从正规金融机构获得贷款。此外，金融素养与收入之间的关系及其影响

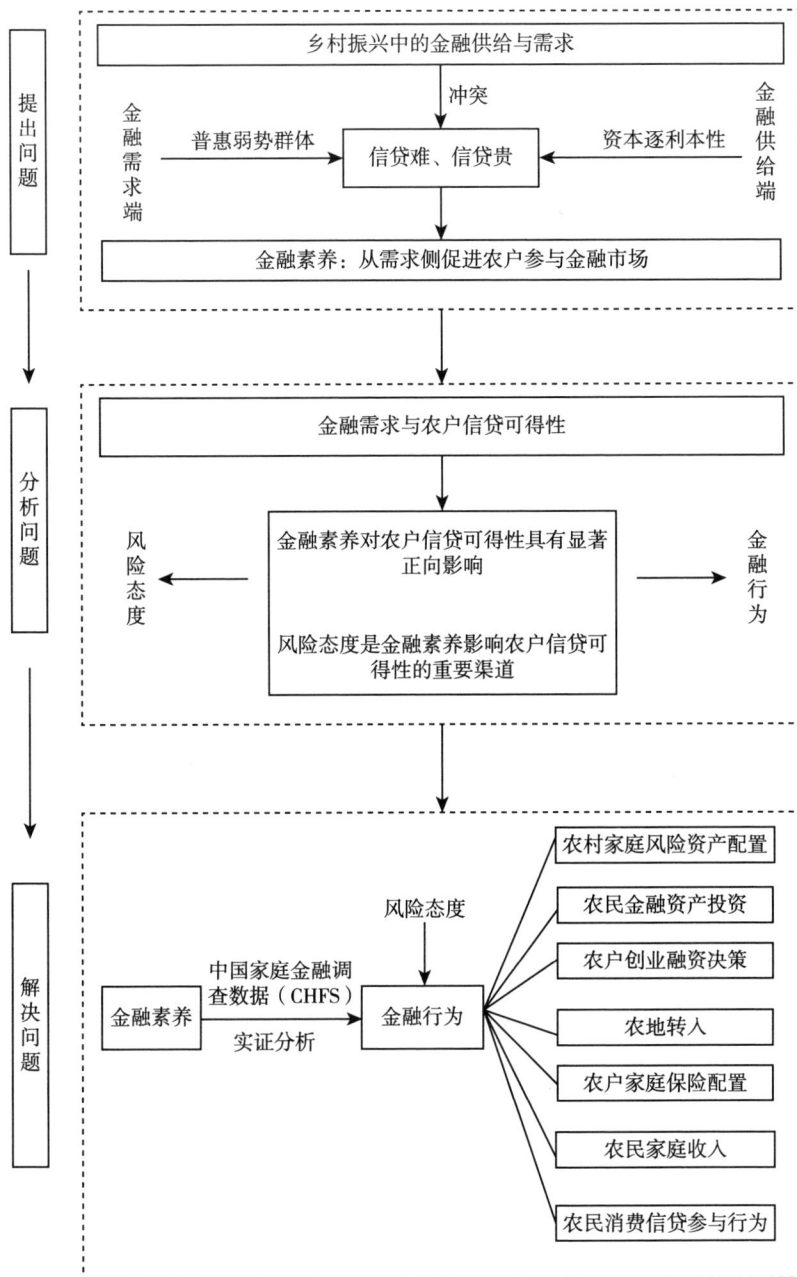

图 1-1 研究思路图

机制也为学界普遍关注。总体来看，关于金融素养方面的研究已取得了较丰硕的成果。为进一步深化相关研究，还需从以下方面完善。首先，关于金融行为方面的研究，多是围绕某一种金融行为展开的，而在现实中个人或家庭可能会同时参与多种金融活动，仅从一种金融行为出发探究金融素养对其影响可能存在一定偏误。其次，尽管学界通过工具变量等方法对金融素养的内生性问题进行了相应处理，但考虑到金融素养本身的测量误差及其与金融行为等之间较为复杂的关系，就有必要对金融素养的内生性问题做进一步优化处理。此外，现阶段中国居民金融素养水平普遍偏低，且金融素养在城乡居民之间、东中西部地区之间均存在一定差异，如何进一步提高中国居民的金融素养，缩小城乡之间和地区间的金融素养差异，不断提升城乡居民的金融福祉可能是今后研究的重要方向。

第 2 章为金融素养对农户信贷可得性影响研究。基于 2017 年中国家庭金融调查数据（CHFS），从理论和实证上探究了金融素养对农户信贷可得性的影响及其内在机制。研究发现：全国农村居民金融素养整体水平不高，且在不同群体间存有较大差异，主要体现在不同地区、不同年龄和不同受教育程度上。金融素养对农户信贷可得性具有显著正向影响，金融素养水平的提升有助于提高农户得到正规信贷的可能性。风险态度是金融素养影响农户信贷可得性的重要渠道，提升农户金融素养有助于改善农户风险态度。

第 3 章研究金融素养、正规信贷可得性与农村居民家庭收入。从异质性角度探讨了金融素养对农村居民家庭总收入的影响，并进一步通过中介效应模型验证了金融素养通过正规信贷可得性促进家庭总收入的作用机制。结果表明：金融素养对家庭总收入、工资性收入和转移性收入具有显著促进作用；金融素养对不同收入群体的家庭总收入均具有促进作用，并且对于收入水平越高的群体而言，金融素养对其家庭总收入的促进作用越明显。从风险偏好层面来看，金融素养对风险中性和风险厌恶者的家庭总收入具有显著正向影响。从地区层面来看，金融素养对东部和西部地区农村居民的家庭总收入具有显著的促进作用，且对西部地区农村居民的促进作用更强。同时，机制分析结果表明，正规信贷可得性在金融素养对农村居民家庭总收入的影响中具有中介作用。

第 4 章为金融素养对农村家庭信用消费参与行为的影响。结果表明：金融素养显著影响农村家庭消费者的信用消费意愿、信用支付与信用透支行为；提升金融素养对促进农村家庭进行信用消费与信用支付有显著正向影响；提高农村家庭消费者金融素养能够减少因透支行为增加的交易成本，促进理性消费。

因此，通过全社会各类渠道推广金融风险教育活动，提升农村消费者金融素养水平，促进金融知识普及，能够更好地引导农村消费者进行理性、合理、适度的信用消费，促进农村家庭信用消费有效健康发展。

第 5 章为金融素养对农村家庭风险资产配置的异质性影响。结果表明金融素养对农村家庭风险资产持有、风险资产占比以及风险资产总额均产生显著正向影响。异质性分析发现：相对于传统信息渠道依赖型农村家庭，金融素养显著提升现代信息渠道依赖型农村家庭的风险资产占比和风险资产总额；金融素养显著提升风险偏好型农村家庭的风险资产持有率、风险资产占比和风险资产总额；金融素养对东部地区农村家庭的风险资产持有、风险资产占比和风险资产总额影响最大。

第 6 章为金融素养对农户金融资产投资的影响。结果表明金融素养越高的农户风险资产的持有占比越小，具备高金融素养的农户通过相对丰富的金融知识了解到风险资产投资的高风险性，农户具有风险规避性，在意识到风险投资的高风险性后会回避风险投资行为，使自身风险最小化，所以农户会放弃风险金融资产的持有而更多持有非风险资产。金融素养与风险资产投资收益之间呈倒 U 型关系，在农户金融素养极低时，金融素养水平和风险资产投资收益成正相关关系，随着金融素养的提高，金融素养水平和风险资产投资收益成负相关关系。农户收入水平普遍偏低，能用于投资的资金更为有限，所以农户能投资的风险资产种类较为单一，投资风险不能通过资产的有效配置而分散，投资收益减少。并且由于农户的风险规避性，风险越低的金融资产能带来的收益越低。

第 7 章为金融素养对农户创业融资决策的影响。结果表明金融素养促进了农户创业决策和融资决策的提升；异质性检验发现，金融素养对不同收入层次及不同规模的家庭创业融资均有显著影响，其中，对收入层次较高和小规模的家庭影响作用较强。

第 8 章为金融素养对农地转入的影响及其作用机制。结果表明：农户金融素养的提升，显著促进了农地转入决策的实施；金融素养影响农地转入决策的作用机制中，正规信贷、风险态度以及非正规信贷均具有显著的间接影响力，即金融素养的提升，提升了农户的正规信贷可得性与风险承受能力，进而提升了其非正规信贷可得性，最终提高了农地转入的概率。金融素养同理影响农地转入规模，即金融素养的提升，提升了农户的正规信贷可得性与风险承受能力，进而提升了农户的非正规信贷可得性。同时，金融素养的提升也带来了家庭资产的财富效应，最终提高了农地转入规模。

第9章为金融素养对农户家庭保险配置的影响研究。结果表明：农户金融素养水平对保险资产配置有显著正向影响，农户金融素养水平越高，越愿意进行保险投资。不同地域的农户投保习惯也有所差异，西部地区的农户相较于中、东部地区的农户信息较为闭塞且商业保险种类不够丰富，因此金融素养的提升对促进西部地区农户购买商业保险的效果更好。

（本章撰稿人：王剑楠、张少宁）

第 2 章　金融素养对农户信贷可得性
影响研究 //////////////////////////////////////

2.1　文献综述

2.1.1　农户信贷可得性影响因素研究综述

现有文献有关农户正规信贷可得影响因素的研究已较为丰富，主要体现在农户个体、家庭和社会经济环境等方面。

首先，在农户个体特征方面，除户主的年龄、性别、受教育水平等因素外，认知能力、社会网络、互联网使用也会影响农户信贷可得性。从农户认知能力上，张子豪等（2020）认为农户认知能力对各种渠道的信贷均有显著促进作用，并且对正规信贷可得的影响要大于非正规信贷。在农户社会网络方面，邸玉玺等（2022）基于陕西省 1 091 位农户的调研数据，研究社会网络对农户获得生产性正规贷款的影响，发现农户总体社会网络提高了生产性正规贷款获得概率和信贷金额。学者们进一步从社会资本异质性角度研究对农户信贷的影响。徐璋勇等（2014）认为社会资本的不同层次对农户信贷行为的影响不同，正规金融机构更倾向于向拥有较好政治关系资本和金融关系资本的农户提供信贷，而非正规金融组织则更看重农户的人际关系资本。米运生等（2018）进一步研究社会资产异质性对农户融资渠道的影响，认为不同类型的社会资产对农户融资渠道选择产生重要影响，以血缘和宗族关系为代表的结构性社会资产无助于农户获得正规信贷，而以经济组织参与和社会信用为代表的认知性社会资本能够促进农户获得正规信贷。杨明婉等（2019）从社会资本的不同强度角度研究社会资本对农户家庭借贷行为的影响，发现强关系的社会资本对农户家庭获得贷款的影响力逐渐降低，而弱关系的社会网络对借贷行为影响力逐渐增强，并且强关系社会资本的农户家庭对非正规渠道借贷影响相对于正规渠道更强。在农户互联网使用方面，现有研究一致认为农户使用互联网能够促进其正规信贷获得。柳松等（2020）认为互联网的使用对农户正规信贷和非正规信贷均有显著促进作用。田红宇等（2022）基于 2014—2018 年中国家庭金融调查数据，研究互联网的使用对农户正规信贷获得的影响，发现互联网的使用使农户获得信贷的概率和规模均得到提升。

其次，在农户家庭特征方面，主要集中于农户家庭的收入、总资产等。现有学者对农户收入增加对农户信贷可得的影响仍存有争议。一部分学者认为农户收入增加有利于提升农户的信贷可能性和信贷数量（张梓榆等，2018）。部分学者则认为农户收入增加对信贷可得的影响不显著，甚至有负向影响。耿士威等（2018）基于陕西省调研数据，发现随着农户收入增加，不愿意参与融资的农户比重也越大。还有部分学者认为农户收入与信贷之间为非线性关系。彭克强等（2017）基于粮食主产区的农户数据，研究发现只有高收入农户增收才能显著促进其正规信贷获得，对中收入农户增收反而会加剧其正规信贷抑制，对低收入农户影响不显著。此外，也有学者发现农户收入与信贷数量之间可能为非线性关系。陈小知等（2021）认为农户收入与信贷数量间存有倒 U 型关系，早期"生存小农"以满足家庭消费最大化为目标，随着收入增加而增加信贷需求，后期逐步成为"理性小农"，从而减少信贷需求。张龙耀等（2020）以数字化"阳光信贷"为例，研究了数字农贷对农户信贷需求的影响，同样发现收入与数字贷款需求呈现倒 U 型关系。

再次，数字普惠金融发展、金融市场等社会经济特征会对农户正规信贷可得产生影响。樊文翔（2021）研究发现数字普惠金融提高了农户正规信贷可得性和正规信贷规模。汪昌云等（2014）发现金融市场降低了农户正规信贷可得性。李明贤等（2022）研究金融科技对农村正规信贷市场中信贷配给的影响，发现金融科技有助于缓解农户面临的需求方配给。雷梦雨等（2020）研究产业链组织模式对农户信贷行为的影响，认为企业带动型及合作经济组织带动型的产业链组织模式对农户正规借贷及非正规借贷均有显著正向影响，并且合作经济组织的正向影响更大。

最后，在外部政策环境方面，主要研究农地政策（蒋妍，2022）、信贷管制制度、精准扶贫等政策对农户信贷可得性的影响。周南等（2019）研究农地确权政策对农户信贷可得性的影响，发现农地产权制度对农户信贷可得性的正向效应需要农地确权和农地抵押两个前提条件同时满足。杨润慈等（2022）发现农地经营权抵押贷款政策能够提高大规模农户的信贷可得。何文剑等（2020）以林权抵押贷款制度为例研究信贷管制对农户信贷可得性影响，认为信贷管制对农户信贷可得性具有直接抑制作用。尹志超等（2020）基于

2011—2017 年中国家庭金融调查数据，研究精准扶贫政策对农业信贷渠道和规模的影响，发现精准扶贫政策显著提高了农业正规信贷的概率和信贷规模。

2.1.2　金融素养的影响研究综述

目前关于金融素养对居民的影响研究，主要集中在风险金融市场参与、金融资产配置和选择、投资组合有效性等方面。

首先，在风险金融市场参与方面，普及金融知识能够显著提升人力资本积累水平，抑制金融风险，从而降低市场要素扭曲程度（谢贤君，2021）。秦海林等（2018）基于 2014 年中国家庭微观调查数据发现，金融素养提升有助于增加家庭拥有的风险性资产和金融资产，同时也有助于增加股票和基金的配置概率，促进采取积极的投资策略。朱文佩等（2022）同样认为目前我国居民金融素养不足是导致家庭养老资产配置不合理、金融资产投资过于保守的主要原因。提高金融素养水平有助于优化家庭养老金融资产配置，改善资产的分散程度。康琛宇等（2020）研究了金融素养在人口老龄化对家庭金融资产选择影响中的调节作用，发现提高金融素养能抵消老龄化对家庭风险资产投资的负面影响，还能增强老龄化对安全性资产投资的促进影响。从区分主客观金融素养的影响上，李云峰等（2018）基于 2013 年中国家庭金融调查数据，将金融知识区分为主观金融知识和客观金融知识两个维度，发现客观金融知识促进居民股票投资和金融产品使用行为，但不利于高成本或高风险借贷行为，主观金融知识不仅能增加股票投资和使用金融产品的概率，也能增加居民使用信用卡消费和参与高风险借贷行为的概率。

其次，在保险参与上，现有文献一致认为提升金融素养能促进家庭商业保险拥有和改善养老计划。秦芳等（2016）基于 2013 年中国家庭金融调查数据，研究金融素养对居民商业保险购买行为的影响，结果发现金融知识增加对城市和农村家庭的商业保险可能性均具有显著提升作用。吴雨等（2017）、杨柳等（2019）基于 2013 年中国家庭金融调查数据，认为提升金融知识水平会显著促进居民养老计划改善，金融素养水平与家庭商业保险拥有的可能性及程度具有正相关关系。崔静雯等（2019）基于 2015 年和 2017 年的中国家庭金融调查数据，认为金融知识能够通过有限关注渠道改善风险金融市场和居民的社会养老保险参与行为。提升农户金融素养水平能促进农民当期和长期参与新农保，并选择更高的新农保档次，但对缴纳金额的影响不明显（李云峰，2020）。

最后，提升金融素养有利于增加家庭金融收入和资产，改善消费结构，降低家庭金融脆弱性，并促进农村减贫。金融素养能够通过影响农户信贷行为、理财行为和保险行为，进而影响农户收入（何学松等，2019）。部分学者基于2013 年或 2015 年中国家庭金融调查数据，认为户主金融知识水平的提高增加了家庭人均资产，但具有性别差异，提升男性户主金融知识水平会增加家庭人均资产，而提升女性户主金融知识水平会使家庭人均资产减少（杨云帆等，2022）。提升金融素养能够提高养老保险的参保程度，进而改善家庭的消费结构（贾立等，2021），降低家庭金融脆弱性，并提高其应对风险冲击的能力（张冀等，2020）；降低农村家庭的贫困发生率（潘选明等，2020）。

2.1.3 金融素养对农户信贷可得性影响研究综述

金融素养作为一种特殊形式的人力资本，对农户金融行为决策产生重要影响，现有文献已从多角度考察了金融素养的影响，一致认为提升金融素养水平有助于优化家庭金融决策。Lusardi（2015）认为，较高金融知识水平的农户更能把握不同信贷方式的风险，做出正确选择。金融素养水平越高的家庭所能获得的福利水平也越高（吴卫星等，2021）。

也有部分学者研究了金融素养对农户信贷行为的影响，认为提升农户金融素养对农户正规信贷获得有促进作用。刘丹等（2019）基于代际差异视角的研究发现，普及金融知识有助于农户提高正规金融可得性。提高农户金融知识水平能显著降低农户有正规信贷但未申请的可能性，同时也降低了农户非正规信贷的偏好（吴雨等，2016）；还能促使农户将潜在正规信贷需求转化为有效正规信贷需求，降低农户正规信贷约束（刘自强等，2019）。而金融知识匮乏将使农户对正规信贷信息产生认知偏差，导致农户背离正规信贷（魏昊等，2022）。杨少雄等（2023）基于对陕西、宁夏、山东三省的农户调研数据，从农户与家庭、朋友、相邻和金融机构的关系划分金融知识的获取圈层，将金融知识的获取圈层划分为亲属关系圈、朋友关系圈、相邻关系圈和参与圈，分析农户从不同圈层获得的金融知识对参与农地抵押贷款的影响。从信贷违约视角，孙光林等（2017）研究了欠发达地区农户金融知识水平对信贷违约的影响，发现提升金融知识水平能够提高农户还款意愿，有效降低农户的信贷违约风险。

2.1.4 金融素养对农户风险态度影响研究综述

由于农户对正规金融贷款的申请信息、规范的了解不足及自身金融素养不足，导致农户家庭对于正规信贷持有谨慎态度，潜在信贷需求也无法转化为有效信贷需求。因此，改变农户对于正规信贷的风险态度，能有效促使其选择正规借贷概率。现有研究发现，农户对待正规信贷的风险态度与农户对其认识程度紧密相关，高金融素养农户对金融市场了解更深刻，因此更偏好风险，也更倾向于参与正规金融。金融知识水平较高的家庭也能够获取更多的金融投资信息，对金融产品的风险判断和承受能力也更强（Rooij et al.，2007；闵诗筠，2022）。提高金融知识水平有助于改善公众的风险态度，增强个体风险偏好，降低金融约束（尹志超等，2015）。张龙耀等（2021）基于调查四省农户的微观数据，发现提升金融知识水平可以提高农户的风险偏好水平，进而对农户数字金融行为响应产生正向影响。金融素养能改变农户风险态度，从而促进其创业（艾小青等，2021）。基于 2013 年与 2015 年中国家庭金融调查数据，部分学者研究发现，金融素养显著影响家庭金融决策。提升金融素养有助于家庭表达借贷需求，增加家庭从正规渠道获得贷款的可能性，并降低家庭对非正规借贷渠道的依赖程度（董晓林等，2019）；能够通过提升农户风险偏好，进而促进其转出农地并增加转出面积（朱建军等，2020）。

2.1.5　文献评述

综上，在对农户信贷可得性的影响研究方面，国内外学者主要侧重于信贷供给端，认为正规金融供给不足是主要原因，部分学者从信贷需求端视角出发，认为农户借贷过程中存在交易费用和风险，抑制了农户信贷可得性从而导致缺乏有效信贷需求。现有文献较少从农户金融素养方面来考虑信贷需求端对农户正规信贷可得性的影响或影响渠道。因此，本章首先探究金融素养对农户信贷可得性的影响，使用中介效应模型，分析金融素养对农户信贷可得性的影响渠道。本研究不仅丰富了农户正规信贷可得性的影响因素，而且从信贷需求端提供了缓解农户信贷约束的新解释。

2.2　金融素养与信贷可得性概况和现状

2.2.1　金融素养概念与测度

国外学者较早开始关注居民金融素养问题，自 Noctor 等在 1992 年最早提出金融素养概念后，金融素养被定义为个体在使用和管理资金时所需要的能够实施明智判断和有效决策的能力。近年来，国内外学者在此定义的基础上不断完善和补充，但对金融素养内涵的界定和测度并没有形成一致结论，常常将金融素养与金融知识混淆。

首先，关于金融素养概念的界定，现有研究可主要分为居民对金融知识的回答和金融产品的使用两个方面。其中对金融知识的回答侧重于个体能够准确回答与金融知识、金融决策等相关的问题，对金融产品的使用侧重于个体是否能够具有熟练使用金融产品的技能。部分学者同时结合金融知识和金融产品使用技能两方面来界定金融素养，如表 2-1 所示。现有文献中被广泛接受的是由经济合作与发展组织（OECD）提出的"金融素养是促使人们做出合理财务决策并实现金融福利的必要知识、意识、态度、技术和行为之间的联系"。

表 2-1　金融素养概念的界定

金融素养概念	学者
金融知识：对金融知识、金融术语的了解	Lusardi（2008）；尹志超（2014）
金融知识：理解金融概念和运用能力	Servon and Kaestner（2008）
金融产品技能包括金融常识和金融产品技能：个体具备包括规划财富、做出正确金融决策和应对金融事件的技能	Vitt（2000）
金融产品技能：个体熟练掌握使用金融产品的能力	Van Rooij 等（2011）；吴锟（2017）；吴卫星（2018）；Moore（2011）
综合金融知识和金融产品技能：个体不仅接受相关金融知识和理论，还能应用到金融决策中的能力	苏岚岚和孔荣（2019）；Huston（2010）
综合金融知识和金融产品技能：做出合理财务决策并实现金融福利的必要知识、意识、态度、技术和行为之间的联系	OECD INFE（2011）

其次，关于金融素养的分类，主流分类方式主要有按照主客观金融素养和金融素养的高低层次两种。第一种金融素养分类依据金融知识的二维属性，将金融素养划分为客观金融素养和主观金融素养。客观金融素养指个体能够正确回答金融知识的个数，衡量对金融知识的实际了解情况。学者们较多通过对利率、通货膨胀和投资风险 3 个方面问题的回答是否正确计算得分，然后再进行加总或通过因子分析计算综合得分来衡量个体客观金融素养水平（Lusardi et al.，2010；尹志超，2014）。主观金融素养指个体对金融产品整体的主观看法、态度和正确有效决策的信心。主观金融素养的衡量一般采用五分量表，通过受访者对金融素养整体自评的方法，如询问"您对下列投资方式了解吗？""您了解下列商业银行的贷款产品吗？""您如何评估自己的整体金融知识水

平?"等。相对于客观金融素养,主观金融素养更容易受到受访者的主观条件影响。第二种金融素养分类依据参与金融活动或产品所需的金融能力和信息的层次性,将金融素养分为基础金融素养和高级金融素养两种。基础金融素养指个体参与金融市场所必备的基本能力,包括利率、通货膨胀和复利等基本金融问题的计算能力。而高级金融素养是指在金融市场中投资所需的各种难度较大的知识和技能,如基金等理财产品含义、股票和债券的区别和股票市场功能等。研究发现农户基本金融素养水平严重不足(何学松,2019),使用基础金融素养来衡量农户金融素养,更能准确衡量农户金融素养水平。

最后,关于金融素养的测量,现有对金融素养的测量方法主要有:一是得分加总法,即根据受访者能够回答的金融知识数量加总得分,每正确回答一题,加一分,回答错误不加分;二是因子分析法,通过计算金融知识问题的因子得分作为金融素养的代理变量。虽然得分加总法相对于因子分析法而言,计算更加便捷,但容易高估受访者的金融素养水平。

2.2.2 不同群体金融素养差异

(1)城乡居民金融素养差异

农村居民较高的金融素养水平是农民能够有效参与金融市场和做出正确金融决策的重要前提。较低的金融素养水平会使农户难以理解信贷业务,影响信贷渠道的选择,致使金融业务在农村的推广受阻,进而可能降低农民的信贷可得性(刘丹等,2019)。较高金融素养水平的农户会更多地参与金融市场,促进农户优化家庭金融资产组合,有助于做出正确的金融决策(吴雨等,2017)。然而,现阶段农村居民金融素养仍处在较低水平,与城镇居民差异明显。2021 年中国人民银行发布的《消费者金融素养调查分析报告(2021)》显示,农村地区消费者金融素养水平比城镇地区低 3.45 分,金融知识水平比城镇地区低 6.41 分(图 2-1)。此外,《中国农村金融服务报告(2018)》显示,金融素养的缺乏导致超过 40%农户从未使用过金融服务。可见农户金融素养不足是影响其参与金融市场的重要因素,直接影响农户的有效金融需求。

(2)农户金融素养地区差异

从地区分组来看,农户对利率、通货膨胀、风险识别和金融素养水平由高到低分别为东、中、西部地区(图 2-2),并且东部与中西部差异较大,中部与西部的差异较小,原因可能是东部地区经济发展水平较高。

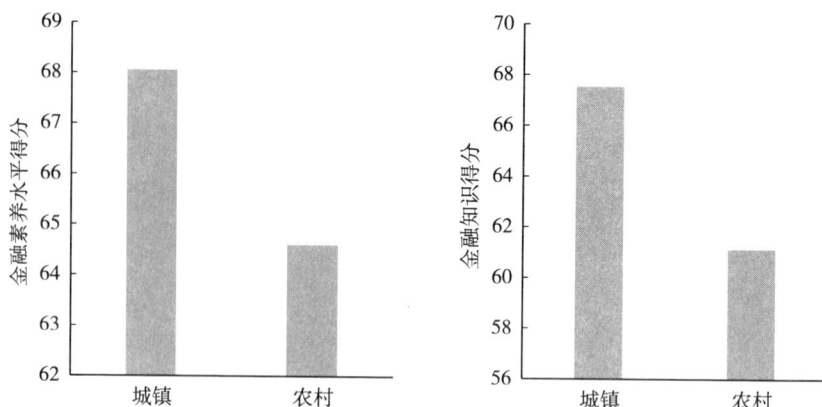

图 2-1　2021 年城乡消费者金融素养水平和金融知识水平得分

数据来源：《消费者金融调查分析报告（2021）》。

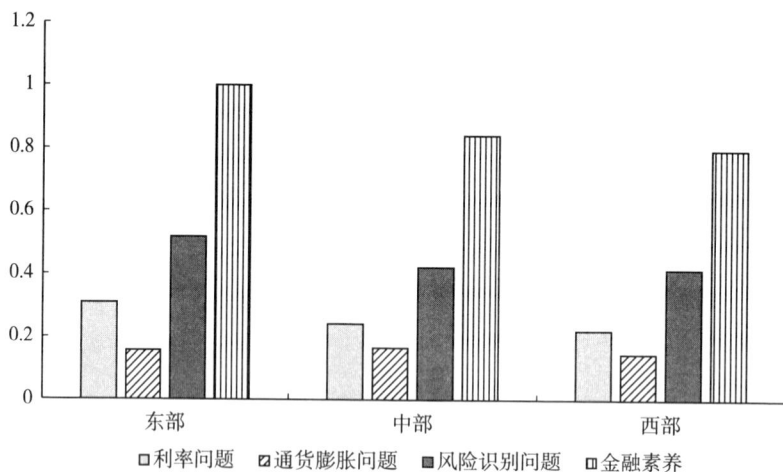

图 2-2　农户金融素养地区差异

数据来源：2017 年中国家庭金融调查。

（3）农户金融素养个体特征差异

农户的性别、年龄和受教育程度是影响农户经济决策的核心个体特征，本研究也将从以上 3 个特征对农户金融素养水平分组描述统计。

从农户性别分组上看，图 2-3a 显示，男性农户金融素养平均水平要高于女性农户，可能因为男性作为生产生活的主要决策者，更容易接触到金融的相关知识和信息。

从农户年龄分组上看，本研究依据《中长期青年发展规划（2016—2025）》对中青年的定义，将 16～35 岁农户划定为青年，36～64 岁农户划定为中年，65 岁以上农户划定为老年。不同年龄段农户的金融素养如图 2-3b 所示，可以看出不同年龄段农户的金融素养水平不同，随着年龄的增长，金融素养水平下降，原因可能是年轻农户对金融知识的学习能力更强，而老年农户认知和接受新知识的能力下降，金融素养水平也随之降低。

从农户受教育程度分组上看，将农户受教育水平划分为未上过学、小学、初中及以上三组，从图 2-3c 中看出，农户受教育程度越高，金融素养水平也越高，原因可能是受教育水平越高的农户更容易接受和理解金融知识，对金融信息的关注度也较高。

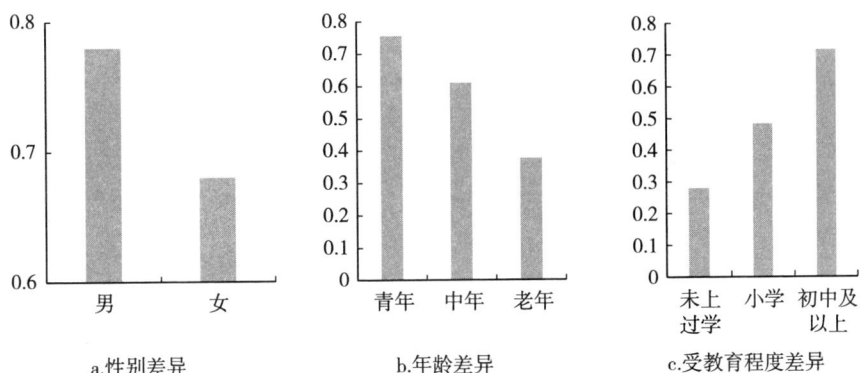

a.性别差异　　　　　　　　　b.年龄差异　　　　　　　　c.受教育程度差异

图 2-3　农户金融素养个体特征差异

数据来源：2017 年中国家庭金融调查。

2.2.3　农村居民信贷可得性

信贷可得性一般定义为从各种渠道获得资金的能力，农户根据自身和家庭情况，一般会选择正规信贷和非正规信贷两种渠道来满足资金需求。正规信贷是指从银行、信用社等正规金融机构获得信用贷款，非正规信贷指从亲戚、朋友等处以民间借贷方式或者贷款。因民间借贷的随机性与数据可得性，衡量农户信贷可得主要是指从正规金融机构借款行为。

农村居民的信贷可得性一般是指农户向金融机构申请贷款后，自身的信贷需求能够得到满足的程度。农户信贷可得性一直是农村金融领域研究的重难点。由于农户面临农业收入不稳定、缺乏抵押物和贷款额度小等条件约束，长久以来难以从银行、信用社等正规金融渠道获取贷款，出现"贷款难"和"贷款贵"的问题。农户顺利获得正规信贷对于促进农村产业发展和完善农村金融服务具有重要意义。本书将农户正规信贷可得性定义为农户获得银行、信用社等正规金融机构借贷的能力。

2.2.4　不同农户群体信贷可得性差异

（1）信贷可得性的地区差异

从信贷可得性的地区分组上来看（图 2-4），农户信贷可得性的地区差异不同于金融素养按照东中西部逐步递减的分布趋势，西部地区借贷可得性最高，其次为东部地区，最后为中部地区，原因可能是西部地区金融发展水平不足，西部农村人均收入水平较低，相对于中东部，更加依赖从正规金融机构获得贷款。中部地区农户信贷可得性最低，可能是因为中部地区相较于东西部，农村民间金融更发达，加上农户缺乏必要金融知识和对正规信贷的了解。

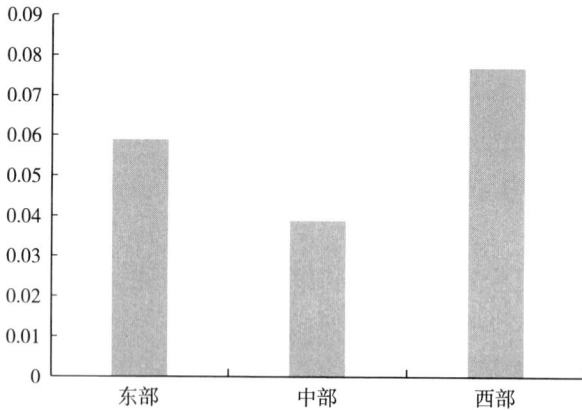

图 2-4　农户户主信贷可得性地区差异

（2）信贷可得性的个体特征差异

与金融素养的个体特征差异相同，本研究也将从农户户主的性别、年龄和受教育程度 3 个个体特征角度分析农户信贷可得性的个体特征差异。

从农户性别分组上看（图 2-5a），男性农户的信贷可得性高于女性，这可能与"男主外，女主内"的文化传统有关，男性一般为农村家庭中经济事务的主要决策者，同时男性的风险态度也高于女性，因此男性更倾向于尝试新的信贷渠道，有较高的信贷可得性。

从农户年龄上分组看，本研究同样将农户的信贷可得性按照年龄段划分为青年、中年和老年三组（图 2-5b）。从图中可以看出与金融素养的年龄差异类似，农户信贷可得性随着年龄增长逐步降低，原因可能是青年农户的资金需求更大，而中年农户往往积累了更多社会资本，更倾向于使用非正规借贷。值得注意的是，中年农户的信贷可得性与老年农户之间差异较大，原因可能是：一方面老年农户对资金的需求已不如青年和中年农户；另一方面，随着年龄增长老年农户的认知水平下降，对正规信贷的申请和各种信贷产品理解难度增大，使用意愿也随之降低。

从农户受教育程度分组上看，同样与农户金融素养分组相同，将农户信贷可得性按照农户受教育水平划分未上过学、小学、初中及以上三组（图 2-5c）。从图中可以看出农户信贷可得性与受教育程度间呈现正相关关系，原因可能是受教育水平更高的农户对正规信贷也更了解，对自身的信用也更重视，所以更容易获得信贷。

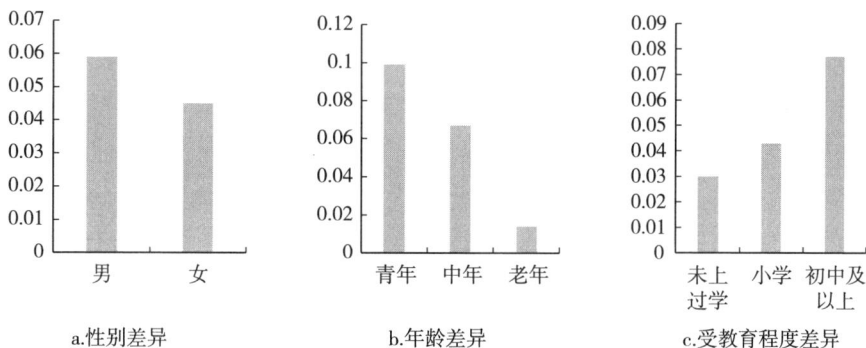

a.性别差异　　　　　　　b.年龄差异　　　　　　　c.受教育程度差异

图 2-5　农户户主信贷可得性个体特征差异

2.3　金融素养对农户信贷可得性影响理论分析

2.3.1　金融素养对农户正规信贷可得性的直接影响

首先，金融素养的提升影响农户借贷渠道的选择，促使农户由非正规渠道转向正规渠道。农户在进行信贷渠道选择时，主要可以通过向银行、信用社等正规金融机构贷款或民间借贷等非正规信贷。虽然正规金融机构具有借贷程序规范、安全性高、贷款利率合理等优点，但由于金融素养较低的农户很难对利率、资金来源、渠道风险等做出准确的评估和判断，容易产生融资渠道的选择偏差。较高金融素养水平的农户能够区分正规借贷和非正规借贷之间的优缺点，更倾向于选择正规金融借贷，做出正确的金融决策。尹志超等（2015）研究发现，金融知识对家庭正规信贷行为具有显著推动作用。李渊等（2020）认为，居民的金融知识越丰富，对正规金融借贷的了解程度越深，就更倾向于根据自身需求使用正规借贷。

其次，金融素养的提升能够增加农户正规信贷需求。一方面，正规金融机构缺乏农户的有效信用信息，为了降低信息不对称，减少借贷违约的风险，实施"程序性排斥"，通过设置一系列申请规范和贷款流程，提高了农户贷款难度。另一方面，受限于农户自身的受教育水平，加上对正规信贷申请和审核的流程不了解，进而从主观上对正规信贷产生畏惧心理，或对正规金融机构产生偏见。吴雨等（2016）研究发现，金融知识储备较少的农户，由于不知道正规金融机构贷款的申请流程，即便有信贷需求，也不愿意向正规金融机构申请贷款。农户关注信贷等金融信息，提升金融素养水平，能够有效帮助农户家庭提升正规信贷需求，降低对金融机构贷款的心理排斥（张号栋，2016）。基于此，提出假说1：金融素养对农户正规信贷可得性有正向促进作用。

2.3.2 金融素养对农户正规信贷可得性的间接影响

风险偏好理论认为，个体在进行经济决策时，会对其可能带来的成本或损失进行评估，以达到自身效用的最大化。具有信贷需求的农户，同样也会在选择信贷渠道时权衡利弊。风险厌恶型农户从正规金融机构申请贷款时会夸大风险，更倾向于选择逃避。而风险偏好的农户会更加主动从外部获得资金，扩大创业规模（张云亮，2020）。金融素养水平与农户参与经济活动的风险偏好紧密相关，较高的金融素养搭配较高的风险偏好，农户会更积极参与金融活动。金融素养会有助于农户对各种经济活动和政策的理解，提升对各种金融产品风险的认识，改善参与金融活动的信心和风险态度。朱涛等（2016）研究发现，金融素养会促使农户风险态度由厌恶向偏好转变。农户在进行信贷渠道选择时，会基于其金融素养水平改变对信贷渠道的风险态度，农户掌握的金融知识和技能越丰富，农户会更愿意尝试新的借贷方式，提高参与正规信贷的可能性。由此提出假说2：提升风险偏好是金融素养影响农户正规信贷可得性的重要渠道。

2.4　金融素养对农户信贷可得性影响实证分析

2.4.1　研究设计

（1）数据来源

本研究数据来自 2017 年西南财经大学的中国家庭金融调查项目（China Household Finance Survey，CHFS），数据样本覆盖中国 29 个省份、355 个区县、1 428 个村（社区），通过分层随机抽样获取 40 011 户家庭样本，数据具有较强代表性。2017 年 CHFS 数据不仅询问了农户个体特征、金融知识水平，还询问了家庭人口、经济特征等信息，在正规信贷获取部分，详细询问了家庭是否在生产经营活动、购买房、车和金融产品等方面获取正规信贷的情况，为本研究提供了较好的数据支持。根据研究目的，剔除数据中不足 16 岁和高于 80 岁的农户，去除缺失值后，最终保留 9 320 户农村家庭的样本数据。在稳健性检验部分，也借助 2017—2019 年 CHFS 构建平衡面板数据进一步缓解模型内生性问题。另外，本研究还参考了 2019 年 CHFS 数据，数据样本覆盖全国 29 个省份、345 个区县、1 360 个社区（村），通过分层抽样获得 34 643 户家庭样本，同样具有较强代表性。此外，地区层面的人均 GDP 数据来自《中国统计年鉴》。

（2）模型构建

一是 Probit 模型。由于农户信贷可得是二元离散变量，因此本研究构建 Probit 模型分析金融素养对农户信贷可得的影响，模型设定如下：

$$P(Y=1 \mid x)=\Phi(\beta_0+\beta_1 Experience_i+\lambda X_i+\varepsilon_i) \quad (2-1)$$

（2-1）式中，$P(Y=1 \mid x)$ 表示农户获得正规信贷的概率，$Experience_i$ 表示第 i 个农户的金融素养水平，X_i 为一系列控制变量，包括农户个体、家庭和地区变量等。ε_i 为随机扰动项。

二是中介效应模型。建立中介效应模型分析外出务工经历影响农户数字金融行为的机制，中介效应模型设立如下：

$$Y_i=a_0+a_1 Experience_i+a_2 X_i+\varepsilon_i \quad (2-2)$$

$$M_i=b_0+b_1 Experience_i+b_2 X_i+\delta_i \quad (2-3)$$

$$Y_i=c_0+c_1 M_i+a_1' Experience_i+c_2 X_i+\mu_i \quad (2-4)$$

（2-3）、（2-4）式中，M_i 为中介变量。a_0、b_0、c_0 为常数项，a_i、b_i、c_i（$i=1$，2）以及 a_1' 为待估计参数，ε_i、δ_i、μ_i 为误差项。

（3）指标选取与定义

第一，被解释变量。本章的被解释变量为农户家庭正规信贷可得。借鉴刘丹（2019）农户问卷的做法，通过农户对"您家是否因生产经营活动有尚未还清的银行贷款""您家是否因购买/装修/维修/改建/扩建住房有尚未还清的银行贷款""是否有买车尚未还清的银行贷款"等问题的回答来衡量农户信贷可得，若农户在生产经营活动、购房、车和金融产品等方面获得过正规信贷，则记为1，否则记为0。

第二，核心解释变量。本章的核心解释变量为农户金融素养水平。当前主流的金融素养水平测评方法主要有两种：一种为得分加总法，即依据农户正确回答金融相关问题的数量，回答正确记1分，最后汇总得分；另一种为因子得分法，即在第一种方法基础上补充考虑了不同金融问题的重要性，使用因子分析法对信息降维，获取得分。此外，Lusardi认为应将回答"不知道"和回答错误的两种情况相区分，因为回答"不知道"的受访者要比回答错误的水平更低些。因此，本研究基于问卷中利率、通货膨胀和风险识别3个问题采用因子分析法对农户金融素养进行评估，依据农户正确回答的问题计算因子得分，并将加总得分和进一步区分回答"不知道"和回答错误情况计算的因子得分作为稳健性检验，表2-2为问卷中利率、通货膨胀和风险识别3个问题。

表2-2　金融素养度量问题

问题	问卷
利率问题	假设银行的年利率为4%，如果把100元钱存1年定期，1年后获得的本金和利息为？①小于104元；②等于104元；③大于104元；④算不出来
通货膨胀问题	假设银行的年利率是5%，通货膨胀率每年是8%，把100元钱存银行一年之后能够买到的东西将？①比一年前多；②跟一年前一样多；③比一年前少；④算不出来
风险识别问题	您认为一般而言，股票和基金哪个风险更大？①股票；②基金；③没有听过股票；④没有听说过基金；⑤两者都没有听说过；⑥一样大

第三，控制变量。现有文献主要从农户个体特征、家庭特征和地区特征3个维度选取控制变量（刘丹，2019）。其中，农户个体特征变量主要包括户主年龄、性别、受教育程度、健康状况、风险偏好和风险厌恶。其中，受教育程度借鉴尹志超等（2021）的衡量标准，未上过学为0，小学为6，初中为9，中专、职校和高中为12，大专为15，本科为16，硕士为18，博士为22。健康状况依据问卷问题"与同龄人相比，身体是否不健康"，将身体状况为"一

般"、"好"和"非常好"设为 1,其他设为 0。农户家庭特征变量主要包括家庭规模、总收入和总资产,家庭规模为农户家庭总人口数。地区特征主要有是否为东部地区、是否为中部地区、各省人均 GDP。表 2 - 3 为变量的描述性统计。

表 2 - 3　变量描述性统计

变量名	观测值	均值	标准差	最小值	最大值
正规信贷可得	9 320	0.058	0.235	0	1
金融素养	9 320	−0.431	0.887	−1.223	1.692
户主年龄	9 320	54.800	11.822	16	80
户主年龄平方	9 320	3 142.780	1 290.889	256	6 400
户主性别	9 320	0.889	0.315	0	1
户主受教育程度	9 320	7.051	3.461	0	19
户主已婚	9 320	0.874	0.331	0	1
户主健康	9 320	0.720	0.449	0	1
户主风险偏好	9 320	0.066	0.248	0	1
户主风险厌恶	9 320	0.662	0.473	0	1
家庭规模	9 320	3.571	1.767	1	15
家庭总资产	9 320	35.474	97.472	0	5 622.800
家庭总收入	9 320	5.433	12.495	0	500.154
东部地区	9 320	0.365	0.482	0	1
中部地区	9 320	0.349	0.477	0	1
人均 GDP	9 320	57 441.700	20 266.677	28 497	128 994

2.4.2　实证分析结果

(1) 金融素养对农户信贷可得影响的结果分析

表 2 - 4 报告了采用逐步回归法的基准回归结果,作为对比,同时也汇报了使用 OLS 模型的估计结果。结果显示,在逐步加入农户个体特征、家庭特征和地区特征变量后,金融素养对农户信贷可得的影响系数均显著为正,使用 Probit 模型与 OLS 模型的估计结果系数相近。这表明金融素养的提高能够显著缓解农户正规信贷约束,提高信贷可得性。

此外,控制变量的估计结果显示,在农户个体特征方面,农户受教育水平和风险偏好的系数均显著为正，这说明农户受教育程度越高，对正规金融借贷产品的理解能力越强，也更清晰认识到信用的重要性。农户年龄、性别、已婚、健康和风险厌恶对农户信贷可得性影响不显著。在农户家庭特征方面，家庭规模较大的农户更容易获得正规信贷。其次，农户家庭拥有的总资产和总收入对获得正规信贷具有正向影响，原因可能是农户家庭的总资产和总收入越高，还款能力越强，同时受到的信贷约束也更小。在农户地区特征方面，人均GDP对农户信贷可得的影响不显著。

表 2 - 4　金融素养对农户正规信贷可得的影响

变量名	信贷可得				
	(1)	(2)	(3)	(4)	(5)
金融素养	0.018***	0.008***	0.006**	0.007**	0.006**
	(0.003)	(0.003)	(0.003)	(0.003)	(0.003)
户主年龄	—	0.007***	0.007***	0.007***	−0.000
		(0.002)	(0.002)	(0.002)	(0.002)
户主年龄平方	—	−0.000***	−0.000***	−0.000***	−0.000
		(0.000)	(0.000)	(0.000)	(0.000)
户主性别	—	−0.011	−0.014	−0.012	−0.014*
		(0.009)	(0.009)	(0.009)	(0.008)
户主受教育程度	—	0.003***	0.002***	0.003***	0.002***
		(0.001)	(0.001)	(0.001)	(0.001)
户主已婚	—	0.020**	0.011	0.010	0.008
		(0.010)	(0.010)	(0.010)	(0.006)
户主健康	—	0.005	0.001	0.000	−0.000
		(0.006)	(0.006)	(0.006)	(0.005)
户主风险偏好	—	0.026***	0.024***	0.024***	0.032**
		(0.009)	(0.009)	(0.009)	(0.013)
户主风险厌恶	—	0.002	0.003	0.005	0.004
		(0.006)	(0.005)	(0.005)	(0.005)
家庭规模	—	—	0.007***	0.007***	0.006***
			(0.001)	(0.001)	(0.002)
总资产	—	—	0.000**	0.000***	0.000***
			(0.000)	(0.000)	(0.000)

（续）

变量名	信贷可得				
	(1)	(2)	(3)	(4)	(5)
总收入	—	—	0.001***	0.001***	0.001**
			(0.000)	(0.000)	(0.000)
东部地区	—	—	—	−0.019***	−0.021***
				(0.007)	(0.007)
中部地区	—	—	—	−0.037***	−0.036***
				(0.006)	(0.006)
人均 GDP	—	—	—	0.000	0.000
				(0.000)	(0.000)
常数项	—	—	—	—	0.089*
					(0.047)
观测值	9 537	9 534	9 320	9 320	9 320
R^2/Pseudo R^2	0.011 8	0.067 8	0.098 8	0.108 2	0.053

注：*、**、***分别代表10%、5%、1%水平下显著；结果系数为边际效应；括号内为聚类到农户层面的聚类标准误。

（2）稳健性检验

稳健性检验的目的是检验模型回归的可靠性，常见的稳健性检验方法主要有替换样本或方法、变量和重新测量核心变量等。本章在实证部分主要采用三种方式进行稳健性检验：一是替换核心解释变量，二是面板数据检验，三是剔除有从事金融行业成员的家庭。

首先，替换核心解释变量。考虑到金融素养的衡量方法可能会对估计结果带来一定的偏差，为此，本研究更换金融素养的测量方法进行检验。一是进一步区分回答"不知道"和回答错误情况，再利用因子得分法得到因子得分。二是使用加总得分法重新计算金融素养。估计结果如表 2-5 中第（1）、（2）列所示。结果显示，替换核心解释变量后，金融素养对农户信贷可得的影响仍在1%水平上正向显著，由此说明基准回归结果的稳健性。

其次，面板数据检验。由于本研究在基准回归部分使用的是截面数据，不可避免地可能会导致遗漏变量问题，从而影响回归结果的稳健性。为此，进一步使用 2017—2019 年 CHFS 数据构建平衡面板数据进行估计。面板数据估计除了控制户主、家庭和区域特征变量外，还固定了个体和时间效应，估计结果如表2-5中第（3）列结果显示，金融素养对农户信贷可得的影响系数正向显著，说明金融素养对农户信贷可得具有正向促进作用。

再次，剔除有从事金融行业成员的家庭。考虑到农户家庭中若拥有从事金融行业的成员，其金融素养可能会高于其他一般农户家庭（宋全云，2017），导致估计效应被高估。本研究剔除样本中农户家庭成员中有从事金融行业成员的家庭（112个），对剩余样本再次回归，结果如表2-5第（4）列结果所示。结果表明，剔除家庭中有成员从事金融行业的农户家庭后，金融素养仍对农户正规信贷可得有正向影响，由此再次证明结论是稳健的。

表2-5　稳健性检验

变量名	信贷可得			
	（1）	（2）	（3）	（4）
金融素养（因子得分）	0.006**	—	—	—
	(0.003)			
金融素养（得分加总）	—	0.007**	—	—
		(0.003)		
金融素养	—	—	0.063*	0.007**
			(0.037)	(0.003)
控制变量	控制	控制	控制	控制
时间固定效应	—	—	固定	—
个体固定效应	—	—	固定	—
常数项	—	—	5.554***	—
			(0.766)	
Pseudo R^2	0.107 9	0.108 1	—	0.109 0
观测值	9 320	9 320	11 626	9 235

注：*、**、***分别代表10%、5%、1%水平下显著；括号内为聚类到农户层面的聚类标准误。

（3）内生性检验

在研究金融素养对农户信贷可得性的影响时，可能会存在内生性问题，一是可能存在遗漏变量问题，虽然本研究从农户个体、家庭和地区3个层面选取了控制变量，并使用了面板数据进行检验，但还可能遗漏了可能对农户信贷可得产生影响的外生变量；二是金融素养与信贷可得可能互为因果，金融素养影响农户信贷可得的同时，金融交易实践经历可能让农户学习金融知识，提升金融素养水平。上述两点均有可能导致内生性问题，为此，本章在回归中引入工具变量，使用 Ⅳ - Probit 模型进行估计，同时使用 2SLS 模型估计作为对比。

常用于缓解金融素养内生性的工具变量主要有"受访者父母的受教育水平"和"同一社区其他家庭的平均金融素养水平"。如尹志超等（2014）选择"父母的受教育水平"作为研究金融素养影响金融市场参与的工具变量；吴卫星（2018）选择"户主及配偶是否有经济或管理方面的高等学历"；张号栋（2016）选择"同一小区除本家庭外其他家庭的平均金融知识水平"作为工具变量。基于现有研究的工具变量选取，本章选取"同一村除本家庭外其他家庭的平均金融素养水平"作为工具变量。

内生性检验结果如表 2 - 6 所示，表中第（1）列为使用 Ⅳ - Probit 模型估计结果，Wald 检验结果在 1% 显著水平上拒绝核心解释变量不存在内生性假设。表中第（2）列为使用 2SLS 模型估计结果，一阶段 F 值为 95.42，大于经验值 10，表明不存在弱工具变量问题。从估计系数上看，在缓解内生性问题后，金融素养对农户信贷可得的估计系数仍为正向显著，这说明金融素养提升对农户信贷可得具有显著积极作用。

表 2 - 6　内生性检验

变量名	信贷可得	
	Ⅳ - Probit	2SLS
	（1）	（2）
金融素养	0.555***	0.065***
	(0.136)	(0.020)
控制变量	控制	控制
常数项	− 2.337***	0.137***
	(0.489)	(0.051)
athrho2_1	− 0.448***	—
	(0.142)	
一阶段 F 值	—	95.42
Wald Test	9.97	
P 值	0.002	
观测值	9 320	9 320
R^2	—	0.010

注：*、**、***分别代表 10%、5%、1% 水平下显著；括号内为聚类到农户层面的聚类标准误。

2.4.3 农村居民金融素养对信贷可得性影响机制分析

前文实证已证明金融素养对农户信贷可得性确实有显著正向影响，那么其影响机制又是怎样的呢？本部分检验金融素养对农户信贷可得的影响机制。

首先，需要估计农户金融素养水平对农户风险态度的影响，结果如表 2-7 所示，结果中（1）（2）列为金融素养对农户风险态度估计结果，使用 Oprobit 和 OLS 模型估计结果均表明金融素养对其风险态度有正向影响。其次，在金融素养对农户信贷可得的影响估计模型中，加入风险偏好变量。结果发现表 2-7 第（3）列在加入风险偏好变量后，金融素养变量和风险态度变量均显著，由此可以证明风险偏好作为金融素养影响农户信贷可得的中介效应存在。

表 2-7　金融素养对农户信贷可得性影响机制

变量名	风险态度 (1) Oprobit	风险态度 (2) OLS	信贷可得 (3) Probit
金融素养	0.286*** (0.015)	0.254*** (0.014)	0.059** (0.028)
风险态度	—	—	0.036* (0.021)
控制变量	控制	控制	控制
常数项	—	2.794*** (0.223)	−3.208*** (0.480)
观测值	7 989	7 989	7 977
Pseudo R^2	0.042	0.078	0.104

注：*、**、*** 分别代表 10%、5%、1% 水平下显著；括号内为聚类到农户层面的聚类标准误。

2.4.4 农村居民金融素养对信贷可得性异质性影响分析

上述研究证实了金融素养能够对农户信贷可得性产生显著影响，但对于所处不同地区及不同年龄段的农户家庭，金融素养对其信贷可得性的影响可能存有差异，因此，本研究进一步在控制其他变量基础上，分样本进行金融素养影响农户信贷可得性的异质性分析。

表 2-8 中第（1）至（3）列报告了地区异质性分析结果，结果表明，金融素养对中部地区的农户信贷可得性的促进作用最大，而对于西部和东部的作用均不显著，对西部地区不显著可能是因为西部地区金融发展较落后，正规金融供给严重不足，即使提高农户金融素养对获得信贷的影响也较小。对东部地区作用不显著可能是因为东部地区经济较为发达，农户的金融素养水平较高，因此，进一步提高金融素养对农户信贷可得性的作用较小。而中部地区经济发展水平和农户的金融素养均在东西部之间，因此提升金融素养对农户信贷可得性能发挥出更大效果。

表 2-8 中第（4）至（6）列报告了年龄异质性分析结果，将户主年龄划分为青年（16~35 岁）、中年（36~64 岁）和老年（65 岁以上）三组，分别考察金融素养对不同年龄段农户信贷可得性的影响。结果表明，金融素养对青年农户的影响负向显著，原因可能是青年农户一般能获得长辈的经济支持，对信贷的需求较低。金融素养对中年和老年农户的信贷可得性影响均正向显著，且对中年农户影响系数大于老年农户，原因可能是中老年原本金融知识较为匮乏，提升其金融素养能够使其增强对正规信贷的认识，增加获得正规信贷的可能性。对中年农户的作用最大，可能是因为中年农户收入稳定，且对信贷的需求也更大，因此会随着金融素养的提高，更倾向于选择正规信贷。

表 2-8　金融素养对农户信贷可得性异质性影响分析

变量名	东部	中部	西部	青年	中年	老年
	(1)	(2)	(3)	(4)	(5)	(6)
金融素养	0.001	0.011***	0.003	−0.040***	0.009***	0.007**
	(0.004)	(0.004)	(0.006)	(0.015)	(0.003)	(0.003)
控制变量	控制	控制	控制	控制	控制	控制
Pseudo R^2	0.129 2	0.093 5	0.112 0	0.168 5	0.066 5	0.131 8
观测值	3 480	3 325	2 728	526	6 767	2 140

注：*、**、***分别代表 10%、5%、1%水平下显著；结果系数为边际效应；括号内为聚类到农户层面的聚类标准误。

2.4.5　小结

本章首先实证分析了金融素养对农户信贷可得性的影响，结果发现提升金融素养有助于农户信贷可得性提高，在经过多种稳健性和内生性检验后，结果仍稳健。其次，实证分析了金融素养对农户信贷可得性的影响渠道，发现金融素养能够通过改善农户风险态度，从而提高信贷可得性。原因可能是农户金融素养水平越高，对正规信贷市场越了解，对各种信贷产品的判断能力和理财能力也越高，进而使农户能够根据自身的风险抵御能力，理性地选择信贷途径，提高信贷可得性。最后，考虑到农户年龄、受教育程度等个体特征对金融素养施加的信贷可得性影响具有明显异质性，分别按照农户年龄和受教育程度对农户分组进行回归分析。

2.5 研究结论与政策建议

2.5.1 研究结论

本章从提升正规信贷需求有效性角度出发，将"金融素养"这一影响因素引入农户正规信贷可得性的研究中，基于 2017 年 CHFS 数据，从理论和实证上探究了金融素养对农户信贷可得性的影响及其内在机制。得到以下结论：

（1）全国农村居民金融素养整体水平不高，且在不同群体间存有较大差异，主要体现在不同地区、不同年龄和不同受教育程度上。中西部地区农户金融素养水平远低于东部地区，主要原因是中西部相对落后闭塞，农户接收的信息渠道少，接触到的金融知识和技能较少。老年农户金融素养水平最低，原因是青年农户对新知识的理解和接受能力更强，随着年龄增长，认知能力逐步退化，老年农户对金融知识的接受能力不足。农户受教育水平越低，金融素养水平越低，这是因为受教育水平不足的农户在金融信息接受能力和关注度上也较低。

（2）金融素养对农户信贷可得性具有显著正向影响，金融素养水平的提升有助于提高农户的正规信贷可得性。原因是，提升农户金融素养有助于缓解农户与正规金融机构间的信息不对称，增强农户对信贷产品的了解，缩小对金融产品的认知差距，提升风险判断能力，促使农户更加理性地选择金融产品，参与正规信贷能力也得到大幅度提升，农户信贷可得性得以提高。

（3）风险态度是金融素养影响农户信贷可得性的重要渠道。提升农户金融素养有助于改善农户风险态度，原因是，农户金融素养水平越高，对正规金融规范和信贷产品越了解，参与正规信贷的信心和风险偏好也越高，进而提升农户信贷可得性。

2.5.2　政策建议

（1）注重农户金融素养提高，从需求侧缓解信贷约束。首先，针对不同地区、年龄和受教育程度农户群体的接受和理解能力，提供与之相匹配的金融教育和培训，提升金融素养水平。公民的金融知识与技能教育培训具有极大的社会公益性，是公共品。公共部门应制定相应规划并负责实施。逐步逐层提高不同农户群体的风险意识，有针对性地为不同金融素养水平的农户提供金融知识、金融产品使用和金融科技等方面的培训。其次，加强农户对正规信贷申请流程和规范的学习和培训，减弱农户与正规金融机构间的信息不对称。作为最大受益主体，本着"谁受益谁担责"原则，正规金融机构应主动参与这一过程。通过宣传正规信贷的优点，降低农户对正规信贷产品的陌生感。最后，培养农户的信用意识，促使其了解并维护自己的信用。政府应协助正规金融机构核实农户的实际工作、收入和资产等家庭状况，建立真实有效的信用评价体系；建立模范信用村、信用户，帮助农户树立信用意识，注重维护良好信用。

（2）基于农户异质性开发设计信贷产品。农户作为最大的金融需求群体，也是金融弱势群体，长期被金融排斥，其金融需求的异质性突出。正规金融机构应进一步创新涉农金融产品，尤其为金融素养和风险态度较低的农户设计并提供针对性的信贷产品。由于农户对各种信贷产品的利率、风险等不熟悉，往往会倾向于风险规避，或者选择大于自身风险承受能力的信贷产品。正规金融机构应深入农村，询问不同金融素养水平和风险态度农户的融资需求，创新涉农金融产品，提供适合不同金融素养水平农户的信贷产品，为农户提供精准金融服务。

（3）完善正规信贷基础设施，降低农户搜寻和使用正规信贷的成本。由于中国长期存在城乡二元金融结构，城乡信贷资源分布严重不均，部分农户距离金融机构较远，即使有正规信贷需求也难以得到满足。为此，政府和金融机构应结合当地农户的金融需求，实现更高的信贷服务覆盖度，一方面适当设立金融服务网点、自助服务设备等；另一方面，为有数字技术应用能力的农户提供数字金融服务，降低农户获得正规金融服务的成本，帮助农户获得正规信贷服务。

（本章撰稿人：徐帆、张少宁）

第3章　金融素养、正规信贷可得性与农村居民家庭收入 //////////////////////

3.1　研究背景

　　"三农"问题是关乎国计民生的根本性问题。现阶段，中国农村社会仍然面临着土地制度、产业发展、农民收入、乡村治理以及巩固拓展脱贫攻坚成果等众多问题，而农民收入则是其中具有较多交集点的核心问题（何秀荣，2021）。持续增加农民收入既是满足农民追求美好生活的客观要求，也是新时期做好"三农"工作的关键所在。随着党和政府一系列强农惠农政策的落地实施，农民收入有了极大改善，2022年我国农村居民人均可支配收入达到20 133元，首次突破2万元。农民收入增长速度更是连续多年高于城镇居民的增速，城乡居民收入差距呈现不断缩小的趋势，城乡居民收入比从2009年的3.33下降至2022年的2.45。然而，在农民收入持续增长的同时，也应充分意识到增收成效背后潜在的结构性矛盾和问题。首先，我国农村居民人均可支配收入仍然较低；其次，在城乡收入相对差距逐步缩小的同时，城乡居民收入差额进一步扩大，地区之间以及不同农民收入组之间的差额也呈扩大趋势。此外，农民收入结构发生明显的变化，经营性收入在人均可支配收入中的比重不断下降。因此，如何进一步提高农民收入，逐步缩小城乡之间以及农村居民内部的收入差距仍然是当前亟待解决的重要课题。

　　已有研究表明，金融素养有益于个体在资产配置中做出合理有效的投资决策从而实现财富的积累和收入的增加。唐丹云等（2023）研究发现，随着金融素养的提升，家庭更有可能获得财产性收入，同时，财产性收入的规模及其在家庭总收入中的比重都会显著提高，并且金融素养对低收入群体的边际作用更强，说明金融素养的提升有助于缩小收入差距，促进共同富裕。刘波等（2020）在相关研究中分析了金融素养对家庭金融脆弱性的影响，以及金融素养对家庭"资不抵债"和"入不敷出"的影响，结果表明金融素养的提升能够显著缓解家庭金融脆弱性，降低家庭"资不抵债"的发生概率。相比而言，金融素养较低者可能会因为信贷成本过高、金融市场参与率低以及缺少养老规划等原因难以获得应有的金融福利。可见，较高的金融素养可能会在农民收入增长中发挥更加积极的作用。此外，从现实层面来看，随着我国经济的发展和金融市场的完善，金融产品和服务日益融入社会生产生活中，且呈现出复杂多样的发展趋势。一方面，金融产品和服务为个体财富和收入的积累创造了机遇；但另一方面，多样化的金融产品和服务也对个体的金融素养提出更高要求。对于金融素养本就较低的农村居民而言，提高金融素养是其更好地参与金融市场、获取金融服务、实现收入增长的基本前提。综上，理论研究和现实都表明，提高农民金融素养可能是持续稳定增加农民收入，进一步缩小城乡收入差距的重要途径。

鉴于此，本研究将通过西南财经大学 2019 年 CHFS 数据探究金融素养与农民收入之间的关系。首先，从金融知识和金融技能两个角度构建农村居民金融素养评价指标体系，并采用因子分析法对农民的金融素养进行测度，分析我国农村居民金融素养现状。其次，通过计量模型验证金融素养对农民收入的促进作用，并从异质性视角，探究金融素养对不同收入群体、不同风险态度以及不同地区家庭的影响差异。最后，引入是否获得正规信贷作为中介变量，探寻金融素养对农民收入的影响渠道。本研究以期为改善农民金融福利，提高农民收入，促进共同富裕提供有益的参考与启示。

3.2　文献综述

3.2.1　金融素养与收入

国内外学者在对金融素养的测度、金融素养对金融行为的影响等做了大量研究的同时，围绕金融素养与收入之间的关系做了进一步探讨。陶维荣（2021）基于 CFPS 调查（中国家庭追踪调查）数据研究了金融素养对城乡居民家庭收入的影响，发现金融素养对家庭总收入、工资性收入和财产性收入均具有显著的正向促进作用，对转移性收入有着负向影响。Huston 等（2012）研究发现金融素养水平的提升能够有效促进家庭净财富的增加。何昇轩和李炜（2020）研究发现金融素养的提升能够显著增加个人和家庭的收入，金融素养在学历对个人收入和家庭收入的影响中具有部分中介效应，在职业对个人收入和家庭收入的影响中具有完全中介效应。何学松和孔荣（2019）在对陕西省

908 户农户进行实地调查的基础上，探讨了金融素养、金融行为与农民收入三者之间的关系，研究发现金融素养对信贷、理财和保险这三种金融行为均有着显著正向影响，同时金融素养能够通过信贷行为、理财行为和保险行为正向影响农民收入。Ankrah 等（2022）以加纳农村为例，研究发现金融素养有利于家庭收入持续稳定增长，金融服务获取在金融素养与家庭收入之间具有中介作用。Rooij 等（2012）认为金融素养可能会从以下两个渠道促进家庭财富的积累：一是金融素养有利于提高个体参与股票市场的意愿，从而使个体从股权溢价中获得收益；二是金融素养有利于个体从退休规划中实现财富的积累。单德朋（2019）在研究金融素养对城市贫困的影响时发现，金融素养不仅能够改善城市贫困主体的收入，而且可以通过金融服务和资产配置提升贫困主体收入稳健性。聂雅丰和胡振（2021）研究发现，金融素养通过提高居民金融市场参与率，提升了居民获得财产性收入的可能性和规模，同时金融素养对城镇居民和风险偏好者获得财产性收入的促进作用更加明显。赵立业和吴卫星（2022）通过 CFPS 数据探究了金融素养与代际收入流动之间的关系，研究发现金融素养能够有效降低父代收入对子代收入的影响程度，提高代际流动性，促进共同富裕。

3.2.2　核心概念

（1）金融素养

基于已有研究对金融素养的界定，本研究将金融素养定义为个体在金融活动中综合运用金融知识和技能等对自身的金融资源进行有效管理，从而实现个人金融福祉的能力。

（2）农村居民家庭收入

持续增加农民收入既是"三农"工作的中心任务，也是缩小收入差距、促进共同富裕和全面推进乡村振兴的重要举措。家庭总收入是农民收入能力和水平的综合体现，因此本研究用家庭总收入代表农村居民家庭收入。家庭总收入通常是指共同生活的家庭成员在一定时期内的全部货币收入和实物收入的总和，包括工资性收入、经营性收入、财产性收入和转移性收入。本研究中，工资性收入指家庭成员通过各种途径得到的全部劳动报酬和各种福利的总和；经营性收入指家庭从事生产经营活动所获得的净收入；财产性收入指家庭凭借自有的房屋、土地、金融资产等财产获得的收入；转移性收入是指国家、单位、社会团体对居民家庭的各种转移支付和居民家庭间的收入转移，包括政府对个人转移的退休金收入、住房公积金收入、社会救济收入和私人转移收入、保险理赔收入等。此外，本研究还通过家庭人均收入表征农村居民家庭收入。

（3）正规信贷可得性

信贷可得性通常是指有借款需求的行为主体通过各种渠道获得所需资金的可能性，反映了借款者对信贷需求的满足程度。进一步将正规信贷可得性定义为信贷需求者从银行、信用社等正规金融机构获得信贷资金的可能性。一般而言，信贷需求者的金融素养、资产、收入情况等个体特征以及金融机构自身的经营规模和网点数量等都会对信贷可得性产生重要影响。具体到本研究中，将正规信贷可得性定义为农村家庭能否从银行、信用社等正规金融机构获得信贷资金。

3.2.3 理论基础

（1）人力资本理论

20 世纪 60 年代，美国经济学家舒尔茨对人力资本理论进行了系统性阐述，并将这一理论纳入经济学研究范畴。该理论的提出突破了传统理论中对资本的固有认识，进一步将资本划分为物质资本和人力资本，使人们认识到人力资本在国民经济增长中的重要作用。舒尔茨认为人力资本是蕴含在劳动者身上的知识、技术、工作能力以及健康状况等非物质资本的总和，而人力资本的形成则需要通过投资实现。同时，舒尔茨提出人力资本的积累和提升是经济增长的源泉，其原因在于，与物质资本相比人力资本的投资收益率更高，且人力资本的提升能够对原有的生产要素起到替代作用，从而促进经济的增长。此外，舒尔茨还指出个人收入的增长和个人收入差距缩小的根本原因是人们的受教育程度得到了普遍提高，其本质是人力资本投资的结果。之后，美国经济学家贝克尔从微观层面对人力资本理论进行了发展和完善。贝克尔认为人力资本的内涵既体现为劳动者的才干、知识和技能，也包括劳动者在时间、健康和寿命等方面的特征。贝克尔通过人力资本投资模型得出人在生命周期内进行人力资本投资的均衡条件，即"人力资本投资的边际成本的当前价值等于未来收益的当前价值"。此均衡条件的现实意义在于，人力资本的投资通常会随着年龄的增长而呈现出先增后减的趋势，当人力资本折旧率变大时，投资动力就会随之减小，那么出于对个人效用最大化的考虑，人应在青年时期加强对人力资本的投资，以获得更多的投资收益；其次，个人收入与人力资本投资量之间呈现相同的变化趋势，通过适当的收入刺激，不仅能够提高劳动者对工作的努力程度，而且能够激励劳动者加强对自身人力资本的投资。

综上，舒尔茨和贝克尔两位经济学家从不同角度分析和阐述了人力资本在经济发展、个人和家庭收入增长中的重要作用。金融素养作为一项特殊的人力资本，体现了个人在金融层面的能力和素质。金融素养的提升不仅能够优化金融决策，而且可以促进个人和家庭财富的积累和收入的增加。

（2）信贷配给理论

信贷配给是指在信贷市场上，资金需求者即使愿意接受金融机构制定的非价格条款，也难以获得贷款的情形。一般而言，信贷配给现象主要表现为以下两种情况：一种是资金需求者向金融机构提出信贷申请后仅能从中获得部分贷款，其信贷需求未得到充分满足；另一种是对于市场上存在的资金需求者而言，只有部分资金需求者能够从金融机构获得贷款，而另一部则无法获得，由此便出现了信贷配给问题。此外，也有部分学者从政府是否参与利率管制角度将信贷配给分为一般信贷配给与严格信贷配给。

关于信贷配给理论，亚当·斯密早在《国富论》一书中就曾对市场上存在的信贷配给现象做了探究。到了20世纪50年代，信贷配给方面的研究有了进一步发展，学者们围绕利率管制、市场竞争以及银行资产配置等内容对信贷配给问题进行了研究，并且相关学者认为信贷配给问题主要是由制度因素造成的。在20世纪60年代，以Hodgman和Jaffee等为代表的经济学家开始从信贷合约当事人行为角度探究信贷配给的成因，信贷配给理论的微观基础也由此逐步确立。从这一角度来看信贷配给问题实质上是金融机构在追求利润最大化时所引发的结果。20世纪70年代中期以后，不完全信息理论被运用到信贷配给现象的分析当中，经济学家Stiglitz和Weiss（1981）认为由信息不对称引发的道德风险和逆向选择是导致信贷配给现象存在的根本原因。同时，经济学家Howitt和Fried（1980）从隐性合约理论视角分析了信贷配给的成因，他们认为信贷配给是银行与客户之间达成的一种风险共担的均衡状态，这种合约安排下不仅有利于降低借贷双方的信贷风险，而且能够从未来的不确定性交易中获得收益。此后，经济学家Williamson（1986）进一步拓展了信贷配给理论，他认为当信息不对称和监督成本存在时，即使不考虑道德风险和逆向选择，信贷配给现象也会出现。20世纪90年代以来，内生经济增长模型的发展为信贷配给提供了新的研究视角，学界将信贷配给等因素纳入内生经济增长模型以探究信贷配给对经济增长的影响。综上所述，信贷配给理论既能够合理解释农户信贷配给，也可为缓解农户信贷配给、提高农户正规信贷可得性提供有益思考。

3.3　金融素养、正规信贷可得性与农村居民家庭收入理论分析

3.3.1　金融素养对农村居民家庭收入的直接影响

从人力资本理论可知，金融素养作为一项特殊的人力资本在家庭财富的积累和收入的增加中发挥着重要作用。金融素养的提升既是农户综合素质的体现，也是农户优化金融决策，实现金融福祉的必要条件。本研究将围绕家庭收入来源的4个方面进一步分析金融素养对促进家庭收入增长的机理。从工资性收入来看，金融素养高的农民通常会表现出较高的受教育程度和较强的专业技能，相对而言，其在劳动力市场上的发展空间更大，就业机会更多，工资性收入增加的可能性也更大。从经营性收入来看，金融素养的提升有利于农户根据自身的收支状况和负债标准做出合理的信贷决策，有效缓解生产经营过程中面临的融资问题，进而强化对农业和工商业的投入，不断提升经营性收入。从财产性收入来看，金融素养对财产性收入的促进作用主要包括以下两个方面：首先，金融素养高的居民能够有效利用经济、金融信息，充分捕捉金融市场机遇并积极参与投资理财，与此同时，他们通常会在资产配置及交易过程中表现得更加理性，不仅有利于提高资产性收益，而且可以将交易成本控制在合理范围之内。其次，金融素养高的家庭对金融风险的感知能力更强，能够有效规避投资理财过程中可能出现的风险和损失。

3.3.2　金融素养对农村居民家庭收入影响的作用机制分析

从信贷配给理论可知，农户遭受信贷配给的关键原因是农户与银行、信用社等金融机构之间存在信息不对称。一方面，相当一部分有正规信贷需求的农户对金融机构的贷款政策和流程缺乏相应的了解，致使农户信贷信息较为闭塞，总是处于不利地位，从而受到信贷配给。另一方面，银行面对数量众多的农户，需要负担很高的信息搜寻成本和监督成本，此时金融机构则更倾向于将贷款发放给大型农业企业等信贷主体，小农户难免受到信贷配给。而要改善农户在信贷配给中的不利地位，不仅需要从供给侧引导金融机构将更多的信贷资源投向有正规信贷需求的农户，更需要需求侧的农户不断提升自身金融素养，提升需求有效性，以满足信贷市场交易条件。具体来看，金融素养对于提高农户正规信贷可得性的作用主要体现在以下3个方面。首先，随着金融素养的提升，农户更加积极关注经济、金融消息，详细了解正规信贷政策，逐步对自身

信贷申请能否通过以及可接受的负债标准等形成清晰的认识，这在减少因认知偏差而造成的信贷配给的同时，有助于农户做出合理的信贷决策，避免过多的负债。其次，金融素养的提升能够强化农户对信贷市场的参与能力，降低信贷双方的信息不对称程度。一方面，农户可以根据自身需求选择适合自己的金融机构与信贷产品进行业务办理；另一方面，农户可为银行、信用社等金融机构提供更加完善的财务信息，由此降低信息不对称对信贷配给的影响，提高农户正规信贷可得性。最后，随着金融素养的提升，农户更加注重自身信用资本的积累，表现出更强的履约意愿，这使得农户更有益于从正规金融机构获得贷款。综上所述，金融素养对农户正规信贷可得性有着显著的影响，金融素养越高的农户获得正规信贷的可能性越大。

而正规信贷可得性对于农村居民家庭收入的增长同样有着至关重要的作用，主要体现在三方面。一是正规信贷资金的获得促进了农户对农业生产和非农生产的投资。在农业生产方面，农户通过购买农业生产设备、学习采纳先进生产技术以及良种选育等方式提高农业生产效率，扩大生产规模，延长农业产业链，实现农业收入的增加。在非农生产方面，信贷资金为农户开展自主创业等提供了资金保障，有利于农户获得工商业收入。二是信贷资金的投入使用提高了农业生产效率，进而使家庭劳动力得到了优化配置，有更多的剩余劳动力能够通过外出务工方式获得工资性收入，而参与农业生产经营的也具备了一定程度规模经济效应。与此同时，正规信贷缓解了外出务工人员对流动性资金的需求，间接保障了农户的工资性收入。三是农户可以将信贷资金作为初始资本，以入股农民专业合作社或农业企业的方式获得分红，增加财产性收入。此外，农户可将正规信贷用于教育、医疗、房屋购买等方面，以提升家庭预期收益。

3.4 金融素养、正规信贷可得性与农村居民家庭收入现状分析

3.4.1 数据来源

本研究所用数据主要来源于 2019 年 CHFS 数据。该调查涵盖了全国 29 个省份的 34 643 户家庭、107 008 个家庭成员的信息，从人口统计学特征、资产与负债、收入与支出以及金融知识等方面详细刻画了微观个体和家庭层面的金融行为，为本研究的开展提供了翔实可靠的数据支撑。基于研究所需，对样本数据作如下处理：首先，剔除城镇样本，仅保留受访者是户主的农村样本；其次，对于年龄偏小和偏大的户主而言，其对家庭金融行为的影响相对弱化，

故有必要剔除户主年龄小于 18 岁和大于 80 岁的样本；最后，为消除极端值的影响，还对家庭收入类指标和家庭总资产进行了上下 1% 的缩尾处理。经筛选之后最终得到研究所需的 7 316 个样本。

3.4.2　金融素养指标构建

金融素养是指个体在金融活动中综合运用金融知识和技能等对自身的金融资源进行有效管理，从而实现个人金融福祉的能力。基于上述定义，本研究围绕金融知识和金融技能两个方面从 2019 年 CHFS 问卷中选取了"假设银行的年利率是 4%，如果把 100 元钱存 1 年定期，1 年后获得的本金和利息为?"等 6 个问题构建金融素养评价指标体系，具体如表 3-1 所示。在金融知识相关指标的构建中，借鉴尹志超等（2014）的做法，对利率计算和通货膨胀 2 个问题分别设置了"是否回答正确"和"是否直接回答"2 个哑变量。在金融技能指标的构建中，从是否持有金融理财产品、基金、第三方支付账户以及受访户银行卡和活期存折数 4 个方面对农户的金融技能进行了较为全面的评价。

表 3-1　农村居民家庭金融素养评价指标体系构建

	问卷题项	指标构建	赋值情况
金融知识	假设银行的年利率是 4%，如果把 100 元钱存 1 年定期，1 年后获得的本金和利息为多少?	利率计算是否正确	回答正确=1；其余选项=0
		利率计算是否直接回答	正确或错误=1；算不出来=0
	假设银行的年利率是 5%，通货膨胀率每年是 8%，把 100 元钱存银行一年之后能够买到的东西将更多还是更少?	通货膨胀问题回答是否正确	回答正确=1；其余选项=0
		通货膨胀问题是否直接回答	正确或错误=1；算不出来=0
金融技能	目前，您家是否拥有金融理财产品?	是否拥有金融理财产品	是=1；否=0
	目前，您家是否持有基金?	是否持有基金	是=1；否=0
	目前，您家是否开通支付宝、微信支付、京东网银钱包、百度钱包等第三方支付账户?	是否持有第三方支付账户	是=1；否=0
	目前，您家有几张银行储蓄卡/活期存折?	受访户银行卡和活期存折数	受访户实际持有的银行卡和活期存折数

　　如表 3-2 所示，样本中仅有 13.34％的户主能够准确回答利率计算问题，尚有 86.66％的户主回答错误或表示"算不出来"，与回答有误的户主相比，70.04％回答"算不出来"的户主，其所表现出的金融素养相对更加匮乏。与利率计算问题相比，农户对通货膨胀问题的理解相对更加准确，有 18.33％的户主能够对通货膨胀问题做出正确的回答，但也有 64.17％的户主对该类问题缺乏基本的了解。通过金融知识方面 4 个指标可以看出，现阶段我国农村居民，尤其是对家庭金融行为有着重大影响的户主而言，其对金融知识的理解程度相对较低，对金融知识的学习和掌握缺乏必要的重视，由此难免会对农户家庭的金融行为和金融福祉造成一定的负面影响。进一步来看，样本中仅有 1.31％的家庭拥有金融理财产品，0.14％的家庭持有基金，31.83％的家庭持有第三方支付账户，与此同时 65.13％的家庭拥有 1 张及以上银行卡或活期存折。从金融技能方面的 4 个指标也可以看出，农户不仅金融知识相对匮乏，而且缺乏必要的金融经验和金融技能。综上可知，现阶段我国农村居民的金融素养普遍偏低，在金融知识和金融技能上都表现出明显的不足。

表 3-2　农村居民家庭金融素养评价指标描述性统计

指标	选项	频数	百分比（％）	均值	标准差
利率计算是否正确	回答正确	976	13.34	0.133 4	0.340 0
	其余选项	6 340	86.66		
利率计算是否直接回答	正确或错误	2 192	29.96	0.299 6	0.458 1
	算不出来	5 124	70.04		
通货膨胀问题回答是否正确	回答正确	1 341	18.33	0.183 3	0.386 9
	其余选项	5 975	81.67		
通货膨胀问题是否直接回答	正确或错误	2 621	35.83	0.358 3	0.479 5
	算不出来	4 695	64.17		
是否拥有金融理财产品	是	96	1.31	0.013 1	0.113 8
	否	7 220	98.69		
是否持有基金	是	10	0.14	0.001 4	0.036 9
	否	7 306	99.86		
是否持有第三方支付账户	是	2 329	31.83	0.318 3	0.465 9
	否	4 987	68.17		

（续）

指标	选项	频数	百分比（%）	均值	标准差
受访户银行卡和活期存折数	0	2 551	34.87	1.547 2	1.883 3
	[1, 10]	4 746	64.87		
	[11, 20]	17	0.23		
	(20, +∞)	2	0.03		

3.4.3 金融素养测度

接下来，将通过 SPSS19，运用因子分析法对金融素养进行测度。首先，通过 KMO 检验和 Bartlett 的球形度检验判断数据是否适合因子分析。如表 3-3 所示，在对指标体系进行运算后，得出 KMO 值为 0.687 大于 0.6，且 Bartlett 检验的近似卡方值为 12 449.902，对应的 P 值为 0.000 显著小于 0.01。综上表明，基于上述 8 个指标构建的金融素养评价指标体系适合运用因子分析。

表 3-3 KMO 和 Bartlett 的球形度检验

指标		数值
KMO		0.687
Bartlett 的球形度检验	近似卡方	12 449.902
	Sig.	0.000

本研究采用主成分法，按照特征值大于 1 的原则提取因子。表 3-4 为解释的总方差结果，前 3 个因子的特征值均大于 1 且累计方差贡献率达到 63.228%，说明样本中 63.228% 的信息可以由前 3 个因子进行解释。同时，结合图 3-1 碎石图可以直观发现，在第 3 个因子之后特征值开始小于 1 且碎石图也逐渐趋于平缓，说明前 3 个因子就可以较好地解释大部分信息。因此，本研究共提取 3 个因子。

表 3-4 解释的总方差

成分	初始特征值			提取平方和载入			旋转平方和载入		
	合计	方差贡献率/%	累积方差贡献率/%	合计	方差贡献率/%	累积方差贡献率/%	合计	方差贡献率/%	累积方差贡献率/%
1	2.708	33.849	33.849	2.708	33.849	33.849	2.375	29.688	29.688
2	1.270	15.870	49.719	1.270	15.870	49.719	1.453	18.168	47.857

(续)

成分	初始特征值			提取平方和载入			旋转平方和载入		
	合计	方差贡献率/%	累积方差贡献率/%	合计	方差贡献率/%	累积方差贡献率/%	合计	方差贡献率/%	累积方差贡献率/%
3	1.081	13.508	63.228	1.081	13.508	63.228	1.230	15.371	63.228
4	0.881	11.009	74.236	—	—	—	—	—	—
5	0.765	9.568	83.804	—	—	—	—	—	—
6	0.569	7.110	90.915	—	—	—	—	—	—
7	0.428	5.353	96.267	—	—	—	—	—	—
8	0.299	3.733	100.000	—	—	—	—	—	—

注：提取方法为主成分分析。

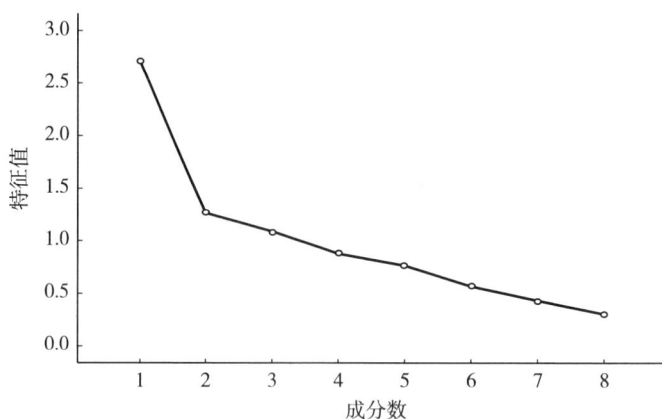

图 3-1 碎石图

依据表 3-5 成分得分系数矩阵计算因子得分，并以"旋转平方和载入"一列中各因子的方差贡献率为权重，确定金融素养得分。

3.4.4 农村居民家庭现状

（1）农村居民家庭金融素养现状

如表 3-6 所示，金融素养的均值为 0.000 5，说明目前中国农村居民家庭的金融素养水平整体偏低。从最值及标准差来看，样本群体的离散程度相对较大，说明农村家庭金融素养水平存在两极分化的趋势，部分家庭已经具备了较好的金融素养，而部分家庭的金融素养接近空白。中位数－0.13 也表明农村家庭金融素养整体上处于较低的水平。

表3-5　成分得分系数矩阵

指标	成分		
	1	2	3
利率计算是否正确	0.310	−0.063	−0.038
利率计算是否直接回答	0.336	−0.004	−0.010
通货膨胀问题回答是否正确	0.332	−0.070	0.010
通货膨胀问题是否直接回答	0.366	−0.095	−0.015
是否拥有金融理财产品	−0.038	0.054	0.599
是否持有基金	−0.012	−0.128	0.684
是否持有第三方支付账户	−0.087	0.618	−0.078
受访户银行卡和活期存折数	−0.088	0.598	0.006

表3-6　金融素养总体情况

变量	样本量	均值	最小值	最大值	标准差	中位数
金融素养	7 316	0.000 5	−0.33	4.03	0.380 0	−0.13

如表3-7所示，从均值来看，东部地区农村家庭的金融素养整体偏高，西部地区次之，中部地区的金融素养总体偏低，且中、西部地区农村家庭金融素养的均值均处于全样本平均水平以下。可见，我国农村家庭的金融素养水平存在较大的地区差异。东、中、西部地区金融素养的最小值为−0.33，最大值为4.03。此外，东、中、西部地区金融素养的均值均高于中位数，说明我国农村家庭金融素养普遍偏低，且家庭的金融素养差距较大。

表3-7　按地区划分的金融素养现状

地区	样本量	均值	最小值	最大值	标准差	中位数
东部	2 513	0.046 0	−0.33	3.81	0.415 3	−0.09
中部	2 498	−0.042 3	−0.33	1.78	0.345 9	−0.16
西部	2 305	−0.002 7	−0.33	4.03	0.369 4	−0.12

如表3-8所示，从均值来看，男性户主的金融素养整体上高于女性户主的金融素养，男性户主的最大值为4.03，女性户主的最大值为3.81，同时，女性户主金融素养的均值低于全体样本的均值。总体来看，与男性户主相比，

女性户主在金融素养提升上面临着更大的挑战。

表 3-8　按户主性别划分的金融素养现状

性别	样本量	均值	最小值	最大值	标准差	中位数
男	6 183	0.012 8	−0.33	4.03	0.380 7	−0.11
女	1 133	−0.066 2	−0.33	3.81	0.369 4	−0.25

　　如表 3-9 所示，从均值来看，金融素养会随着户主文化程度的提高而提高，金融素养与文化程度之间大体上呈正相关关系，其中，文化程度为大学本科的户主金融素养均值低于大专/高职的均值，可能是受极端值影响。从最值来看，金融素养的最大值为 4.03，而最大值对应的文化程度却为高中，说明金融素养不仅会受到户主文化程度的影响，同时也会受到金融经验以及金融技能等多重因素的影响。此外，从标准差来看，随着户主文化程度的提升，各个分组内金融素养的离散程度也呈现出波动上升的趋势。

表 3-9　按户主文化程度划分的金融素养现状

文化程度	样本量	均值	最小值	最大值	标准差	中位数
没上过学	835	−0.180 9	−0.33	1.73	0.248 7	−0.29
小学	2 837	−0.084 0	−0.33	3.15	0.301 7	−0.2
初中	2 691	0.071 2	−0.33	3.81	0.399 7	−0.04
高中	749	0.155 9	−0.33	4.03	0.453 8	0.06
中专/职高	103	0.339 2	−0.33	3.48	0.497 8	0.33
大专/高职	69	0.500 0	−0.33	1.91	0.472 0	0.53
大学本科	29	0.466 6	−0.33	1.78	0.458 0	0.45
硕士研究生	3	0.603 3	−0.06	1.11	0.600 5	0.76

　　如表 3-10 所示，从各个年龄段的均值来看，随着户主年龄的增加，金融素养随之呈现出明显的下降趋势。从最值来看，各个年龄段金融素养最小值均为−0.33，说明金融素养较低的农村家庭通常具有较强的同质性，普遍对金融知识和金融技能缺乏必要的关注。与此同时，金融素养最大值 4.03 在 51 岁至 65 岁的样本当中，说明虽然年龄与金融素养之间存在负相关关系，但随着年龄的增加，部分户主在金融知识及金融技能方面具备了更加丰富的经验，往往表现出较好的金融素养。就中位数而言，35 岁及以下和 36 岁至 50 岁的样本中，金融素养中位数均高于全样本均值，而 51 岁至 65 岁和 66 岁及以上的样

本中，金融素养中位数均低于全样本均值。

表 3 - 10　按户主年龄划分的金融素养现状

年龄	样本量	均值	最小值	最大值	标准差	中位数
35 岁以下	185	0.235 1	—0.33	2.17	0.432 6	0.13
36～50 岁	1 573	0.135 9	—0.33	3.81	0.425 8	0.04
51～65 岁	3 362	—0.001 9	—0.33	4.03	0.369 9	—0.12
66 岁以上	2 196	—0.112 3	—0.33	3.48	0.309 4	—0.25

（2）农村居民家庭收入现状

持续增加农民收入既是"三农"工作的中心任务，也是全面推进乡村振兴的内在要求。本研究继续采用 CHFS 2019 年数据库中与农民收入相关的数据对现阶段农村居民家庭收入情况进行描述性统计。如表 3 - 11 所示，家庭总收入的均值为 50 100.8 元，中位数是 26 783 元。从收入结构看，7 316 户农村家庭中，50.41% 的家庭有较为稳定的工资性收入，且其中一半的家庭工资性收入超过 33 943 元，可见工资性收入已逐渐成为农村居民家庭总收入的重要组成部分。与此同时，6 237 户家庭有经营性收入，占样本总量的 85.25%，说明现阶段经营性收入仍然是农村家庭中最为常见的收入来源，样本中经营性收入的均值为 17 649.8 元，中位数为 4 150 元，说明 6 237 户家庭中有一半家庭的经营性收入少于 4 150 元，可见经营性收入依然是制约农村居民家庭总收入的一个重要因素。此外，有 5 192 户家庭拥有财产性收入，均值为 1 706.151 元，中位数为 105 元，由此可见财产性收入在家庭总收入中的占比较低。有 5 652 户家庭拥有转移性收入，占样本总量的 77.26%，说明转移性收入也是大部分农村家庭重要的收入来源。从最值和标准差来看，家庭总收入及其构成受极端值的影响离散程度较大。

如表 3 - 12 所示，家庭总收入的下四分位数为 10 046.5 元，说明样本中有 25% 的家庭总收入低于 10 046.5 元，同时从上四分位数来看，有 25% 的家庭总收入高于 59 928 元。家庭总收入的四分位距为 49 881.5 元，上四分位数是下四分位数的 5.965 倍，说明我国农村居民家庭总收入不断增长的同时，农村居民内部的收入差距也呈现出扩大趋势。工资性收入、经营性收入和转移性收入在高低收入群体之间也呈现出扩大的趋势，财产性收入是制约农村居民家庭收入进一步增长的重要因素。今后还需从金融素养等方面不断提升低收入群体的市场参与及金融交易能力，逐步缩小收入差距，改善农村内部不平衡不充分的发展现状。

表3-11　农村居民家庭总收入及其构成

单位：元

变量	样本量	均值	最小值	最大值	标准差	中位数
家庭总收入	7 316	50 100.8	0.875	7 863 131	136 245.6	26 783
工资性收入	3 688	47 395.51	50	870 209	48 866.65	33 943
经营性收入	6 237	17 649.8	1	7 845 131	110 961.1	4 150
财产性收入	5 192	1 706.151	0.007	632 150	11 670.6	105
转移性收入	5 652	12 880.86	1	4 036 700	85 706.91	4 014

表3-12　农村居民家庭总收入及其构成的四分位数

单位：元

变量	样本量	P25	P50	P75	四分位距
家庭总收入	7 316	10 046.5	26 783	59 928	49 881.5
工资性收入	3 688	15 000	33 943	63 920	48 920
经营性收入	6 237	1 163	4 150	13 000	11 837
财产性收入	5 192	14	105	800	786
转移性收入	5 652	2 000	4 014	10 676.5	7 676.5

（3）农村居民家庭信贷可得性现状

本研究从农村居民家庭正规信贷需求情况、获得情况以及正规信贷用途3个方面进行描述性统计。在农村家庭正规信贷需求的分析中，借鉴李渊和刘西川（2020）的做法，将存在下述5种情况之一的家庭界定为存在正规信贷需求的家庭：一是因生产经营活动有尚未还清的银行/信用社贷款；二是因生产经营活动有正在有效期内的银行循环贷款；三是因生产经营正在或者计划申请银行/信用社贷款；四是家庭因购买/装修/维修/改建/扩建住房以及因教育、医疗、买车、投资等其他需要有尚未还清的银行贷款；五是因买房、买车、教育、医疗、投资等需要计划从银行/信用社等正规渠道融资。此外，同一家庭对于已经获得的正规信贷可能会有不同的用途，因此，在分析正规信贷用途时，将同一家庭按不同的信贷用途分别重复统计。

如表3-13所示，样本中13.59%的农村家庭有正规信贷需求，8.15%的家庭获得了正规信贷，获得正规信贷的家庭在有正规信贷需求的家庭中的占比为 59.96％。由此可见，当前我国农村居民家庭整体上正规信贷需求偏弱，还有部分家庭因在不同程度上遭遇信贷配给而未能获得所需信贷资金。从正规信贷的用途来看，大部分农村家庭将获得的正规信贷用于非生产经营活动，住房、买车、教育、医疗等方面的用途占比最大，仅有 0.50％的家庭将正规信贷用于投资金融产品。总体来看，现阶段仍需进一步提高农村家庭的金融素养。金融素养的提升，不仅有利于缓解农村家庭面临的信贷配给，提高正规信贷可得性，而且有利于农村家庭优化资产配置，增加金融福利。

表 3 - 13　农村居民家庭正规信贷现状

	频数	占比（％）
没有正规信贷需求	6 322	86.41
有正规信贷需求	994	13.59
获得正规信贷	596	8.15
已获得正规信贷的用途		
生产经营活动	56	9.40
住房、买车、教育、医疗等	520	87.25
投资金融产品	3	0.50
其他用途	17	2.85

3.5　金融素养对农村居民家庭收入的影响

金融素养作为一项重要的人力资本，在农村居民家庭收入增长中发挥着重要作用。在本节中将进一步通过回归分析从家庭总收入和家庭人均收入两个方面检验金融素养对农村居民家庭收入的影响。

3.5.1　变量选取

（1）被解释变量：家庭总收入、家庭人均收入

家庭总收入来自 CHFS 2019 年调查数据，家庭人均收入由家庭总收入除以家庭规模计算得出，在实证分析中对家庭总收入和家庭人均收入进行对数化处理。

（2）核心解释变量：金融素养

以第三章中计算得出的金融素养作为核心自变量，并以加总法计算的金融

素养作为替代变量进行稳健性检验。

（3）控制变量

参考已有文献，选取户主个体特征变量如下：年龄、婚姻状况、文化程度、是否党员以及健康状况；选取家庭特征变量如下：家庭规模、家庭总资产、是否为农业户口、是否从事工商业经营；选取地区特征变量中的经济发展水平控制省份间的经济环境特征，同时，还引入了地区虚拟变量以控制东中西部差异。在实证分析中，对各地区生产总值和家庭总资产进行对数化处理。变量定义及描述性统计如表 3-14 所示。

表 3-14　变量定义及描述性统计

变量类型	变量名称	变量说明	均值	标准差	最小值	最大值
被解释变量	家庭总收入	家庭总收入的对数值	10.075 4	1.261 1	6.612 0	12.651 5
	家庭人均收入	家庭人均收入的对数值	9.061 4	1.126 7	5.593 8	11.385 1
核心解释变量	金融素养	因子分析法计算得出	0.000 5	0.380 0	−0.33	4.03
控制变量	年龄	实际年龄	58.511 2	11.010 1	21	80
	婚姻状况	已婚=1；其他=0	0.860 0	0.347 0	0	1
	文化程度	没上过学=1；小学=2；初中=3；高中=4；中专/职高=5；大专/高职=6；大学本科=7；硕士研究生=8；博士研究生=9	2.560 7	0.984 2	1	8
	是否党员	是=1；否=0	0.134 0	0.340 6	0	1
	健康状况	非常不好=1；不好=2；一般=3；好=4；非常好=5	3.081 7	1.046 0	1	5
	家庭规模	家庭成员数量	3.127 5	1.611 3	1	12
	家庭总资产	家庭总资产的对数值	11.956 7	1.468 9	7.807 9	15.092 4
	是否为农业户口	是=1；否=0	0.928 4	0.257 9	0	1
	是否从事工商业经营	是=1；否=0	0.062 5	0.242 0	0	1
	经济发展水平	所在省份地区生产总值的对数值	10.265 8	0.777 3	7.995 0	11.586 8
	地区	中西部地区=1；东部地区=0	0.656 5	0.474 9	0	1
中介变量	是否获得正规信贷	是=1；否=0	0.081 5	0.273 6	0	1

（4）中介变量：是否获得正规信贷

借鉴李渊和刘西川（2020）的做法，将符合下述 3 种情况之一的家庭界定为获得了正规信贷：一是因生产经营活动有尚未还清的银行/信用社贷款；二是因生产经营活动有正在有效期内的银行循环贷款；三是家庭因购买/装修/维修/改建/扩建住房以及因教育、医疗、买车、投资等其他需求有尚未还清的银行贷款。

（5）模型设定

为了检验金融素养对农村居民家庭收入的影响，设定如下基准模型：

$$Income_i = \alpha_0 + \alpha_1 FL_i + \alpha_2 X_i + \varepsilon_i \qquad (3-1)$$

式（3-1）中，被解释变量 $Income_i$ 为家庭总收入和家庭人均收入的对数，解释变量为金融素养 FL_i。X_i 为户主、家庭和地区层面的控制变量，ε_i 为随机误差项。

3.5.2　实证结果分析

（1）基准回归

金融素养对农村居民家庭总收入和家庭人均收入的回归结果如表 3-15 所示。表中，列（1）和列（3）分别表示未加入控制变量时，金融素养对家庭总收入和家庭人均收入的回归结果，列（2）和列（4）分别表示加入控制变量后的回归结果。结果表明，无论是否加入控制变量，金融素养均在 1% 的显著性水平上对农村居民家庭总收入和家庭人均收入具有显著的正向影响，说明金融素养越高的家庭，往往能够更好地运用经济、金融信息以及相关的金融技能提高家庭总收入和家庭人均收入。

控制变量的回归结果表明，从户主层面来看，年龄对家庭总收入和家庭人均收入存在显著的负向影响，可能是因为随着年龄的增加，个体在身体机能等方面的限制愈发明显，其获取较高收入的难度增大。婚姻状况在 1% 的显著性水平上对家庭总收入具有正向影响，但会在 10% 的水平上负向影响家庭人均收入。文化程度和健康状况均在 1% 的显著性水平上对家庭总收入和家庭人均收入具有显著的促进作用。户主是党员的在 10% 的水平上正向影响家庭总收入和家庭人均收入。从家庭层面来看，家庭规模在 1% 的水平上正向影响家庭总收入，同时又会在 1% 的水平上负向影响家庭人均收入，说明：一方面，家庭成员数量越多，从事劳动的成员也越多，家庭总收入随之增加；但从另一方面来看，由于家庭成员的收入水平存在较大差异，家庭人均收入会随着成员数量的增加而减少，尤其是老年人口和少年儿童人数占比较多的话。家庭总资产在 1% 的水平上对家庭总收入和家庭人均收入具有显著的正向影响，其主要原因在于，家庭总资产越多，其可用于获取收益的资源越多，也越有利于生产经营活动和投资活动的顺利开展，从而为家庭收入的增长提供有力的支撑。农业户口在1%的水平上负向影响家庭总收入和家庭人均收入。从事工商业经营对家庭总收入和家庭人均收入在1%的水平上具有正向影响。从地区层面来看，经济发展水平会在1%的水平上正向影响家庭总收入和家庭人均收入，而地区虚拟变量则未通过统计学检验。

表3-15　金融素养对农村居民家庭总收入和家庭人均收入的影响

变量名称	家庭总收入		家庭人均收入	
	(1)	(2)	(3)	(4)
金融素养	1.171 4***	0.373 9***	0.870 4***	0.374 1***
	(0.042 6)	(0.034 5)	(0.035 2)	(0.034 3)
年龄	—	−0.009 9***	—	−0.006 6***
		(0.001 3)		(0.001 3)
婚姻状况	—	0.151 5***	—	−0.070 6*
		(0.039 9)		(0.039 7)
文化程度	—	0.099 2***	—	0.099 3***
		(0.013 7)		(0.013 7)
是否党员	—	0.058 1*	—	0.060 0*
		(0.033 4)		(0.033 3)
健康状况	—	0.118 6***	—	0.119 0***
		(0.012 0)		(0.012 0)
家庭规模	—	0.189 8***	—	−0.083 3***
		(0.008 6)		(0.008 5)
家庭总资产	—	0.215 9***	—	0.204 5***
		(0.010 0)		(0.009 9)
是否为农业户口	—	−0.258 3***	—	−0.265 3***
		(0.045 6)		(0.045 9)
是否从事工商业经营	—	0.379 4***	—	0.398 4***
		(0.040 9)		(0.040 9)
经济发展水平	—	0.078 8***	—	0.077 4***
		(0.017 6)		(0.017 4)
地区	—	0.007 9	—	−0.005 4
		(0.027 7)		(0.027 5)
常数项	10.074 8***	6.123 8***	9.060 9***	6.126 5***
	(0.013 8)	(0.233 1)	(0.012 6)	(0.231 1)

（续）

变量名称	家庭总收入		家庭人均收入	
	（1）	（2）	（3）	（4）
样本量	7 316	7 316	7 316	7 316
F 值	756.19	436.99	611.65	197.02
R^2	0.124 6	0.374 0	0.086 2	0.222 0

注：＊、＊＊、＊＊＊分别表示在 10%、5%、1% 的水平上显著，括号内为稳健标准误。

（2）内生性检验

在基准回归部分，通过加入户主个体特征变量、家庭特征变量以及地区特征变量等不同维度的控制变量，在一定程度上缓解了由遗漏变量带来的内生性问题，但仍然可能存在因金融素养与农村居民家庭收入之间的双向因果关系以及遗漏其他重要变量而导致的内生性问题。例如，金融素养较高的家庭往往在资产配置和金融决策中更具优势，进而能够获得更高的收入；而收入较高的家庭则更有机会在参与金融市场的过程中不断提高金融素养。因此，本研究借鉴尹志超等（2015）学者的做法，选取同社区其他家庭的平均金融素养作为金融素养的工具变量对内生性问题做进一步的处理。如表 3 - 16 所示，第一阶段回归结果中，工具变量的系数均显著为正，说明工具变量与金融素养显著正相关，且一阶段 F 值分别为 120.061 和 135.757，均大于 10，说明不存在弱工具变量的问题，DWH 检验均在 1% 的水平上显著，说明金融素养存在内生性。第二阶段回归结果表明，在考虑内生性问题后，金融素养的回归系数值变大且仍在 1% 的显著性水平上正向影响家庭总收入和家庭人均收入，说明本研究选取的工具变量能够有效缓解内生性问题。

表 3 - 16　内生性检验：工具变量法

变量	工具变量：同社区其他家庭的平均金融素养			
	第一阶段	第二阶段	第一阶段	第二阶段
	金融素养	家庭总收入	金融素养	家庭人均收入
工具变量	0.303 4＊＊＊ （0.027 7）	—	0.303 4＊＊＊ （0.026 0）	—
金融素养	—	1.989 3＊＊＊ （0.306 4）	—	2.014 2＊＊＊ （0.293 9）

（续）

变量	工具变量：同社区其他家庭的平均金融素养			
	第一阶段	第二阶段	第一阶段	第二阶段
	金融素养	家庭总收入	金融素养	家庭人均收入
控制变量	控制	控制	控制	控制
常数项	−0.665 5***	7.297 6***	−0.665 5***	7.318 3***
	(0.071 8)	(0.306 4)	(0.074 6)	(0.332 5)
样本量	7 316	7 316	7 316	7 316
一阶段 F 值	120.061		135.757	
DWH 检验 F 值	39.967 3		41.540 7	
P 值	0.000 0		0.000 0	

注：*、**、***分别表示在10%、5%、1%的水平上显著，括号内为稳健标准误。

（3）稳健性检验

第一，替换解释变量。基于构建的农村居民家庭金融素养评价指标体系，采用加总法对金融素养重新进行测度，具体做法是将受访者对"利率计算是否正确"等8个指标的得分进行加总后得到每个家庭新的金融素养得分，然后将这一指标作为金融素养的替代变量重新进行回归，回归结果如表3-17所示。由于加总得到的金融素养的均值为2.854 6，标准差为2.822 3，最小值为0，最大值为28，替代变量的波动程度较大，因此，将加总得到的金融素养标准化处理后再次进行回归，回归结果依然显著，表3-17中仅呈现了未标准化处理前的回归结果。

第二，剔除部分样本。为避免极端值对回归结果的影响，本研究在剔除了家庭总收入和家庭人均收入上下5%的样本后重新进行回归，回归结果如表3-17所示。

通过表3-17可以看出，金融素养对家庭总收入和家庭人均收入具有显著的正向影响，与前文结果相一致，说明本研究的结论是稳健的。

表 3-17　稳健性检验结果

变量	替换解释变量		剔除部分样本	
	家庭总收入	家庭人均收入	家庭总收入	家庭人均收入
金融素养（得分加总）	0.066 0***	0.066 9***		
	(0.004 8)	(0.004 7)		

（续）

变量	替换解释变量		剔除部分样本	
	家庭总收入	家庭人均收入	家庭总收入	家庭人均收入
金融素养	—	—	0.262 0***	0.271 4***
			(0.031 6)	(0.029 7)
控制变量	控制	控制	控制	控制
常数项	6.050 2***	6.055 4***	7.340 2***	7.152 9***
	(0.232 2)	(0.230 2)	(0.198 7)	(0.186 1)
样本量	7 316	7 316	6 586	6 586
F 值	446.65	207.71	314.43	141.52
R^2	0.379 6	0.229 6	0.339 6	0.192 5

注：*、**、***分别表示在10%、5%、1%的水平上显著，括号内为稳健标准误。

3.6　金融素养对农村居民家庭收入的异质性分析

（1）基于收入水平的异质性分析

从前文可知，金融素养会对农村居民家庭总收入和家庭人均收入产生显著的正向影响，然而对于不同收入水平的家庭，金融素养对其影响可能存在差异。为进一步探究金融素养对不同收入家庭在总收入和人均收入方面的影响差异，本研究采用分位数回归，以0.1、0.25、0.5、0.75和0.9作为分位点进行回归分析。回归结果如表3-18所示，总体来看，金融素养对不同收入水平下的家庭总收入和家庭人均收入均具有显著的促进作用，同时也可以发现，随着分位数的增加，金融素养的回归系数呈现出逐步减小的趋势，且低收入家庭（q10）的回归系数是高收入家庭（q90）回归系数的2倍以上，这说明金融素养对低收入家庭的影响更大。由此可见，提高低收入家庭的金融素养不仅有利于快速增加低收入家庭的收入，而且有利于缩小收入差距，促进共同富裕。

（2）基于地区的异质性分析

为了验证金融素养对农村居民家庭总收入和家庭人均收入的影响是否存在地区差异，本研究将总样本划分为东部、中部、西部3个子样本并分别进行回归处理，回归结果如表3-19所示。金融素养在1%的显著性水平上正向影响东、中、西部地区农村居民家庭总收入和家庭人均收入，且西部地区的回归系数更大，说明金融素养对西部地区农村居民家庭总收入和家庭人均收入的促进作用更强。金融素养对东部地区农村居民家庭总收入和家庭人均收入影响显著，可能是因为东部地区经济更为发达，金融市场更加完善，金融素养平均水平相对更高的东部地区的农村家庭对金融市场的参与程度更深，能够获得的就业机会更多，进而促进了家庭总收入和家庭人均收入的增长。金融素养对中西部地区农村居民家庭总收入和家庭人均收入影响显著，可能是因为金融素养的提升改变了中西部地区农村家庭以往的金融理念，对金融行为有了更为理性的认识并加强了对金融市场的参与程度，农村居民在财产性收入和转移性收入上有了较大的提升。与此同时，金融素养的提升进一步提高了农户的综合素质，使家庭成员能够在就业市场上拥有更大的优势，不断提高工资性收入。金融素养对西部地区的影响更大，可能是因为与东部地区相比，西部地区农村家庭的金融素养尚处于发展上升阶段，这可能会导致金融素养对家庭总收入和家庭人均收入的促进作用呈现边际报酬递减规律效应，进而表现为西部地区的促进作用更加明显。这也表明进一步提升西部地区农村家庭的金融素养能够显著缩小地区收入差距，促进共同富裕。

表 3-18　基于不同收入水平的异质性分析

变量名称	家庭总收入				
	q10	q25	q50	q75	q90
金融素养	0.540 8***	0.378 3***	0.353 2***	0.269 7***	0.212 8***
	(0.067 5)	(0.042 0)	(0.043 0)	(0.038 5)	(0.030 7)
控制变量	控制	控制	控制	控制	控制
常数	3.808 4***	4.993 1***	6.472 4***	7.203 0***	8.157 6***
	(0.590 8)	(0.347 6)	(0.244 8)	(0.264 4)	(0.314 6)
样本量	7 316	7 316	7 316	7 316	7 316
变量名称	家庭人均收入				
	q10	q25	q50	q75	q90
金融素养	0.543 3***	0.385 3***	0.327 4***	0.274 2***	0.207 2***
	(0.065 2)	(0.038 9)	(0.038 6)	(0.045 4)	(0.040 0)
控制变量	控制	控制	控制	控制	控制
常数	4.032 1***	4.977 9***	6.391 7***	7.134 1***	8.139 4***
	(0.586 2)	(0.339 2)	(0.234 3)	(0.267 6)	(0.304 8)
样本量	7 316	7 316	7 316	7 316	7 316

注：*、**、***分别表示在10%、5%、1%的水平上显著，括号内为稳健标准误。

表3-19　基于地区的异质性分析

变量名称	家庭总收入		
	东部	中部	西部
金融素养	0.302 5***	0.392 8***	0.436 5***
	(0.057 4)	(0.063 5)	(0.057 5)
控制变量	控制	控制	控制
常数	5.619 7***	6.988 9***	6.512 1***
	(0.381 2)	(0.439 1)	(0.400 0)
样本量	2 513	2 498	2 305
F 值	165.53	179.95	136.35
R^2	0.382 7	0.397 3	0.345 3

变量名称	家庭人均收入		
	东部	中部	西部
金融素养	0.296 1***	0.406 0***	0.435 4***
	(0.056 3)	(0.063 4)	(0.057 4)
控制变量	控制	控制	控制
常数	5.614 8***	6.941 8***	6.557 0***
	(0.376 3)	(0.441 4)	(0.393 9)
样本量	2 513	2 498	2 305
F 值	78.66	75.94	56.33
R^2	0.237 2	0.225 6	0.190 0

注：*、**、***分别表示在10%、5%、1%的水平上显著，括号内为稳健标准误。

（3）基于收入结构的异质性分析

家庭收入结构包括工资性收入、经营性收入、财产性收入和转移性收入。收入结构不仅直接影响家庭收入水平，而且对收入稳定性有着重要影响。为进一步探究金融素养对家庭收入结构的差异化影响，拟对四种不同类型的收入分别进行回归分析。从表3-20可知，金融素养在1%的水平上对工资性收入、财产性收入和转移性收入具有显著的正向影响，而对经营性收入的影响未通过显著性检验，说明金融素养能够通过工资性收入、财产性收入和转移性收入促进农村居民家庭总收入和家庭人均收入。这可能是因为，金融素养越高的家庭，农业的经营性收入只作为兼业，其在总收入中的占比相对较小；更倾向于获得更多的就业机会，从而有效增加工资性收入；同时也更易于在金融理财产品、基金、债券、黄金资产以及保险等方面做出合理的投资决策，获得更多的财产性收入和转移性收入。

表 3-20　基于收入结构的异质性分析

变量名称	工资性收入	经营性收入	财产性收入	转移性收入
金融素养	0.163 2***	0.086 7	0.822 9***	0.198 2***
	(0.044 5)	(0.064 1)	(0.092 5)	(0.052 0)
控制变量	控制	控制	控制	控制
常数	5.769 5***	7.028 8***	−5.374 7***	5.969 2***
	(0.306 4)	(0.400 7)	(0.735 1)	(0.339 3)
样本量	3 688	6 237	5 192	5 652
F 值	90.09	249.38	67.30	53.59
R^2	0.241 0	0.214 9	0.139 0	0.107 8

注：*、**、***分别表示在10%、5%、1%的水平上显著，括号内为稳健标准误。

3.7　金融素养对农村居民家庭收入的作用机制分析

以上研究表明，金融素养对农村居民家庭总收入和家庭人均收入都具有显著的促进作用。为验证金融素养通过提高正规信贷可得性促进农村居民家庭总收入和家庭人均收入增长的作用机制是否成立，本研究选取是否获得正规信贷作为中介变量，对金融素养促进农村居民家庭收入增长的作用机制做进一步的分析。借鉴温忠麟和叶宝娟的做法（2014），设定如下模型：

$$Income_i = \alpha_0 + \alpha_1 FL_i + \alpha_2 X_i + \varepsilon_i \qquad (3-2)$$
$$M_i = \beta_0 + \beta_1 FL_i + \beta_2 X_i + \varepsilon_i \qquad (3-3)$$
$$Income_i = \gamma_0 + \gamma_1 FL_i + \gamma_2 M_i + \gamma_3 X_i + \varepsilon_i \qquad (3-4)$$

式中，FL_i 表示金融素养，$Income_i$ 表示家庭总收入和家庭人均收入，M_i 为中介变量，α_1 与 γ_1 分别表示金融素养对被解释变量 $Income_i$ 的总效应和直接效应，β_1 表示金融素养对中介变量的回归系数，γ_2 表示中介变量对被解释变量的回归系数，ε_i 为模型的随机误差项。当 α_1、β_1 及 γ_2 同时显著时中介效应成立，若 γ_1 同样显著，且与 $\beta_1\gamma_2$ 同号时，则为部分中介效应；若 γ_1 不显著，则为完全中介效应。式（3-2）与式（3-3）等同。

金融素养对农村居民家庭总收入和家庭人均收入的作用机制检验结果如

表 3 - 21 所示。列（1）中金融素养对是否获得正规信贷的回归系数显著为正，说明提高金融素养水平能够提高农村居民家庭的正规信贷可得性。列（2）和列（3）中，是否获得正规信贷的系数均在 5% 的水平上显著为正，说明提高正规信贷可得性对农村居民家庭总收入和家庭人均收入具有促进作用。列（1）中金融素养的系数以及列（2）和列（3）中是否获得正规信贷的系数都显著，说明是否获得正规信贷的中介效应成立。进一步来看，列（2）和列（3）中金融素养的系数也显著，且回归系数变小，说明是否获得正规信贷在金融素养与农村居民家庭总收入和家庭人均收入之间均存在部分中介效应。综上可知，金融素养通过提高正规信贷可得性促进农村居民家庭总收入和家庭人均收入增长的作用机制成立。

表 3 - 21　金融素养对农村居民家庭总收入和家庭人均收入作用机制检验结果

变量名称	（1）是否获得正规信贷	（2）家庭总收入	（3）家庭人均收入
金融素养	0.022 4**	0.371 6***	0.372 1***
	(0.010 2)	(0.034 4)	(0.034 2)
是否获得正规信贷	—	0.104 4**	0.092 6**
		(0.043 5)	(0.042 7)
控制变量	控制	控制	控制
常数项	0.083 1	6.115 1***	6.118 8***
	(0.065 0)	(0.232 9)	(0.231 0)
样本量	7 316	7 316	7 316
F 值	36.22	404.56	183.24
R^2	0.074 9	0.374 4	0.222 4

3.8　结论与建议

3.8.1　主要结论

本研究基于西南财经大学 CHFS 2019 年数据，采用因子分析法对我国农村居民家庭的金融素养现状做了评价，并分析了金融素养对农村居民家庭总收入和家庭人均收入的影响，同时从异质性角度探讨了金融素养对农村居民家庭收入的影响差异，并进一步采用中介效应模型验证了金融素养通过提高正规信贷可得性促进农村居民家庭总收入和家庭人均收入的作用机制，具体结论如下：

第一，中国农村居民金融素养水平整体偏低且两极分化。对我国农村居民金融素养现状进行评价后发现，现阶段我国农村居民家庭金融素养水平整体偏低，且存在两极分化趋势。金融素养水平在不同地区和性别之间存在差异，东部地区农村家庭的金融素养整体偏高，中部地区的金融素养整体偏低，男性户主的金融素养平均水平高于女性。此外，金融素养高的家庭，户主的受教育程度也相对较高。

第二，金融素养对农村居民家庭总收入和家庭人均收入具有显著的促进作用。在解决了内生性问题并采取替换解释变量、剔除部分样本两种方法进行稳健性检验后，该结论依然成立。

第三，金融素养对不同收入水平下的家庭总收入和家庭人均收入均具有促进作用。异质性分析结果表明，金融素养对不同收入水平下的家庭总收入和家庭人均收入均有显著正向影响，并且对低收入家庭的影响更为显著，提高低收入家庭的金融素养有利于缩小农村内部收入差距，促进共同富裕。从地区层面来看，金融素养对东、中、西部地区农村居民家庭总收入和家庭人均收入都具有显著的促进作用，且对西部地区农村家庭的促进作用更强，进一步提升西部地区农村家庭的金融素养有利于缩小地区收入差距，促进共同富裕。金融素养对收入结构的异质性分析表明，金融素养对工资性收入、财产性收入和转移性收入具有正向影响，对经营性收入的影响不显著。

第四，机制分析结果表明，正规信贷可得性在金融素养对农村居民家庭总收入和家庭人均收入的影响中具有中介作用。

3.8.2 政策建议

（1）政府层面

金融素养会对农村家庭金融行为产生重要影响，并由此直接作用于家庭收入。可见，逐步提高农村家庭金融素养水平，既是提升农户综合发展能力的必然要求，也是增加农村居民家庭收入的重要途径。进一步提升农村家庭金融素养水平是一项系统工程，势必需要政府的引导与支持。

第一，加强金融知识普及教育。加大金融知识的宣传和推广力度是提高农村家庭金融素养的有效手段。金融行业的蓬勃发展，不仅提供了复杂多样的金融产品和金融服务，也对消费者的金融素养提出了更高的要求。而前文研究结果表明，现阶段中国农村家庭的金融素养水平仍然较低，可见提升农村家庭金融素养仍然是一项亟待解决的课题。一是，在中国人民银行等金融机构的带领之下，依托社会公益组织和农村金融机构，加大对低收入家庭和中西部地区的金融知识普及教育力度，通过金融知识宣讲活动、金融知识手册发放等形式提高宣传普及力度，同时以线上线下等多种方式合理利用农闲时节为不同类型的农村家庭制定形式多样的培训课程，从而不断提升农村家庭金融素养水平。二是，依托学校教育，通过金融知识竞赛及相关的主题教育活动，提高学生的金融知识普及力度，进而达到提高农村家庭金融素养的效果。三是，强化对金融产品及金融法律知识的普及力度，既要合理引导农村家庭积极参与金融市场，也要逐步加强农村家庭的风险管理意识，建立科学理性的投资理念，充分发挥金融素养对农村居民家庭收入的促进作用。

第二，着力降低农户信贷约束。正规信贷可得性在金融素养与农村居民家庭收入之间具有中介作用，也即正规信贷可得性能够提升农村居民家庭收入，因此，在提高金融素养的同时，还需要政府引导更多的优质金融资源向农村地区倾斜，加大对"三农"领域的金融支持力度。同时，应不断建立健全农村金融服务体系，推动大型国有商业银行业务下沉，合理增加面向农村地区的分支机构和营业网点，积极服务农村金融；引导农村商业银行、信用社等农村金融机构坚持以服务农村金融为导向，加大农村地区资金投入力度，着力从供给层面改善农村家庭面临的信贷配给问题。与此同时，还应要求广大金融机构结合自身的发展定位及各自的服务群体，积极推出有针对性的、多样化的新型金融产品和服务，以最大限度满足农村家庭的金融需求。从而在降低农户信贷约束，提高正规信贷可得性的同时，使农村家庭在实际参与金融市场的过程中不断提高自身的金融素养水平。

（2）家庭层面

从上文的研究结果可知，金融素养作为一项重要的人力资本对农村居民家庭收入增长发挥着重要作用。提升农村家庭的金融素养，既需要政府层面的大力支持，也需要广大农村家庭对金融素养形成正确的认识，主动提升金融素养，积极参与金融实践。

第一，主动提升金融素养。为进一步发挥金融素养对农村家庭的增收作用，还需从以下两个方面着手，推动农村家庭主动提升金融素养。一是提高农村家庭对金融素养的重视程度，鼓励农村家庭成员积极学习金融知识。广大农村居民可以借助手机软件，通过观看与金融相关的短视频及录播课程的方式学习金融知识，也可以通过"农家书屋"查阅相关图书积累金融知识。鼓励农村居民积极参与村委会、乡政府、金融机构和公益机构等组织的金融知识宣传推广活动。二是在学习金融知识的同时，引导农村居民主动了解金融机构的业务及操作流程，从而能够对金融信息、投资收益、风险规避等内容形成正确的认识，有效提升自身的金融素养水平。

第二，积极参与金融实践。提升金融素养水平，不仅需要农村居民主动学习金融知识、参与金融教育培训，更需要其自身积极参与金融市场实践，在实践中培养和提升金融素养水平。一是有效利用经济、金融信息，充分捕捉金融市场机遇并积极参与投资理财。农村家庭应根据自身的信贷、理财及保险需求，主动了解并选择合适的金融产品和金融服务以提高家庭的金融福利和财富水平。二是参与数字金融市场。随着数字经济、数字普惠金融等数字科技服务的深入发展，广大农村家庭在参与线下金融业务的同时可以借助互联网技术充分参与数字金融，获得更加便利多样的金融服务，农村居民可在金融素养、金融参与和金融福利三者之间的良性互动中实现家庭收入的增长。

（本章撰稿人：张晓雷、张乐柱）

第4章 金融素养对农村家庭信用消费
参与行为的影响 //////////////////////

4.1 研究背景

《2017 年中国居民消费发展报告》显示，2017 年全国最终消费支出 43.5 万亿元，占 GDP 比重达到 53.6％，自 2012 年以来这一比重连续 6 年超过 50％；2017 年最终消费对经济增长的贡献率也高达 58.8％。居民服务消费比重继续提高，全国居民教育文化娱乐、医疗保健、家政人均支出分别增长 8.9％、11％和 11％，其中人均用于团体旅游、景点门票、健身活动等支出分别增长 14％、10.6％和 15.5％。[①] 中国消费需求持续增长、消费结构加快升级、消费拉动经济作用明显增强，呈现出从注重量的满足向追求质的提升、从有形物质产品向更多服务消费转变的特点。随着互联网技术发展，线上购物平台不断壮大，线上消费占比逐渐增大。国家统计局数据显示，2020 年前三季度我国社会消费品零售总额 27.3 万元；2020 年前三季度，我国实物商品网上零售额同比增长 15.3％，高出社会消费品零售总额 22.5 个百分点，实物商品网上零售额占社会消费品零售总额比重达 24.3％。[②] 中国居民养成线上消费习惯，线上购物成为居民日常生活的重要组成部分，线上渠道消费规模增长和消费黏性持续增强。

信用消费是促进消费增长的有效手段之一，随着第三方支付公司取得消费金融牌照，信用消费从信用卡消费扩展到移动支付领域。阿里巴巴发布的《2017 年轻人消费生活报告》显示："90 后"正养成新的"信用消费"习惯，中国近 1.7 亿"90 后"中，超过 4 500 万开通花呗，平均每 4 个"90 后"就有一个人在用花呗进行信用消费。

---

① 国家发展改革委：《2017 年中国居民消费发展报告》。
② 搜狐网：《2020 年中国消费市场发展报告——新消费成为引领国内大循环重要动力》。

信用消费的发展利弊皆有，信用消费不仅改变消费理念，也加速信用贷款逾期现象。中国人民银行的统计数据显示，2018 年 9 月，信用卡逾期半年以上的未偿还信贷总额已达到 880.98 亿元，仅 3 个季度增幅就已经达到 32.86%，远高于 2017 年 23.79% 的全年增幅。[①] "月入 5 000 元的年轻人比月入 2 万元的更敢花" 的现象有了有力的数据证明，消费者不合理信用消费行为也为信用消费的健康发展埋下隐患。《消费者金融素养调查报告（2021）》数据显示：79.24% 的受访者选择全额还款，12.95% 会选择分期还款。[②] "蚂蚁315" 2021 年度报告显示：2021 年，花呗累计发送理性消费提醒超 1.6 亿条，使用该功能用户平均账单金额下降 5%。[③] 居民不合理使用信用消费与缺乏金融知识、金融素养不高有关。《消费者金融素养调查报告（2021）》显示，全国消费者金融素养指数平均分仅为 66.81，从重点群体看，中国消费者金融素养在年龄上的分布呈现倒 U 型，老年人和青少年的金融素养水平相对较低；对风险和收益的认识上，城乡差异明显，77.42% 的城镇受访者能够正确认识风险与收益的关系，比农村地区高 7.69 个百分点；对不良信用记录影响理解方面，87.24% 的城镇受访者能够正确看待不良信用记录的影响，比农村地区高 5.75 个百分点。[④]

自 1999 年全面启动居民个人信用消费以来，信用消费在促进消费增长方面的作用逐渐显现出来（孟德锋等，2019）。学术界对信用消费的研究正在逐步加深。信用消费是一种消费行为，可以从需求与供给两个角度进行研究：从需求角度探讨消费者如何获取信用支持进行消费（庞贞燕等，2000）；从供给角度探讨消费信贷，即金融机构如何向消费者提供信用贷款（庞贞燕等，2000）。信用消费和消费信贷共同构成消费金融，消费者信用消费行为由信用卡和移动支付两个方面构成。信用消费内容由住房、汽车等大额信用消费和耐用品等小额信用消费两个方面组成，住房、汽车需要长期、大额信贷支持；信用卡和移动支付则可以满足教育、旅游、购物等个人的小额、短期、高频的信用消费需求。以往研究主要集中在消费者信用卡感知（李永强等，2008）、支付便利、获取信贷（Chakravorti and Emmons，2001；Brown et al.，2017；Ricaldi et al.，2013）；信用卡透支行为的特征（沈红波等，2013）；信用卡违

① 数据来源：中国人民银行 2018 年第三季度支付体系运行总体情况。
② 数据来源：中国人民银行《消费者金融素养调查报告（2021）》。
③ 电商报：《蚂蚁集团 2021 年度报告：花呗发送理性消费提醒超 1.6 亿条》。
④ 同②。

· 62 ·

约的主要原因（Bertola，et al.，2006）；影响信用消费行为的主要因素（臧文如，2015；方匡南等，2010；沈红波等，2013）；消费者个人决策行为偏误对消费行为的影响（王江等，2010）。

近几年学者们开始从消费者的金融素养角度分析其信用消费行为，这源于20世纪90年代以来美国引领的社会养老保险制度私有化改革，提供养老金的责任由政府转向居民（孟德锋等，2019）。世界各国居民普遍较低的金融素养无法应对日益复杂的金融市场，多样化的投资选择增加了居民识别金融信息有效性的难度（Lusardi and Mitchell，2014；刘国强，2018）。金融素养被普遍认为是消费者所拥有的能为其一生带来金融福祉的、能有效管理自身金融资源的知识和能力（Noctor et al.，1992）。吴锟等（2020）和孟德锋等（2019）将金融素养划分为主观金融素养和客观金融素养，两者均可提高家庭消费水平与消费率，同时降低基本生存型消费占比，增加发展型、享受型消费支出占比，从而促进家庭消费结构改善。Davidson（2002）研究发现，金融知识的提高会降低信贷约束的可能性。Sevim等（2012）研究发现，居民具备较高的金融知识可以预防过度负债。消费金融影响农村居民消费，王慧玲等（2020）发现拥有金融知识对农村家庭消费不平等的抑制作用较为明显，且具有异质性。陆琪（2019）指出，农村消费金融不仅影响农村居民的消费行为，还能够通过影响农民收入和电商平台发展来间接影响农民消费行为。吴锟、吴卫星（2018）认为金融素养高的家庭刷卡行为更多，在中国东中西三大区域中，金融素养对西部地区居民刷卡行为影响最大。对于信用卡透支行为，Gross和Souleles（2002）提出了"信用卡债务之谜"，即有高息信用卡债务的家庭，同时也拥有可以偿还这些债务的低息流动资产。Meyll和Walter（2018）发现使用智能手机移动支付的消费者更容易出现高成本的透支行为，如使用最低还款额、交纳滞纳金和超出信用卡限额等，提高这些消费者金融素养可以减少其错误行为。

通过回顾文献发现，研究者从不同角度分析了金融素养对信用消费的影响，但仍然有以下问题未解决。首先，在研究问题上，已有研究仅从信用消费某一环节进行研究，未形成对信用消费完整的流程分析；其次，在研究对象上，已有研究多数从城镇居民视角出发，未考虑农村居民的信用消费需求；最后，在研究数据上，在现有全国性调查中，关于金融素养的调查数据大多来自对全国消费者的调查报告，或来自对特定省份、城市家庭或普通消费者的调查，调查结果的使用不具针对性，且从微观角度的实证研究较少。鉴于此，本研究在对国内外关于金融素养与农村居民信用消费进行梳理与界定后，结合 CHFS 微观数据探讨金融素养对农村居民家庭信用消费的影响机理，以期补充和完善现有研究，为深化农村金融改革和促进农村消费升级提供理论参考。

由此，围绕信用消费促进消费增长这一核心问题，拟从金融素养视角探讨 3 个问题：（1）消费者金融素养对农村居民信用消费需求有何影响？（2）提高消费者的金融素养能否进一步促进农村居民信用消费？（3）提高金融素养能否减少农村消费者不合理的消费行为？随着微信、支付宝等第三方支付体系的完善与成熟，在农村地区，信用消费的典型产品是以花呗等为代表的移动支付产品和信用卡，以上 3 个问题贯穿信用消费全过程：信用消费需求体现为消费者申请信用产品、开立账户等行为；信用消费促进消费增长则表示使用花呗、信用卡进行消费支出的购买行为增多；信用消费的高交易成本则是分期付款、最低还款额等信用透支行为产生的高额服务费或利率。因此，本研究以信用产品为分析对象，分析农村消费者的金融素养对持有信用账户、消费和透支三种信用消费行为的影响来回答以上问题，总结金融素养在推动信用消费健康发展，进而促进消费增长方面的作用机制和规律，为提高居民金融素养、促进金融消费健康发展提供合理的建议。

4.2 数据来源及研究设计

4.2.1 数据来源

本研究数据来自 2019 年 CHFS 收集的有关家庭金融微观层次的信息。该项目调查内容主要包括：金融资产和包括住房资产在内的非金融资产、负债和信贷约束、收入、消费、社会保障与保险、代际转移支付、人口特征和就业以及支付习惯等。CHFS 采用分层、三阶段与规模度量等比例的抽样方法，自 2009 年进行基线调查开始，每两年进行一次全国性入户追踪调查访问，至今已完成 5 次随访调查，覆盖范围包括除西藏、新疆、内蒙古和中国港澳台地区的所有省份。2019 年的受访家庭户数超过 4 万户，个人数据超过 12 万条，在家庭金融研究领域具有很好的代表性和适用性。本研究主要研究对象为农村居民的信用消费行为，根据研究内容，对家庭及个人数据进行筛选与赋值，剔除极端值和缺失值后剩余样本数目为 37 348 个。

4.2.2　指标选取

（1）被解释变量

消费者信用消费的过程，一般包括申请信用消费、信用支付以及透支后还款 3 个环节，可以概括为消费者的持有、支付和透支三种信用消费行为。

关于消费者的申请信用消费行为，考察的是消费者的信用消费需求。调查问卷中设置了相关问题——"您家是否使用信用卡"，据此设置信用消费意愿变量，即消费者是否已经申请、持有并使用信用消费，可以用来分析消费者信用消费需求的满足程度。

关于消费者的信用支付行为，本研究感兴趣的是信用消费对促进消费增长的具体作用，即消费者使用信用支付对其消费支出的具体影响。考察信用消费对当期消费的实际作用，依据问卷中"用于消费的信用卡负债"这一问题设置信用消费支付变量。

关于消费者的透支行为，关注点是消费者的信用消费行为背后交易成本高低。依据问卷中"目前，您家是否有用于消费的信用卡分期？"这一问题来设置消费者是否全额还款变量。

（2）核心解释变量

核心解释变量为金融素养，本研究考察的是金融素养对信用消费的影响，因此选取金融技能作为金融素养的代理变量。

（3）控制变量

控制变量主要包括户主性别、年龄、受教育程度、健康程度、婚姻状况、家庭总收入、家庭总资产、工作情况以及是否党员等，具体控制变量赋值见表 4 - 1。

表 4 - 1　控制变量赋值

变量	赋值说明
信用消费意愿	持有信用卡＝1；不持有＝0
信用消费支付（对数）	数值变量
全额还款	是＝1；否＝0
性别	男性＝1；女性＝2
年龄	数值变量
受教育情况	小学及以下＝1；初中＝2；高中＝3；大学及以上＝4

（续）

变量	赋值说明
婚姻状况	未婚＝1；已婚＝2
是否党员	是＝1；否＝2
健康状况	非常好＝1；好＝2；一般＝3；不好＝4；非常不好＝5
工作情况	有＝1；无＝2
家庭总收入（对数）	数值变量
家庭总资产（对数）	数值变量

4.2.3　变量描述统计

由表 4 - 2 可知，农村居民金融素养水平仍然较低，金融素养均值仅为 0.134，这表明农村居民普遍欠缺金融知识，金融素养仍有待提高。农村居民信用消费意愿均值仅为 0.072 7；信用消费支付为 0.088 6；是否全额还款均值为 0.012 8，这表明选择全额还款人数较少。

表 4 - 2　变量描述统计

变量	样本量	均值	标准差	最小值	最大值
金融素养	36 569	0.134	0.341	0	1
信用消费意愿	36 970	0.072 7	0.260	0	1
信用消费支付	37 348	0.088 6	0.895	0	12.21
全额还款	37 348	0.012 8	0.113	0	1
性别	37 347	1.486	0.500	1	2
年龄	37 343	44.28	22.49	0	117
受教育情况	31 682	1.732	0.881	1	4
婚姻状况	30 888	1.869	0.337	1	2
党员状况	25 976	1.919	0.273	1	2
健康状况	37 335	2.692	1.089	1	5
工作状况	37 348	1.416	0.493	1	2
家庭总收入	35 996	10.26	1.329	0.336	15.88
家庭总资产	37 335	12.13	1.395	2.996	17.32

4.2.4　模型设定

由前文分析可知，金融素养与农村居民信用消费有密切关系，由于核心被解释变量既有连续变量也有受限因变量，为检验金融素养对农村居民信用消费的影响，本章选择 Probit 模型和 Tobit 模型。模型设定如下：

$$Pr(creditcard=1|FL,\ X)=\Phi(\alpha_0+\beta_1FL+\beta_2X+\varepsilon) \quad (4-1)$$

$$Debt_i=\alpha_1+\beta_3FL_i+\beta_4X+\varepsilon \quad (4-2)$$

$$Debt=\text{MAX}(0,\ Debt_i) \quad (4-3)$$

$$Pr(repay=1|FL,\ X)=\Phi(\alpha_2+\beta_5FL+\beta_6X+\varepsilon) \quad (4-4)$$

式（4-1）是信用消费意愿的 Probit 模型，creditcard 是信用消费意愿，FL 是金融素养，Φ 代表标准正态累积密度函数，X 为控制变量，α、β 是待估参数，ε 是残差项。

式（4-2）是信用支付行为的 Tobit 模型，Debt 是信用消费支付变量，其他变量和参数含义与式（4-1）相同。

式（4-4）是消费者透支行为，repay 代表是否全额还款变量，其余变量和参数含义与式（4-1）相同。

4.3　实证分析结果

4.3.1　金融素养与信用消费意愿

表 4-3 给出金融素养对信用消费意愿、信用支付行为和信用透支行为影响的估计结果。第 1 列是信用消费意愿模型结果，第 2 列和第 3 列是消费者信用支付模型结果和消费者透支行为模型结果。

金融素养对农村家庭信用消费意愿行为的影响在 1% 的水平上显著为正，这表示，提高农村家庭的金融素养水平，能够提高农村家庭进行信用消费的意愿。金融素养水平高的户主能够对信用消费有更好的了解，能够更正确认识信用消费的优缺点，同时能够降低对信用卡等信用支付方式的恐惧感（吴锟、吴卫星，2018）。随着智能手机的普及，移动支付与各类应用场景融合越来越密切，农村家庭能够接触到更多的金融知识，有更多信用消费工具可供选择进行便利支付。

从控制变量看，年龄和健康、政治面貌对信用消费意愿的影响显著为负，年龄越大，信用消费意愿越低；健康状况越差，越不倾向于进行信用消费。受教育情况、婚姻状况、工作状况、家庭总收入和家庭总资产对信用消费意愿具有正向显著影响。

表 4 - 3　金融素养对农村家庭信用消费行为的影响估计结果

变量名称	信用消费意愿 Probit	信用消费支付 Tobit	全额还款 Probit
金融素养	0.038*** (0.005)	7.988*** (1.434)	0.006*** (0.002)
性别	0.003 (0.003)	0.432 (1.275)	0.000 (0.001)
年龄	−0.001*** (0.000)	−0.252*** (0.054)	−0.001*** (0.000)
受教育情况	0.004* (0.002)	0.469 (0.836)	−0.000 (0.001)
婚姻状况	0.027*** (0.006)	8.736*** (2.695)	0.006*** (0.002)
党员状况	−0.011** (0.005)	−2.934 (1.977)	−0.002 (0.001)
健康状况	−0.005*** (0.001)	−0.890 (0.652)	−0.001** (0.000)
工作状况	0.007** (0.003)	3.555** (1.451)	0.003** (0.001)
家庭总收入	0.010*** (0.001)	0.945* (0.542)	0.001*** (0.000)
家庭总资产	0.021*** (0.001)	4.975*** (0.645)	0.004*** (0.000)
观察数值	24 063	24 063	24 063

注：***、**、*分别表示1%、5%、10%的显著性水平。表中给出的为各变量的边际效应数值。括号内为稳健标准误。

4.3.2　金融素养与信用支付行为

对于农村消费者的信用支付行为，表 4 - 3 显示，金融素养的边际效应在1%水平显著为正，这表明提高农村消费者的金融素养会显著提高农村消费者的信用支付行为，信用支付方式能够刺激农村家庭消费，提高未来潜在消费预期。提高农村消费者的金融素养，了解信用支付的安全性与便利性有助于增加农村消费者对信用支付的信任，提高支付效率。但是，与现金和储蓄卡支付相比，信用支付透明度低，减少消费者支付时的心理痛苦，会增加信用消费支付，产生过度消费等负面影响。

控制变量中，年龄对信用支付行为有显著负向影响，年龄越大，越不认同信用支付方式；婚姻、工作、家庭总收入与家庭总资产对信用支付有显著正向影响，已婚人群和无工作的人群更加偏好信用支付方式，家庭总收入与家庭总资产的系数显著为正，可以看出经济状况更好的家庭偏好信用支付消费方式。

4.3.3　金融素养与信用透支行为

对于信用透支行为，表4-3显示，金融素养对是否全额还款在1%水平有显著正向影响，这表明提高金融素养有助于促成农村家庭全额还款的行为，减少因信用透支产生的交易成本。

控制变量中，年龄、健康状况对是否全额还款有显著负向影响，健康状况越差就越不容易全额还款，这可能与经济状况相关；婚姻、工作状况、家庭总收入与家庭总资产对是否全额还款有显著正向影响。

4.4　内生性处理与稳健性检验

4.4.1　内生性处理

金融素养与农村家庭信用消费可能存在内生性问题，包括反向因果、遗漏变量和测量误差，即金融素养影响农村居民信用消费同时，农村居民信用消费可能也会反向影响金融素养，或者遗漏一些重要变量导致出现内生性问题。因此，需要寻找合适工具变量。文献中金融素养的工具变量大多使用受访者父母兄弟姊妹等人的金融经历（Rooij et al.，2011）、受访者是否接受过高等教育（吴锟、吴卫星，2018）等。本研究则认为金融素养与了解金融知识有较强关联，因此选择"您平时对经济、金融方面的信息关注程度如何"作为金融素养的工具变量。

表4-4给出经过工具变量处理后的金融素养对农村家庭消费者信用消费行为影响的计量模型估计结果。第1列是信用消费意愿模型结果，第2列是信用消费支付行为结果，第3列是信用透支行为模型的结果。3列中，Wald 外生性检验都在1%的显著性水平拒绝原假设 H_0：金融素养是外生变量，即金

融素养存在内生性问题；对经济、金融信息关注程度进行弱工具变量 AR
（Anderson - Rubin）检验也在 1% 水平上拒绝原假设 H₀：内生变量与工具变
量不相关，所以该变量有效。

从表 4 - 4 给出结果可知，3 个模型中，金融素养变量系数值均在 1% 水平
上显著为正，并且与表 4 - 3 中结果相比，系数值增大，说明由于内生性问题
的存在，金融素养对农村家庭信用消费行为的影响被低估。

表 4 - 4　内生性处理剔除老年人样本后金融素养对信用消费行为影响

变量名称	信用消费意愿 Probit	信用消费支付 Tobit	全额还款 Probit
金融素养	0.056***	124.33***	0.057***
Wald 外生检验值	88.59	25.30	28.11
AR chi2（1）	99.31	28.39	31.05
观察值	23 743	23 765	23 743

注：***、**、*分别表示 1%、5%、10% 的显著性水平。表中给出的为各变量的边际效应数
值。括号内为稳健标准误。

4.4.2　稳健性检验

为考察金融素养对农村家庭信用消费行为影响结果的稳健性，本研究采用
替换样本的方式，对所有模型进行重新分析。表 4 - 5 给出农村家庭中大于 16
岁小于 60 岁的农村家庭消费者金融素养对信用消费三种行为影响的模型结果。
结果显示，剔除老年人样本后，金融素养对农村居民消费者的信用消费意愿、
信用消费支付和信用透支行为均在 1% 水平上具有显著正向影响，这表示样本
大小并不影响金融素养对农村家庭信用消费行为的促进作用。

表 4 - 5　稳健性检验剔除老年人样本后金融素养对信用消费行为影响

变量名称	信用消费意愿 Probit	信用消费支付 Tobit	全额还款 Probit
金融素养	0.050*** (0.007)	8.178*** (1.549)	0.009*** (0.003)
观察数值	14 888	14 888	14 888

注：***、**、*分别表示 1%、5%、10% 的显著性水平。表中给出的为各变量的边际效应数
值。括号内为稳健标准误。

4.5　结论与建议

随着移动互联网时代到来，支付方式与消费场景紧密结合，消费者金融素养提高，会增加他们对信用消费的信任感，促进消费，能够为经济增长与转型作出应有贡献。本研究使用 CHFS 数据库，分析金融素养对信用消费三种行为的影响。

研究结论如下：①提高金融素养能够提高农村消费者的信用消费需求和意愿；②提高金融素养会增加消费者的信用消费支付比重，进而促进消费增长；③提高金融素养能够促进农村家庭消费者形成良好的信用消费观念，及时还款，减少违约带来的交易成本，促进信用消费健康发展；④年龄、婚姻、工作、健康、家庭总收入和家庭总资产等变量都对信用消费行为产生重要影响。

投资、消费、出口是促进经济增长的"三驾马车"，新的经济增长方式从出口导向型慢慢转型到消费导向型，提高信用消费比重对刺激消费进而促进经济增长有重要作用。但是，目前中国农村家庭的金融素养水平较低，易产生一些不合理的信用消费行为。提高农村消费者金融素养，首先，应该提高农村消费者的金融知识水平和对金融风险的认知能力，通过不同渠道尽可能推广金融风险教育活动，增加消费者获取金融信息和知识的机会，提高消费者金融素养。其次，建立健全农村金融服务体系，保障农村居民消费者基本金融权益。关注受教育程度较低、低收入者等弱势群体的金融知识水平，充分保护其金融消费权利，促进农村家庭信用消费良好发展。最后，创新农村地区信用消费服务方式，加快农村地区消费形式转型升级，依托数字移动互联技术，提高支付效率，提升农村居民家庭消费潜力，降低交易成本。

（本章撰稿人：孙维远、徐帆）

第5章 金融素养对农村家庭风险资产配置的异质性影响 //////////////////////

5.1 研究背景

改革开放 40 多年来，中国居民收入不断增长，据统计，人均可支配收入增长了 20 多倍。随着居民财富增加，居民的投资需求也逐渐增加。财产性收入已成为居民收入中不可或缺的一部分，同时也是衡量一个国家市场化和国民富裕程度的重要指标。越来越多的家庭逐渐从现金持有、存款储蓄转换到股票、基金、债券等金融市场的参与中，家庭金融资产配置已呈现出以银行存款为主、多种金融产品共同持有的多元理财方式。当前中国家庭金融资产市场仍处于起步阶段，根据《2018 中国城市家庭财富健康报告》，中国家庭所拥有的金融资产占总资产的比重为 11.8%，而发达国家的这一比例远远高于中国，如日本为 61.1%、加拿大 48.6%、美国 42.6%、法国 39.8%。① 中国居民家庭金融资产配置已逐渐成为金融界关注的重点，释放中国居民家庭的投资需求十分迫切。且相比于城镇，农村居民占比更大，农村依然是改革开放的战略重点，农村经济发展也在一定程度上决定着整个国民经济发展的命脉。但目前我国农村经济发展中存在很多矛盾和问题，尤其是在农村金融方面，农户家庭金融市场参与率很低，这不仅阻碍了金融产品创新，影响了社会财富积累，同时还抑制了农村金融市场发展。另外，农户在家庭资产配置方面的选择也很单一，大多数农户只会选择投资银行存款或"余额宝""零钱通"等保本理财产品，而对其他金融产品的投资却少之又少。农户家庭的资产配置在一定程度上也影响着农村家庭财富的积累以及农村未来金融改革的方向。

影响农村家庭资产配置的因素有很多，随着研究的不断深入，金融素养在

---

① 中国家庭金融调查与研究中心：《2018 中国城市家庭财富健康报告》，https：//chfs. swufe. edu. cn/info/1031/1470. htm.

农村家庭风险资产配置中所起的作用越来越重要。已有研究主要关注金融素养和农户金融行为，但关注金融素养对农村家庭风险资产配置的研究还较少，而研究农户家庭风险资产配置有助于金融普惠政策的制定，促进农村普惠金融发展。本研究基于前人关于金融素养对家庭风险资产配置影响的研究，选取 2017年 CHFS 数据，利用 Probit、Tobit 模型进一步分析其在信息渠道、风险态度、地区等之间的异质性影响。这对提高农户金融素养、优化投资决策，对家庭风险资产进行科学合理的配置，促进农户增收和资产选择多样化具有重要意义。

5.2　文献综述

中国学者的最初研究主要是围绕个人行为对家庭金融资产配置的影响而进行的。随着家庭金融资产研究的深入，学者们还将家庭的教育水平以及金融素养等纳入研究范围。很多学者从关注家庭金融资产配置中外部因素的影响，逐步发展为对内部因素进行研究。于蓉（2006）的实证研究表明，受教育程度的高低对家庭是否参与股票市场具有正相关影响。姚佳（2009）强调，已婚家庭的户主更有可能参与风险投资。之后，一些专家学者逐渐开始从人力资本角度研究国内金融体系。其中，尹志超等（2015）基于 CHFS 的数据和信息，分析了金融可得性对国内金融系统参与和资产选择的影响。李雅君等（2015）研究发现风险态度对农户家庭投资组合的构成也有显著的影响，且投资者的风险偏好程度与其持有高分散化投资组合的概率正相关。邓昌豫（2019）则认为个体越偏好风险，参与股市的概率就越高，从股市中获得的收益也越多。

除此之外，也有部分学者关注到了金融素养对家庭资产配置的影响。金融素养是家庭金融领域研究的热点，但学者们对金融素养的界定尚未达成一致，国外学者将金融素养定义为一个人能够获取大量金融信息并据此做出决策进行长期财务战略规划、积累一定财富的基本能力（Lusardi，2014）。虽然国内外对金融素养的定义有所差别，但大多都含有对金融常识和知识的认知或应用能力。对金融素养的度量，主要有两类：一是根据个人对金融知识问题的回答结果进行评分加总，衡量金融素养的得分（伍再华等，2017）；二是采用因子分析或主成分分析衡量反映金融素养的信息，确定不同载荷的主因子维度，最大程度反映信息且避免了信息的重叠性（尹志超等，2014）。

在金融素养和家庭资产配置方面，现有研究大多是从金融素养如何影响家庭风险资产配置进而如何影响家庭总资产配置机制来进行分析的。杜伟岸等

（2021）提出，拥有较高金融素养的家庭会在资产配置中增加预防性储蓄的比重，同时也拥有较多的股票和基金等风险金融资产的投资知识。而较低金融素养水平的家庭很有可能做出错误的决策，从而让家庭面临较大的财务风险（Lusardi，2011）。金融知识的增加会推动家庭参与金融市场，并增加风险金融资产的持有比例，尤其是股票资产（尹志超等，2014）。同时金融素养的提高也能够减轻家庭金融脆弱性，这对于低收入家庭最为明显（孟德锋等，2019）。国内外学者研究的侧重点有所不同。国外学者的研究主要集中在信贷、储蓄、投资 3 个方面。Richard 和 John（2011）认为金融素养低的家庭在信贷方面缺乏理性、拖欠贷款的概率会更高（尹志超等，2014）。在投资方面，金融素养更高的家庭更可能进行有效股票投资（Christelis et al.，2010），投资者金融素养越高，投资组合越分散、风险防范意识越强（Lusardi，2014）。国内学者对此研究可分为两类：一是对风险资产持有可能性及比例的影响；二是对资产多样性的影响（张晓玫等，2020），即家庭参与金融市场的广度和深度。学者们普遍认为金融素养影响风险资产持有和居民金融行为（尹志超等，2014）。张欢欢和熊学萍（2018）研究发现高金融素养能促使家庭进行风险资产配置，加大对股票的投资。曾志耕等（2015）也证实了高金融素养的家庭投资组合更分散，能够更有效地通过金融市场控制风险。

从现有文献来看，金融素养对家庭金融资产配置的重要影响并未达成共识，且现有文献多集中于对家庭金融资产配置的直接影响，关于金融素养对农村家庭风险资产配置的异质性影响研究还较少。因此，本章在乡村振兴背景下，研究农村地区居民金融素养对家庭风险资产配置的异质性影响。本章基于 2017 年 CHFS 数据，分别使用 Probit 和 Tobit 模型实证研究农村居民金融素养对家庭风险资产配置的影响，进一步探索金融素养对农村家庭风险资产配置如何受到借贷类型、互联网使用、区域和年龄的异质性影响，以期为提高农村居民金融素养、优化资产结构提供对策建议。

5.3 研究设计

5.3.1 数据来源

本研究所用数据来源于 2017 年 CHFS。这是中国首个以家庭金融为主题的全国性调查，该项目采用分层、三阶段与规模度量成比例的抽样设计，覆盖了全国 29 个省份，262 个县，1 048 个村/居委会。数据代表性高，覆盖面较广。本研究基于个人和家庭特征、社会网络以及农户金融借贷等数据，对 2017 年 CHFS 的 3 个数据表进行合并，得到所需的研究样本后处理了缺失值并别除了异常值，最终得到 8 453 个有效的农村样本量。

5.3.2 模型设定

（1）Probit 模型

本研究采用 Probit 模型分析金融素养对家庭是否持有风险金融资产的影响，模型设立如下：

$$Pro(y_d=1)=\alpha\, soc_i+\beta X_i+\mu_i \qquad (5-1)$$

其中，y_d 为哑变量，采用是否持有风险资产来代表农村家庭是否参与风险市场的决策行为，"$y_d=1$" 代表农户参与风险市场的决策行为；"$y_d=0$" 则表示没有参与；soc_i 代表金融素养变量；X_i 代表控制变量，包括农户个人特征、家庭特征、地区特征；μ_i 表示残差项。

（2）Tobit 模型

当考察金融素养对家庭风险资产占比的影响时，由于风险资产占金融资产的比重均处于 0～1 之间，其数据是截断的，而风险资产总额同样存在截断，因此均使用 Tobit 模型进行回归：

$$y^*=\delta\, soc_i+\varepsilon X_i+\mu_i \qquad (5-2)$$

$$Y=\text{MAX}(0,\ y^*) \qquad (5-3)$$

其中，Y 表示农村家庭风险资产占金融资产的比重、风险资产总额；y^* 表示农村家庭风险资产占金融资产比重的实际观测值；soc_i 代表金融素养变量；X_i 代表控制变量，包括农户个人特征、家庭特征、地区特征；μ_i 表示残差项。

5.3.3 变量说明

（1）被解释变量

在选取被解释变量时，选择家庭金融资产配置相关变量，主要包括 3 个方面：家庭风险资产持有、家庭风险资产占比及家庭风险资产总额。参考尹志超等（2015）的研究，家庭风险金融资产主要包括股票、基金、金融债券、衍生品、外汇等。据此，得出本研究考察的被解释变量包括"风险金融市场参与"（由家庭是否持有风险金融资产反映）、"风险金融资产占比"（风险金融资产占总金融资产的比重）和"家庭风险资产总额"（由风险资产总价值与现金及存款总值反映）。

（2）解释变量

金融素养。通过对以前文献的梳理，对金融素养的测量方法可以分为两类。一类是对受访者金融知识的了解和认知进行因子分析和得分加总，金融知识包括受访者对于利率的计算、通货膨胀的了解、借贷风险的认知，以及分散化投资、外汇交易流程、银行盈利机制等更加深入的问题，甚至运用投资者对金融市场投资所必须掌握的专业金融知识以客观衡量受访者的金融素养水平。另一类是根据受访者对于市场中投资工具（股票、债券、基金）和融资工具（房贷、车贷等贷款）的了解程度进行的自我评测来进行主观金融素养的测度。本研究通过 2017 年 CHFS 样本数据中关于贷款利率、通货膨胀和投资风险 3个问题考察金融素养，借鉴尹志超等（2014）的经验做法，采用因子分析计算方法重新构造一个金融素养变量指标。结果显示，KMO 值为 0.627，适合做因子分析，根据 $Eigenvalue$ 大于等于 1 的原则，可以保留一个因子，即为金融素养。与此同时，将参照尹志超（2014）的方法，运用受访者对利率、通货膨胀、风险的几个问题正确回答的个数来衡量金融知识，即回答正确每题记 1分的方法来作为替代核心变量，进行稳健性检验。

（3）控制变量

参考相关文献，主要从农户的个人特征、家庭特征和地区特征等方面选取控制变量。其中，个人特征主要包含农户个人的性别、年龄、受教育程度、婚姻状况、健康水平等；家庭特征主要包含家庭净财富、家庭成员数量等；此外还加入了地区虚拟变量以控制地区间差异。具体各变量定义说明见表 5 - 1、表 5 - 2。

表 5 - 1　变量描述

变量	变量定义
被解释变量	
家庭风险资产持有	是否持有风险资产，是＝1；否＝0
家庭风险资产占比	持有风险资产总价值/金融资产总额
家庭风险资产总额	风险资产总价值＝股票数量＋基金数量＋债券数量＋金融衍生品数量＋金融理财产品数量＋不作为首饰使用的黄金数量
解释变量	
金融素养	通过因子分析计算得出金融素养变量

（续）

变量	变量定义
控制变量	
个人特征	
性别	1＝男；0＝女
年龄	农户年龄
年龄的平方	农户年龄的平方
婚姻状况	1＝已婚；0＝其他
受教育程度	农户受教育程度[①]
健康水平	农户健康水平[②]
家庭特征	
家庭净财富	家庭净财富取自然对数
家庭规模	家庭总人口数量
地区	
东部地区	1＝东部；0＝其他
中部地区	1＝中部；0＝其他
西部地区	1＝西部；0＝其他
工具变量	
村级金融素养	除了自己的其他家庭的金融素养均值

注：①受教育程度：博士＝22，硕士＝19，本科＝16，大专＝15，高中、职校＝13，中专＝12，初中＝9，小学＝6，未上过学＝0。②户主健康水平：1＝非常健康，2＝健康，3＝一般，4＝比较不健康，5＝非常不健康。

表 5-2　描述分析表

变量	样本量	均值	标准差	最小值	最大值
家庭风险资产持有	8 453	0.011	0.103	0	1
家庭风险资产占比	8 453	0.004	0.054	0	1
家庭风险资产总额	8 453	0.071	0.86	0	13.218
金融素养	8 453	−0.02	0.993	−0.912	2.388
性别	8 453	0.069	0.254	0	1
年龄	8 453	56.222	11.898	18	97
年龄的平方	8 453	3 302.498	1 349.632	324	9 409
受教育程度	8 453	7.283	3.344	0	19

（续）

变量	样本量	均值	标准差	最小值	最大值
健康水平	8 453	2.813	1.056	1	5
婚姻状况	8 453	0.959	0.198	0	1
家庭规模	8 453	3.674	1.718	1	15
净资产	8 453	11.81	1.549	0	17.845
东部	8 453	0.374	0.484	0	1
中部	8 453	0.338	0.473	0	1

5.4 实证结果

表5-3的第（1）列、第（2）列和第（3）列分别报告的是金融素养对农村家庭风险资产持有、家庭风险资产占比和家庭风险资产总额的影响。

5.4.1 金融素养与农村家庭风险资产持有

从第（1）列可以看出，农村居民金融素养对家庭风险资产持有的影响显著为正，这也许是因为由于金融知识水平越高，其资产配置越合理，进而会促进家庭进行投资理财活动。性别变量的系数为正，表明男性分配风险资产的动机高于女性，但此结果并不显著，不能充分证明这个结论。年龄在5%的显著水平下对家庭风险金融资产的持有有负面影响，这表明年轻人与中年人相比，具有更高的风险偏好，会将部分风险资产纳入家庭资产配置以追求更高收益。受教育程度与家庭参与风险金融市场之间存在明显的正相关关系，即户主受教育程度越高，对金融经济相关的问题和知识理解越透彻，提高了参与金融市场的可能性。在其他条件不变的情况下，教育年限每增加一个单位，家庭参与风险资产的概率就会随之增加。家庭净资产越多，说明家庭越有资金投入风险资产中。人口较多的家庭参与风险市场的概率较小，说明家庭收入首先满足日常必要消费和生活性支出等，具有较低风险偏好。已婚对家庭风险资产没有显著影响。健康水平的估计系数为-0.001，这说明健康水平对家庭持有风险资产产生负向作用，或许是因为家庭有身体不健康的成员需要资金治疗身体，造成后续家庭资金压力。

5.4.2　金融素养与家庭风险资产占比

从第（2）列可以看出，金融素养不仅可以提高家庭参与金融市场的概率，而且可以显著提高家庭风险资产的比例。在其他条件相同的情况下，金融素养对家庭风险资产占比的估计系数为 0.001，比对家庭风险资产持有的估计系数小。促使家庭金融风险资产占比不断提高的一个重要因素是家庭净资产。家庭净资产越多的家庭，在去除日常生活所必要的开销之后，有剩余资产可以投资风险产品，因此风险资产的投资比例有所增加。家庭规模对家庭风险资产占比产生负向影响，这可能是因为家庭规模越大，人口越多，对流动资金的需求就越大，需要养活更多人口的家庭就更脆弱，更厌恶风险，因为担心家庭生活受到额外损失的影响，所以会减少风险资产占比，甚至不参与金融市场的风险投资。总的来说，控制变量方面，受教育水平、性别、健康水平、家庭净资产均对风险资产占金融总资产的比重具有比较显著的影响，而年龄、婚姻状况、家庭规模对风险资产占金融总资产的比重并未有显著影响。

5.4.3　金融素养与家庭风险资产总额

从第（3）列可以看出，农村居民金融素养对家庭风险资产总额的影响显著为正，这说明家庭金融素养水平越高，越有利于家庭获得更多的收益。从实证结果可知，对家庭风险资产总额产生反向效果的有：年龄、健康水平、家庭规模；而对家庭风险资产总额产生正向影响的则是：户主性别、受教育程度、婚姻状况与家庭净资产。并且，金融素养与家庭金融资产总额呈显著正相关，其他条件不变，金融素养的估计系数为 0.038。

表 5 - 3　金融素养与农村家庭风险资产配置

变量	（1） 家庭风险资产持有 Probit	（2） 家庭风险资产占比 Tobit	（3） 家庭风险资产总额 Tobit
金融素养	0.003*** (0.001)	0.001* (0.001)	0.038*** (0.013)
性别	0.003 (0.004)	0.007* (0.004)	0.068 (0.048)

(续)

变量	(1) 家庭风险资产持有 Probit	(2) 家庭风险资产占比 Tobit	(3) 家庭风险资产总额 Tobit
年龄	−0.001** (0.001)	−0.001 (0.001)	−0.008 (0.007)
年龄的平方	0.000** (0.000)	0.000 (0.000)	0.000 (0.000)
受教育水平	0.001** (0.000)	0.000** (0.000)	0.006** (0.003)
健康水平	−0.001 (0.001)	−0.001** (0.001)	−0.018** (0.009)
婚姻状况	0.009 (0.009)	0.002 (0.001)	0.013 (0.027)
家庭规模	−0.000 (0.001)	−0.000 (0.000)	−0.009 (0.007)
家庭净资产	0.006*** (0.001)	0.002*** (0.001)	0.042*** (0.007)
东部	0.008*** (0.003)	0.003** (0.001)	0.068*** (0.021)
中部	−0.003 (0.004)	0.001 (0.001)	−0.002 (0.016)
样本量	8 453	7 358	8 481

注：括号中的数字是标准差；***、**和*分别表示1%、5%和10%的显著性水平；报告的估计结果为边际效应。

5.5 实证检验

5.5.1 内生性检验

由于农户可能通过参与金融市场提高了自身金融素养，且模型在实证时可能存在遗漏变量，在评估金融素养时存在一定误差。因此，模型可能会导致内生性问题，需要引入工具变量来修正内生性。本研究尝试选用农户所在乡镇除自身以外的被调查家庭的平均金融素养作为工具变量。金融素养水平往往与该地区金融环境水平密切相关，乡镇一般是金融机构所在区域中的最低一级，家庭自身经济活动并不受到其他家庭的金融素养的影响。

从表 5-4 可以看出，村级金融素养的估计系数均为正值，且在 1% 显著性水平上显著，表明金融素养可以显著提高农村家庭的风险资产配置。工具变量检验结果显示，第一阶段 F 值均远大于 10，且工具变量 t 值分别为 22.00、20.65、22.05，因此不存在弱工具变量问题。

表 5-4　工具变量表

变量	IV-Probit (1)	IV-Tobit (2)	IV-Tobit (3)
	第一阶段		
	金融素养	金融素养	金融素养
村级金融素养	0.554*** (0.025)	0.554*** (0.025)	0.554*** (0.025)
	第二阶段		
	家庭风险资产持有	家庭风险资产占比	家庭风险资产总额
金融素养	0.392** (0.198)	0.428* (0.295)	8.509* (5.576)
第一阶段 F 值	134.72	119.47	119.47
工具变量 t 值	22.00	20.65	22.05
样本量	8 453	8 453	8 453

注：括号中的数字是标准差；***、** 和 * 分别表示 1%、5% 和 10% 的显著性水平；报告的估计结果为边际效应；为了减少文章篇幅，此处仅保留核心解释变量的实证结果。下同。

5.5.2　稳健性检验

本研究分别采用替换代理指标法、剔除部分样本法以及更换模型三种方法对上述实证结果进行稳健性检验。

（1）替换代理指标法

代理指标替换为农户正确回答问题的数量，即金融素养评分的简单加总，回答正确的选项赋值 1 分，回答错误和不知道的选项赋值 0 分，以此来衡量农村家庭金融素养并进行稳健性检验。表 5-5 实证结果发现，金融素养依然对农村家庭风险资产持有呈正向显著影响，对家庭风险资产占比、家庭风险资产总额的影响也与上文结果几乎保持一致。

（2）更换基准回归模型

更换 logit 模型来分析家庭风险资产持有，以 OLS 回归模型分析家庭风险资产占比、家庭风险资产总额，结果如表 5-6 所示。从结果中可以看出，金融素养对农村家庭风险资产持有呈现正向显著影响，对家庭风险资产占比、家庭风险资产总额的影响也与上文结果几乎保持一致。

（3）剔除从事金融业农户的样本

通过剔除从事金融业农户的样本，参与稳健性检验的回归的样本量是 8 223 个。从表 5-7 中可以看出，金融素养对家庭风险资产持有的估计系数为 0.003，在 1% 显著性水平上显著；金融素养对家庭风险资产占比的估计系数为 0.001，在 10% 显著性水平上显著；金融素养对家庭风险资产总额的估计系数和显著性水平与上文结果基本一致，验证了结果的稳健性。

表 5-5　替换核心解释变量

变量	(1) 家庭风险资产持有 Probit	(2) 家庭风险资产占比 Tobit	(3) 家庭风险资产总额 Tobit
金融素养	0.004*** (0.001)	0.002* (0.001)	0.047*** (0.018)
观测值	8 236	7 188	8 264

注：括号中的数字是标准差；***、**和*分别表示 1%、5% 和 10% 的显著性水平；报告的估计结果为边际效应。

表 5-6　更换基准回归模型

变量	(1) 家庭风险资产持有 Probit	(2) 家庭风险资产占比 Tobit	(3) 家庭风险资产总额 Tobit
金融素养	0.004*** (0.001)	0.001* (0.000)	0.034*** (0.007)
观测值	24 968	21 650	25 067

注：括号中的数字是标准差；***、**和*分别表示 1%、5% 和 10% 的显著性水平；报告的估计结果为边际效应。

表 5 - 7 剔除从事金融业农户样本

变量	(1) 家庭风险资产持有 Probit	(2) 家庭风险资产占比 Tobit	(3) 家庭风险资产总额 Tobit
金融素养	0.003*** (0.001)	0.001* (0.000)	0.038*** (0.013)
观测值	8 223	8 223	8 223

注：括号中的数字是标准差；***、** 和 * 分别表示 1%、5% 和 10% 的显著性水平；报告的估计结果为边际效应。

5.6 异质性分析

（1）金融素养对不同信息渠道依赖型农村家庭的影响差异

为了进一步考察金融素养对不同信息渠道依赖型农村家庭风险资产配置的影响，本研究根据 CHFS 调查数据中"您关注财经类新闻的渠道是？"的回答得知，信息获取渠道主要为财经类 APP、互联网和手机上的网页，电视和报纸等传统媒介，财经类名人讲座和课程培训 4 种，并据此构建信息渠道变量。若通过财经类 APP、互联网和手机等网页浏览获取财经信息，则设置现代信息获取渠道虚拟变量为 1，否则为 0；若通过电视和报纸等传统媒介、财经类名人讲座和课程培训等渠道获取财经信息，则设置传统信息获取渠道虚拟变量为 1，否则为 0。从表 5 - 8 第（1）列的结果可以看出，金融素养将降低依赖现代信息渠道的农村家庭对于风险资产的投资，具体来说，如果金融素养提升 1%，现代信息渠道依赖型农村家庭相对于传统信息渠道依赖型农村家庭的风险资产持有率随之下降；同时金融素养增加依赖传统信息渠道的农村家庭对于风险资产的投资。在风险资产占比和风险资产总额方面，金融素养均显著提升现代信息渠道依赖型农村家庭的风险资产占比和风险资产总额，同时都显著降低传统信息渠道依赖型农村家庭的风险资产占比和风险资产总额。

（2）金融素养对不同风险态度农村家庭的影响差异

风险态度根据设定问题"如果您有一笔资金用于投资，您最愿意选择哪种投资项目？"的回答确定。将回答"愿意投资高风险、高回报的项目"定义为风险偏好并设置为 1，否则为 0；回答"愿意投资平均风险、平均回报的项目"

的定义为风险中立并设置为 1，否则为 0；回答"愿意投资略低风险、略低回报的项目"以及"不知道"的定义为风险规避并设置为 1，否则为 0。从表 5 - 9 中可知，金融素养显著提升风险偏好型农村家庭对于风险资产的投资、风险资产占比和风险资产总额。对于风险中立的农村家庭没有显著影响。家庭风险资产参与相对效率是通过承担更多风险，跑赢大盘获取超额收益。

表 5 - 8　信息渠道异质性影响

变量	(1) 家庭风险资产持有 Probit	(2) 家庭风险资产占比 Tobit	(3) 家庭风险资产总额 Tobit
金融素养	0.003*** (0.001)	0.001* (0.001)	0.038*** (0.013)
现代信息渠道 & 金融素养	−0.004 (0.013)	0.001** (0.000)	0.038*** (0.013)
传统信息渠道 & 金融素养	0.004 (0.007)	−0.005*** (0.010)	−0.087*** (0.019)
观测值	8 151	7 092	8 179

注：括号中的数字是标准差；***、** 和 * 分别表示 1%、5% 和 10% 的显著性水平；报告的估计结果为边际效应。

表 5 - 9　不同风险态度异质性影响

项目	风险资产持有	观测值	风险资产占比	观测值	风险资产总额	观测值
风险偏好	0.016*** (−0.004)	1 748	0.008*** (−0.002)	1 504	0.152*** (−0.035)	1 748
风险中立	0.001 (−0.002)	3 439	−0.001 (−0.001)	2 950	−0.005 (−0.017)	3 449
风险规避	0.004*** (−0.001)	6 346	0.002*** (−0.001)	4 325	0.037*** (−0.008)	16 411

注：括号中的数字是标准差；***、** 和 * 分别表示 1%、5% 和 10% 的显著性水平；报告的估计结果为边际效应。

（3）金融素养对不同风险态度农村家庭的影响差异

本研究将样本根据地区分为东、中、西部三部分。从表 5 - 10 中我们可知，对于风险资产持有、风险资产占比以及风险资产总额，金融素养均在 1%

的显著性水平上对东部农村家庭更深层次参与金融市场有正向影响。

对于风险资产持有来说，在东中西部金融素养的估计系数分别为0.007、0.002和0.001。在东部地区，金融素养对农村家庭风险资产参与的边际效应是中部地区的3倍多，这也说明了由于发达地区的农村居民所拥有的资金更多，从而更加愿意参与风险投资。

本研究又对家庭金融资产占比情况分地区进行了回归分析，发现只有在东部地区，金融素养对增加风险资产占比的影响显著。这一结果跟中部和西部的金融素养水平有关，相较于东部，中部和西部地区农户金融素养水平普遍较低。

对于风险资产总额，金融素养对中部地区农村家庭风险资产总额并没有显著的影响，对东部地区农村家庭风险资产总额起到促进作用，对于西部地区农村家庭风险资产起到负面显著影响。

表5－10　金融素养不同区域异质性影响

变量	东部	中部	西部
风险资产持有	0.007***	0.002**	−0.001
	(0.001)	(0.001)	(0.001)
风险资产占比	0.003***	0.000	−0.000
	(0.001)	(0.001)	(0.001)
风险资产总额	0.093***	0.010	−0.012*
	(0.016)	(0.010)	(0.006)

注：括号中的数字是标准差；***、**和*分别表示1%、5%和10%的显著性水平；报告的估计结果为边际效应。

5.7 结论与启示

5.7.1 结论

实证研究结果表明，金融素养对农村家庭风险资产持有、风险资产占比以及风险资产总额均产生显著正向影响，这说明金融素养水平越高，投资理念越成熟，通过理性投资获得收益，农村家庭参与金融市场配置资产的有效性越高。通过异质性分析发现，金融素养显著提升现代信息渠道依赖型农村家庭的风险资产占比和风险资产总额；金融素养显著提升风险偏好型农村家庭对于风险资产持有率、风险资产占比和风险资产总额；金融素养对东部地区农村家庭的风险资产持有、风险资产占比和风险资产总额影响最大。

5.7.2 政策性建议

第一，将金融素养作为地方工作评价指标。地方政府及有关部门可以将居民金融素养作为地方经济发展的一个重要衡量指标。与银行等金融机构展开合作，举办相关金融知识专题活动，借助实地宣传、互联网 APP 等手段向农村居民普及实际生活中常见的金融知识；加强与农村居民的沟通，了解当地居民金融需求，帮助农村地区居民树立正确的风险意识，提高其家庭资产规划能力，提升地区经济活力。加大金融基础教育投入。受教育程度越高的农村家庭普遍具有更好的投资意识。首先，继续加大对农村地区教育资源的倾斜力度，贯彻落实贫困地区义务教育制度，降低因贫失学的比率；其次，将金融知识融入通识教育，举办金融讲座、主题征文等活动，激发学习金融知识的兴趣，进而提高金融素养。

第二，创新特色化金融产品和服务模式。立足于地方经济实际，有针对性地开发出便捷实惠的金融产品和服务，并对不同地区进行差异化创新。例如，相较于东部地区，西部地区大部分家庭收入较低，更倾向于接受低风险高保障类型的金融产品。相关金融机构需要根据目标对象的需求，结合家庭经济情况和金融素养，加强对创新金融产品的监管和风险管控。

（本章撰稿人：刘惠芬、张晓雷）

第6章 金融素养对农户金融资产投资的影响 ////////////////////////////

6.1 研究背景

投资是促进经济增长的方式之一，投资通过资产的重新组合以提高投资效率，从而达到经济增长的目的。改革开放以来，随着城乡居民收入的增长，逐渐加强了对金融资产的合理配置。2019 年中国人民银行提出，要关注乡村振兴的重点领域和薄弱环节，加强金融资源倾斜，更好地满足乡村多样化的金融资源需求。2022 年中央 1 号文件指出现阶段应着眼国家重大战略需要，稳住农业基本盘、做好"三农"工作，接续全面推进乡村振兴，确保农业稳产增产、农民稳步增收、农村稳定安宁。在提高农民收入的渠道中，合理配置农户的金融资产，有效促进农户的投资收益是能显著提高农民收入的重要举措。但在金融资产投资领域，能获得收益的个体普遍是拥有较强金融知识储备的人，他们能通过自己已经学习到的金融知识理论，合理地进行金融资产配置以实现效益最大化。农户在受教育水平上有所欠缺，对金融知识的了解更为匮乏，所以农户进行的金融资产投资往往缺乏投资理性，并且投资行为相较于非农户个体有较大区别。金融素养是衡量投资者运用金融知识以识别金融风险，进而做出合理投资决策的能力。金融素养能力的提升能够优化农户接收金融信息的渠道，帮助农户做出合理的投资决策。

就学术意义而言，本研究能够对现有的金融素养对家庭金融资产投资相关研究进行补充和细化。首先，已有研究表明金融素养对家庭的金融投资行为具有重要影响，但金融素养对城乡家庭的影响具有异质性，因而金融素养对农户群体金融资产投资行为的影响研究是本研究重点探讨的领域。其次，相关研究大都将房产排除在风险资产以外，这样构建的风险资产指标是不完整的。就现实而言，本研究有助于优化农户家庭的资产投资决策，对合理配置农户的金融资产，增加农户的投资收益，提高农户的收入水平具有重要意义。

本章的研究按照从理论分析到实证分析的思路展开。首先梳理国内外文献，回顾国内外的研究方法及结论，包括金融素养定义、金融素养的测度方法、金融资产的界限范围，投资有效性的测度。总结研究成果，并提出相关假设。在此基础上，利用 CHFS 2019 年的数据对分析结果进行实证研究，最后得出结论。本章研究一共分为五部分。第一部分为研究背景，阐述了本章的研究意义，对本章的研究方法和研究内容进行介绍；第二部分为文献综述，梳理国内外关于金融素养，家庭金融资产投资的相关研究，并对已有文献做出简要评述；第三部分为研究设计，第四部分为实证研究，介绍了数据来源，变量选取及实证研究内容；第五部分为研究结论及政策建议，归纳本章的主要研究结论，并在此基础上得到启示，提出政策建议。

6.2 文献综述

6.2.1 金融资产投资

家庭金融资产包括风险资产和非风险资产。按照 CHFS 中金融资产的分类来看，股票、基金、债券、理财、金融衍生品、黄金、借出款、其他金融产品以及非人民币资产属于金融风险资产，按照投资风险可依次排序为股票、基金、理财产品与债券，其中股票的投资风险最高，同时投资回报率也为最高；现金、定期存款与活期存款属于无风险资产。无风险资产是指没有任何风险或风险较小的资产，这种资产管理方式较为保守，同时回报率与收益也极低（高志等，2022）。投资者根据自身风险偏好进行资产配置，选择不同的投资组合，在风险一定时实现自身收益最大化，或者在收益一定时实现风险最小化。当投资者选择了具体的资产组合方式时，怎么评判其投资组合的有效性与合理性，不同学者有不同的看法。现实中的家庭投资的金融资产种类比经典理论预测的少得多，所以，学者们在研究投资效率时通常会考虑家庭较常持有的资产种类，如股票、基金、债券等。

Gouireroux 和 Joumeau（1999）的研究认为只投资部分资产并不意味着投资组合是无效的，并提出在由常见资产类别组成的子市场中检验投资组合有效性的方法。Flavin 和 Yamshita（2002）利用 PSID 调查（密歇根大学的收入动态追踪调查）数据，构建在卖空限制下，包含国库券、国债和股票的投资组合有效前沿。Pelizzon 和 Weber（2008）的研究认为仅通过构建股票、债券等流动性风险资产的有效前沿来检验家庭投资组合有效性的方式是有偏的，因为这并没有考虑房产等非流动性资产，当把房产加入资产组合时，投资的有效性会大大降低。吴卫星等（2018）通过构建夏普率水平来测度投资有效性，并把除首套房之外的房产作为风险资产进行测度。王旭霞和王珊珊（2022）通过股票收益率、股票的交易笔数、国债的收益率、理财的收益率 4 个指标进行赋值构造投资有效性指标。付波航等（2022）通过居民风险资产的持有和占比来研究家庭金融资产配置。

6.2.2　金融素养与投资

行为金融学认为人的行为决策不可能达到绝对理性，投资者通常依据直觉或常识进行判断和决策，金融素养正是影响投资决策的重要变量。Noctor（1992）首次提出该概念，将金融素养定义为可以做出最优判断和决策的能力。Cutler 与 Devlin（1996）强调了将金融理财知识作为个人金融素养体现的必要性，认为对经济原理和经济知识有基本的了解是具备金融素养的前提条件，有足够的金融能力才能应对政策和制度的变化。金融素养被视为是包含金融知识和技能的重要专项人力资本（Campbell，2016；孟宏玮等，2019），是指个体对金融知识的理解、应用能力和信心，有助于个体做出更明智的金融决策。此后金融素养的内涵不断扩充，美国金融素养和教育委员会将金融素养视为消费者有效管理自身金融资源以实现金融福祉的知识和能力。经济合作与发展组织（OECD）将金融素养视为意识、知识、技术、态度和行为的综合体现。Chen 和 Volpe 发现受教育程度高的人比受教育程度低的人有更好的金融技能和知识，金融素养越高的群体失业的可能性就越低，较低的金融知识得分与受访者无力支付手机、银行卡账单有显著关联（1998）。吴卫星等（2018）将金融知识视为个人理解金融问题的能力，技术是消费者运用金融知识的能力，态度和行为表现为合理制定金融决策的信心。

关于金融素养的测度，目前可以分为三类基本框架。第一，主观金融素养和客观金融素养。主观金融素养指的是个人对自身金融知识、能力的信心和认知，通过居民对自身金融素养评价来体现。客观金融素养是指个人实际掌握的金融知识和金融能力、表现出来的金融态度和风险偏好，通过受调查者能否正确回答一系列金融方面的问题得到（张欢欢等，2018）。第二，基本金融素养和高级金融素养。Jiang 等（2022）认为基本金融素养体现的是对基础金融知识（包括通货膨胀、单复利知识和货币的时间价值）的掌握程度，通过日常的财务决算问题的回答来测度。高级金融素养表现为对金融知识的更深理解，以及参与金融市场，进行投资理财分析等更复杂的金融行为。通过关于金融市场的特定问题来测度，例如股票和债券市场的运作等问题。第三，经济合作与发展组织 PISA 项目采用的测度框架，从金融知识、金融能力和金融态度等维度出发设置问题，进而构建的金融素养整体测度框架（王磊玲等，2021）。

6.2.3　金融素养与家庭金融行为

Lusardi 和 Mitchell（2007）发现，退休规划与居民家庭的金融素养之间存在显著正相关关系，而且金融素养水平与家庭积累的财富也存在显著正相关关系。Von Rooij et al.（2011）和尹志超等（2014）则发现，金融素养水平越高的家庭参与风险市场，特别是参与股票市场的可能性越大。曾志耕等（2015）发现，金融素养水平与居民家庭投资组合分散化程度存在正相关关系。Gathergood（2012）和 Klapper et al.（2013）的研究认为，金融素养水平低的家庭更容易过度负债，产生更高的借贷成本和相关费用。吴卫星等（2018）利用中国居民家庭微观调查数据，研究发现金融素养水平是影响居民家庭合理负债的一个重要因素。相对金融素养低的家庭来说，金融素养越高的家庭通过咨询理财顾问获取理财信息的可能性更大（吴锟和吴卫星，2017）。家庭金融资产若是无法进行合理的配置，会有两个方面的危害：集中投资于低风险资产会使得家庭资产配置的效率出现一定问题，使得家庭资产的收益性大大降低；集中投资于高风险资产又会使得家庭金融资产的稳定性及安全性出现问题（赵妍清，2022）。

6.2.4　生命周期理论与投资组合理论

莫迪里阿尼于 1986 年根据 20 世纪 30 年代韦尔和汉森的家庭生命周期理论，明确提出在跨期预算受约束的情况下，如何安排家庭的消费和投资金融项目，以实现每个阶段的效用最大化。当家庭处于不同时期时，收入和负债等均有区别，家庭投资需求也不同，因此，针对不同家庭情况的群体提出的具体投资建议也不同。

1959 年，马科维茨提出了基于平均—标准差分析法的当代资产配置策略的基本理论化投资可以合理降低风险的见解。金融客户需要根据自身的风险偏好选择最佳资产配置组合。风险偏好不同的家庭选择的资产组合方式也不同。家庭金融消费者应该把生命周期各阶段的投资理财目标作为一个整体来进行长期综合规划，而不是仅仅局限于短期的理财目标和部分环节效益的产品进行组合，最终实现家庭财富积累的终身福祉。

6.2.5　研究评述

现有的研究发现，金融素养对家庭的金融行为有显著影响，且金融素养对居民风险市场参与、投资效率都有显著正向影响。现有研究大多将除房产外的股票、基金、债券作为风险资产，研究不同资产组合有效性和投资效率。但对于大多数农户来说，房产是其家庭的主要财富象征，在其家庭资产中占有重要地位，房产投资的收益是家庭收入的重要组成部分。借鉴吴卫星等（2018）的做法，应该将首套房之外的房产同时作为投资性房产和风险资产，研究其资产配置和投资行为。金融素养对城乡家庭金融行为的影响具有异质性，但是，较少研究将城乡居民区分，应单独探讨金融素养对农户金融资产投资的影响。所以本章将房产归入风险资产投资，并在此基础上，将农户群体单独划分出来，研究金融素养对此群体的影响，探究农户的金融资产投资行为，有利于提出针对农户群体的金融市场参与和收入提高的政策性建议。

6.3　研究设计

6.3.1　数据来源

本章数据来源于 2019 年 CHFS 数据，该调查的样本覆盖全国 29 个省份的 343 个区县、1 360 个村/居委会，最终搜集了 34 643 户家庭、107 008 个家庭成员的信息，数据具有全国及省级代表性。在剔除了户主（在家庭中起决定性作用的成员）不为农村户口的成员，户主年龄不足 20 岁的个体，关键变量存在大量缺失值和异常值的个体后，最终保留了 1 145 个样本观测值。由于 CHFS 中不包含样本具体拥有哪支股票、基金、债券和投资性房产所在地的信息，所以只能采用宏观经济数据来代替。股票收益率通过上证指数和深成指数月收益率按其各自的成交额为权重计算得到，基金收益率通过上证基金和深证乐富基金的月收益率按各自的成交额权重计算得到，债券收益率由中证债券的月收益率得到。由于经济周期以 9 年为一个周期，且 CHFS 的数据收集在 6—7 月进行，所以月收益率数据选取 2010 年 1 月—2019 年 6 月共 9 年 6 个月的数据。收益率数据均来源于 Wind 数据库。

6.3.2　变量选取

本章从风险金融市场参与和投资收益两个维度来对家庭金融资产配置的有

效性进行界定，采用风险资产占比来衡量风险金融市场的参与情况。由于大多数家庭持有借出款、金融衍生品等风险资产的份额极小，所以在选取被解释变量的衡量指标时，将农户参与股票、基金、债券、投资性房产四种金融行为作为参与风险资产投资的衡量指标，将农户持有现金、定期存款、活期存款三种金融行为作为参与非风险资产的衡量指标。金融资产持有情况相关数据来源于CHFS 2019 年的问卷。但从问卷的收集情况来看，大多数收集者只回答了投资金额范围，为了减少样本损失，本章采用投资金额范围的中位数来代替缺失的具体投资金额。使用金融素养作为本章的核心解释变量，对通货膨胀、单复利计算、投资风险问题的回答正误以及直接或间接回答问题赋分，其中，回答正确计为 1，回答错误计为 0；直接回答计为 1，间接回答或模糊回答计为 0。本研究用 6 个变量构建金融素养得分，详见表 6-1。各变量的具体选取及说明见表 6-2，其中控制变量分别从 3 个方面进行选取，在地区层面上，选取人均GDP 作为控制变量；在家庭层面上，选取去年家庭总收入作为控制变量；在个人层面上，选取受教育水平、性别、年龄、健康水平、婚姻作为控制变量。

表 6-1　金融素养得分表

问卷问题	赋分情况
假设银行的年利率是 4%，如果把 100 元存 1 年定期，1 年后获得的本金和利息为多少？	正确＝1；错误＝0 直接回答＝1；间接回答或模糊回答＝0
假设银行的年利率是 5%，通货膨胀率每年是 8%，把 100 元存银行，一年之后能够买到的东西将更多还是更少？	正确＝1；错误＝0 直接回答＝1；间接回答或模糊回答＝0
您认为一般而言，主板股票和创业板股票哪个风险更大？	正确＝1；错误＝0 直接回答＝1；间接回答或模糊回答＝0

表 6-2　变量选取及说明

	变量	说明
被解释变量	风险资产占比（*pratio*）	风险资产总额/总资产
	风险资产收益（*lnprofit*）	ln（风险资产总额×收益率）
核心解释变量	金融素养（*score*）	赋分得到
控制变量	省人均 GDP（*GDP*）	数据来源于 2019 年国家统计局
	家庭总收入（*total income*）	家庭去年总收入，可以存在负值
	受教育水平（*education*）	由受教育年限来衡量，取值范围为 0～22

（续）

变量		说明
控制变量	性别（gender）	男性为 1；女性为 0
	年龄（age）	剔除户主年龄小于 20 的样本
	健康水平（health）	1 为健康；0 为不健康
	婚姻（married）	1 为已婚；0 为未婚

6.3.3　金融素养得分构建

采用主成分分析法（PCA）分析影响金融素养，得到主要影响因子。在进行主成分分析法之前，对 5 个影响因子进行了相关系数检验，检验结果为相关性显著。继而进行 Bartlett 球形检验和 KMO 检验，检验结果为 P 值显著（P 值为 0.000），KMO 值为 0.686>0.600，所以，可以使用主成分分析法提取主要影响因子，计算金融素养得分。由于第 6 个因子在样本中不存在差异，所以舍弃。通过主成分分析法提取出 3 个主成分，累计方差贡献率为 0.866 5，能够解释金融素养变化的 87%，通过旋转后的因子 1、因子 2、因子 3 载荷计算出综合的金融素养得分（表 6-3）。

表 6-3　因子贡献结果

构成	特征值	差异	比例	累计
Comp1	2.643 76	1.765 11	0.528 8	0.528 8
Comp2	0.878 648	0.068 561	0.175 7	0.704 5
Comp3	0.810 087	0.387 911	0.162	0.866 5
Comp4	0.422 176	0.176 843	0.084 4	0.950 9
Comp5	0.245 333	—	0.049 1	1

6.3.4　模型设定

为探究金融素养对农户家庭金融资产投资的影响，采用 OLS 来探究影响关系，具体模型设置如下：

模型一：探究金融素养对风险资产占比和收益的影响。

$$lnprofit = \alpha_0 + \alpha_1 score + \varepsilon \qquad (6-1)$$

$$pratio = \alpha_0 + \alpha_1 score + \varepsilon \qquad (6-2)$$

模型二：为减少遗漏变量对结果的影响，引入控制变量构建模型二。

$$lnprofit = \alpha_0 + \alpha_1 score + \alpha_2 control + \varepsilon \qquad (6-3)$$

$$pratio = \alpha_0 + \alpha_1 score + \alpha_2 control + \varepsilon \qquad (6-4)$$

模型三：探究金融素养与风险资产占比和收益是否存在 U 型关系。

$$lnprofit = \alpha_0 + \alpha_1 score + \alpha_2 score2 + \alpha_3 control + \varepsilon \qquad (6-5)$$

$$pratio = \alpha_0 + \alpha_1 score + \alpha_2 score2 + \alpha_3 control + \varepsilon \qquad (6-6)$$

其中 $lnprofit$ 表示由风险资产投资收益，$pratio$ 表示风险资产投资占比，$score$ 表示金融素养综合得分，$score^2$ 表示金融素养得分的二次项，$control$ 表示控制变量，α_1，α_2，α_3 表示回归系数，ε 表示误差项。

6.4 实证分析

6.4.1 描述性统计分析

根据本章的研究内容，首先对样本进行总体的描述性统计。通过 Stata14 计量分析软件得到各个变量间的描述性统计分析结果，如表 6 - 4 所示。描述性统计结果显示，有效样本数为 1 145，农户的金融素养得分最低分为 -1.023，最高分为 2.614，平均得分为 0.001，可知不同农户的金融素养得分差距较大，农户总体的金融素养得分较低。风险资产占比的平均值很高，可知农户偏向于持有包括投资性房产在内的风险资产，风险资产收益的最小值和最大值的差异比较大，可知农户的投资效率具有较大的个体差异。样本在总收入、各省人均 GDP、年龄、健康水平、婚姻状况、受教育程度等变量上也都存在较大差异。

表 6 - 4 描述性统计

变量	观察值	均值	标准差	最小值	最大值
$Score1$	1 145	0.001	1.024	-1.023	2.614
$lnprofit$	1 145	8.099	1.866	0.007	11.189
$pratio$	1 145	0.886	0.214	0.001	1
$total\ income$	1 145	128 261.13	291 093.18	0	4 195 941
GDP	1 145	70 439.287	30 199.405	32 995	164 220
age	1 145	54.39	12.005	24	90
$health$	1 145	0.844	0.363	0	1

（续）

变量	观察值	均值	标准差	最小值	最大值
married	1 145	0.927	0.261	0	1
education	1 145	17.01	5.15	0	22
gender	1 145	0.853	0.354	0	1

6.4.2　多重共线性分析

在使用 OLS 之前，要先验证模型是否存在多重共线性。为了使实证分析结果更为稳健，接下来检验模型的多重共线性，多种共线性分析结果如表 6-5 所示。

表 6-5　多重共线性分析

变量	*VIF*	1/*VIF*
age	1.152	0.868
*score*1	1.132	0.884
GDP	1.073	0.932
gender	1.065	0.939
health	1.065	0.939
married	1.06	0.943
total income	1.055	0.948
education	1.047	0.955
Mean *VIF*	1.081	—

从结果来看，金融素养得分的 *VIF* 为 1.132，明显小于 10，控制变量各省人均 *GDP*、性别、婚姻、健康水平、受教育程度、总收入、年龄的 *VIF* 和 Mean *VIF* 也显著小于 10，说明模型不存在多重共线性问题，可以使用 OLS 模型进行回归分析。

6.4.3　OLS 回归分析

将风险资产投资收益、风险资产占比作为被解释变量，将金融素养作为核心解释变量分别进行回归分析，得到的结果如表 6-6 所示。

表6-6　多元回归分析

变量	(1) lnprofit	(2) lnprofit	(3) pratio	(4) pratio
score1	−0.619*** (0.052 3)	−0.660*** (0.050 2)	−0.065 6*** (0.006 00)	−0.075 4*** (0.005 75)
total_income	6.86e−07*** (1.78e−07)	—	−3.66e−08* (2.04e−08)	—
GDP	−6.90e−06*** (1.73e−06)		−1.13e−06*** (1.98e−07)	
age	0.008 26* (0.004 50)		0.000 568 (0.000 517)	
health	0.115 (0.143)		−0.023 0 (0.016 4)	
married	0.460** (0.199)		0.009 88 (0.022 8)	
education	0.010 6 (0.010 0)	—	0.001 30 (0.001 15)	
gender	0.486*** (0.147)		0.035 7** (0.016 9)	
Constant	6.930*** (0.394)	8.100*** (0.051 4)	0.896*** (0.045 2)	0.886*** (0.005 89)
Observations	1 145	1 146	1 145	1 146
R^2	0.172	0.131	0.170	0.131

注：***、**、*分别表示1%、5%、10%的显著性水平。

回归结果显示，金融素养对风险资产收益，和风险资产持有占比有负向影响且在1%的水平下显著，这一回归结果表明，金融素养的提高会抑制农户参与风险金融市场。随着农户金融素养水平的提高，农户会偏好于持有非风险资产而放弃持有风险资产。出现这种原因可能是由于农户的金融素养提高后，对于投资更为谨慎，农户为了降低自身的投资风险，而选择放弃持有风险资产，以减少自己的投资损失。风险资产收益下降，可能是由于农户金融素养提高，风险资产持有总量减少。但根据以往学者的研究，随着金融素养的提高，投资效率会增加，同时也意味着，随着农户所拥有的金融知识更多，在金融知识指导下投资产生的收益会更高。这与本章得出的实证结果不符，所以后文将继续探究金融素养对风险资产投资占比和投资收益是否有非线性关系。控制变量中的收入、婚姻、性别、年龄对投资收益有显著影响。各省的人均 GDP 对农户风险资产的持有和占比在 1％ 的显著性水平下有负向影响，也就是说，随着人均 GDP 的提高，农户不会选择投资更多的风险资产，而选择持有非风险资产。产生这种现象可能的原因在于，人均 GDP 的提高促进了消费，从而产生了对投资的挤出效应。

6.4.4　U 检验

在回归方程中引入金融素养得分的二次项，探究金融素养与风险资产投资占比和风险资产投资收益之间是否存在 U 型关系。

（1）金融素养与风险资产持有占比的 U 检验

score1 的取值范围为 ［－1.022 563，2.613 611］，检验结果如表 6－7 所示，该结果显示极值点为－1.998，极值点不在取值范围内，所以不能拒绝原假设，表明金融素养和风险资产持有占比之间不存在 U 型关系。

表 6－7　U 检验 1

极点：－1.997 611		
	下限	上限
区间	－1.023	2.614
斜率	－0.031	－0.145
95％极值点的 Fieller 区间：［－6.185 545 6；－1.026 831 2］		

（2）金融素养与风险资产投资收益的 U 检验

score1 的取值范围为 ［－1.022 563，2.613 611］，检验结果如表 6－8 所示，极值点为－0.592 655 9，极值点在金融素养得分的取值范围内，并且能够在 5％ 的统计水平上拒绝原假设，同时结果中斜率存在负号，因而可以认为金融素养和投资收益之间是倒 U 型关系。且在金融素养水平高于－0.59 时，金融素养的确与风险资产投资收益为负相关关系，该结论与前文研究结果一致。据此可得出结论，金融素养对农户群体的风险资产持有占比和风险资产收益都具有显著负向影响。造成农户金融素养和风险资产投资收益成负相关关系的原因可能是，农户金融素养越高，越偏好弱风险资产，风险低收益自然就低。此外，农户整体收入水平较低，在选择风险资产时没有足够的资金选择相对丰富的资产组合，从表6-9结果来看，87.51％的农户只拥有一种风险资产，资产组合过于单一，金融风险无法通过资产配置得到分散，风险资产的投资收益也随着金融素养水平的提升而下降。

表6-8　U检验2

极点：−0.5 926 559		
	下限	上限
区间	−1.023	2.614
斜率	0.286	−2.136
t 值	2.159	−10.750
$P>t$	0.016	0.000
95％极值点的 Fieller 区间：[−0.9 712 579；−0.3 526 534]		

表6-9　风险资产种类

风险资产拥有种类	频率	比例（％）	累计比率（％）
1	1 002	87.51	87.51
2	130	11.35	98.86
3	13	1.14	100.00
总计	1 145	100.00	—

6.4.5　稳健性检验

（1）替换因变量

本研究使用替换核心解释变量法来进行实证结果的稳健性检验。将金融素养直接加总得分作为核心解释变量进行回归分析，得到如表6-10所示的回归结果。该结果表明，金融素养对风险资产占比和风险资产收益有显著负向影响，这与前文回归结果一致，表明实证结果具有稳健性。

表6-10　稳健性检验

变量	(2) lnprofit	(3) pratio
score	−0.298*** (0.033 6)	−0.034 7*** (0.003 81)

（续）

变量	(2) *lnprofit*	(3) *pratio*
total income	6.86e - 07***	-3.56e - 08*
	(1.82e - 07)	(2.07e - 08)
prov_code	-7.70e - 06***	-1.19e - 06***
	(1.77e - 06)	(2.01e - 07)
age	0.012 2***	0.000 877*
	(0.004 60)	(0.000 522)
health	0.084 2	-0.024 8
	(0.147)	(0.016 7)
married	0.499**	0.014 0
	(0.204)	(0.023 1)
educ	0.012 2	0.001 48
	(0.010 3)	(0.001 17)
gender	0.488***	0.035 7**
	(0.151)	(0.017 1)
Constant	7.264***	0.940***
	(0.412)	(0.046 8)
Observations	1 145	1 145
R^2	0.130	0.145

注：***、**、*分别表示1%、5%、10%的显著性水平。

（2）分组回归

鉴于不同收入水平对农户金融资产投资的影响不同，本章以收入水平平均值为界限划分，低于平均值为低收入水平，高于平均值为高收入水平，分组进行回归分析。分组回归结果如表 6 - 11 所示，结果表明，无论在高收入群体还是低收入群体中，金融素养与风险资产持有占比和风险资产收益都在1%的显著性水平下呈负相关关系。该结论与前文研究结果一致，故实证结果具有稳健性。

表 6 - 11　分组回归结果

变量	(1) pratio (high)	(2) pratio (low)	(3) lnprofit (high)	(4) lnprofit (low)
score1	−0.065 5***	−0.065 0***	−0.616***	−0.616***
	(0.010 5)	(0.007 13)	(0.088 2)	(0.064 8)
total income	−2.11e−08	−8.91e−08**	6.76e−07***	7.05e−07**
	(2.68e−08)	(3.72e−08)	(2.26e−07)	(3.38e−07)
prov_code	−2.05e−06***	5.52e−07	−1.28e−05***	6.04e−06
	(4.27e−07)	(6.59e−07)	(3.60e−06)	(5.99e−06)
age	0.000 609	0.000 610	0.010 6	0.008 02
	(0.000 955)	(0.000 594)	(0.008 05)	(0.005 40)
health	−0.039 2	−0.017 2	0.234	0.040 9
	(0.035 5)	(0.017 3)	(0.299)	(0.157)
married	0.053 3	−0.023 5	0.667**	0.290
	(0.039 1)	(0.027 3)	(0.329)	(0.248)
education	0.001 72	0.001 27	0.015 9	0.008 48
	(0.002 12)	(0.001 30)	(0.017 8)	(0.011 9)
gender	0.031 3	0.038 2*	0.350	0.601***
	(0.028 6)	(0.020 3)	(0.241)	(0.185)
Constant	0.962***	0.835***	7.158***	6.423***
	(0.092 6)	(0.061 9)	(0.780)	(0.562)
Observations	458	687	458	687
R^2	0.175	0.145	0.182	0.156

注：***、**、*分别表示1%、5%、10%的显著性水平。

6.5　结论及对策建议

6.5.1　研究结论

本章以金融素养为切入点，研究金融素养对农户金融资产投资的影响。这是因为，在国家稳住农业基本盘、做好"三农"工作，接续全面推进乡村振兴、确保农业稳产增产、农民稳步增收、农村稳定安宁的背景下，研究农户金融资产投资行为对提升农户投资效率、提高农民收入有重要意义。首先，梳理了相关变量的度量标准、金融素养以及金融资产投资的相关研究成果，发现目前的研究大多停留在对居民家庭整体的研究，很少单独针对农户群体进行研究。并且已有的对农户群体的金融资产配置研究中，将投资性房产排除在风险资产外，所以，本章针对已有文献研究的不足做出了改进，补充并完善了已有研究成果。

在实证方面，本章利用 2019 年 CHFS 数据，从农户家庭风险资产持有占比和风险资产投资收益两个维度来研究农户金融资产投资行为。实证结果表明：①金融素养越高的农户风险资产的持有占比越小；②金融素养与风险资产投资收益之间具备倒 U 型关系，在农户金融素养极低时，金融素养水平和风险资产投资收益成正相关关系，随着金融素养的提高，金融素养水平和风险资产投资收益成负相关关系。结合实证研究结果分析，发现：①具备高金融素养的农户，通过相对丰富的金融知识了解到风险资产投资的高风险性，农户在一定程度上是风险厌恶性群体，具有风险规避潜能，在意识到风险投资的高风险性后会回避风险投资行为，使自身风险最小化。所以，农户会放弃风险金融资产的持有，而更多地持有非风险资产。②农户收入水平普遍偏低，能用于投资的资金更为有限，所以，农户能投资的风险资产种类较为单一，投资风险不能通过资产的有效配置而分散，投资收益减少。并且，由于农户的风险规避性，风险越低的金融资产能带来的收益越低。

6.5.2　对策建议

第一，提高农户整体的金融素养，使农户正确看待风险投资，改变农户的风险偏好。农户金融素养的提升需要从金融知识、金融技能、金融意识三方面开展。在金融知识提升方面，应将金融教育纳入国民农户素养建设体系。中国应该推广和普及金融教育，提高农民的金融素养和参与金融市场的能力和机会。在金融技能方面，应该强化技能培训。政府有针对性地设计培训内容和开设课程，重点是提高对信用、资金与风险配置核心功能的认知，弥合数字鸿沟。在金融意识上，通过农户发挥主观能动性，应积极学习金融知识，了解金融相关助农政策，了解金融投资带来的正面影响，加强自身的风险意识，正确看待风险投资，避免盲目从众带来不必要损失，并能通过有限的资金，选择更为丰富的资产组合方式，以分散投资风险，提升投资收益，从而促使农户积极参与投资，在实践中不断增强金融意识。

第二，金融机构加强金融产品的创新。面向农户群体，推出适合农户群体的金融产品，能够在满足农户的投资意愿时不用承受较高投资风险。首先，金融机构应该进行实地调研，深入农户群体，探究农户的投资意愿和投资偏好，推出适合农户的低风险金融产品。金融机构还应结合农户的收入情况，推出低门槛的金融产品，并且为了分散农户的投资风险，应该推出多样化的投资组合供农户选择。其次，金融机构在进行宣传时，应该考虑到农户总体金融素养偏低的情况，使用相对有趣易理解的方式进行宣传，不能生搬硬套枯燥的专有名词，使农户在有限的金融知识水平下能够更多地了解金融产品，这样才能增强农户购买金融产品的意愿。最后，应该提供更为便捷的金融产品购买渠道，比如线上购买服务，使农户能够在家中就完成产品购买，减少线下购买成本，农户才会更愿意参与投资。

第三，政府加强制度建设和监督管理体系建设。金融素养提升工程具有较大的社会效益和外部性，应被视为国家战略进行推动。政府及其相关职能部门应承担起主体责任，制定金融知识相关的技能培训与教育的短中长期规划，逐步推进落实；金融机构与新型经营主体是主要受益者，应主动参与这一进程，并承担部分成本。建立激励机制，提供金融素养提升与重诺守信的稳定收益预期，以金融生态优化降低金融交易的摩擦成本，增进社会福利。加强政府的监督管理体系，当农户进行相关经济行为，权益受到损害时，政府能及时采取补救措施，减少农户的经济损失以及心理伤害。

（本章撰稿人：李雨婷、孙维远）

第7章 金融素养对农户创业融资决策的影响 /////////////////////////////////

7.1 研究背景

中国是一个农业大国，农户是从事农业生产经营的主要主体，推动农户创业是实现农村经济增长的重要途径之一。各级政府纷纷出台各种扶持政策，目的就是促进农村居民创业从而带动就业。2016年中央发布支持返乡农民工和下乡人员创业创新的文件，为各级政府的政策制定提供战略方针。党的十九大报告提出，实施乡村振兴战略，大力推进农村创业活动，充分调动亿万农民的创业积极性。2019年中央1号文件指出，"支持建立多种形式的创业支撑服务平台，鼓励地方设立乡村就业创业引导基金"；2022年中央1号文件强调要促进农民就地就近就业创业，推进返乡入乡创业园建设，落实各项扶持政策。党的二十大报告指出，我国要全面建设社会主义现代化国家，最艰难最繁重的任务仍然在农村，我们需要做的是坚持农业农村优先发展。促进农村一二三产业融合发展，支持和鼓励农民就业创业，拓宽增收渠道。农户创业可以通过在生产、销售等农业活动中应用先进的科学技术以及转换经营方式，实现农业发展的新旧动能转换，推动农业领域的进步。另外，农户创业还可以促进当地农民就业情况，增加农民的财富，解决家庭生计问题和各种社会问题。因此，在城乡发展不平衡的背景下，农户创业是"三农"问题的有效解决途径。然而，由于信息不对称、信用担保体系不健全、风险管理体制缺失等，农户创业始终面临融资难、融资贵的问题，农户较难获得有效的金融服务，甚至得不到基本的金融服务，融资困难的问题依然严峻，制约着中国农户创业提档升级。因此，迫切需要深化农村金融产品和服务供给的创新。

创业在推进国家实现创新发展和经济高速增长方面作用显著，解决"三农"问题应该重视农户创业发挥的推动作用，金融素养能够促使个人做出正确的金融决策，成为个人和家庭实现财富积累的保障，农户通过创业行为实现家庭增收和生活富裕。但是，农户创业活力不足。由于一般农户金融知识欠缺、认知水平较低且金融知识的应用能力较弱，对风险认识不足，致使其参与金融市场的方式有限，尤其是在创业活动中无法判断自己真正需要的金融服务，无法合理选择金融服务方式。这在很大程度上降低了创业农户的金融可得性，并直接影响到农户创业绩效和农村经济发展。目前就创新创业而言，中央及地方出台了诸多支持政策，形成了创新创业的环境氛围。但我国农户依然存在活力不足、积极性不高的问题。外部环境已不再是农户创业的主要制约因素。木桶效应表明，限制整体发展的往往是最薄弱的部分。随着宏观环境持续发展、完善，微观层面的创业者知识储备却增长缓慢，进而影响农户要素可得，并逐渐成为制约创业的关键因素。因此，在乡村振兴阶段农民创新创业的大背景下，从提升金融素养角度探寻农户创业和融资的优化政策，有必要分析我国农户创业融资情况和融资决策影响因素，对社会资本、金融素养如何影响农户创业融资方式选择进行探究，从而提出针对性的政策建议，以期为政府部门制定农村金融政策提供参考借鉴。

本章的研究目的是探究金融素养对农户是否创业以及是否融资的影响，从创业者自身角度出发，研究农户创业融资决策的制约因素。一方面，为有创业意愿的农户提供参考；另一方面，为政府作出政策性决策提供建议，采取有效措施促进农户创业融资提供思路。具体可以分解为以下三点：①从理论上分析金融素养对农户创业融资决策的影响，探究金融知识和金融素养影响农户创业基本决策和融资决策的内在逻辑和机制；②构建农户金融素养的测度体系，对金融素养影响农户创业融资决策进行实证研究，明确金融素养与农户创业融资之间的相关性；③结合理论分析和实证分析，分别在宏观层面和微观层面提出促进农户金融素养提升与融资创业的政策性建议，为实现乡村振兴提供参考。

7.2 文献综述

创业需要资金的支持，能否跨越资金门槛成为农民是否选择创业的一个关键因素，金融素养可以帮助农户缓解融资约束，进而促进农户创业。Noctor等（1992）最早提出金融素养的概念，认为金融素养是指资金使用和管理的能力，这种能力使得居民做出明智的判断和决策。Dumitru - Cristion（2012）等指出金融素养主要由金融知识、金融技能和金融意识3个方面构成。尹志超等（2014）利用客观金融素养来代表农户的金融素养水平，侧重于通过设置金融基础知识的问答题，根据受访者回答情况使用虚拟变量进行赋值，使用因子分析法测算出得分。吴锟和吴卫星（2018）利用主观金融素养代表农户的金融素养水平，依据农户对于金融产品以及金融知识了解程度的自评情况打分，并将得分加总，但由于有的受访者过于乐观或是过于悲观，因而主观金融素养得分会存在严重高估或者低估的现象。张珩和刘澄清（2021）把金融素养划分为"知识与意识"、"技能和行为"与"态度"3 个层次，这 3 个层次不分主次且分别涉及客观认知层面、客观操作层面和主观认识层面。

尹志超等（2014）认为提高金融素养可以充分发挥人力资本效应，进而对创业行为产生直接影响。吴雨等（2016）认为金融知识的提升可直接优化农户获得信贷的渠道，进而增加农户融资的概率。Ćumurović 和 Walter（2018）研究发现金融素养水平的提升有利于改善居民的风险态度，积累对风险资产的投资经验，进而增强创业意识，激发创业激情和融资意愿。何广文（2019）认为资金是农户创业的必要条件之一，也是我国农户创业面临的首要问题。同时，王泽华（2019）也认为现阶段农户创业的热情水涨船高，创业群体也越来越多，但是农户的创业资金短缺，严重挫伤了农户创业的积极性，导致很多农户创业计划无法顺利开展。苏岚岚（2019）指出农户的金融素养具有创业绩效，表现为金融素养水平可显著增加农民创业的概率。秦浩钦（2020）研究发现个人的金融素养水平会改变其信贷约束和其融资渠道的偏好，进而促进个人的创业决策和融资决策，且金融素养对农户创业的促进效应比城市居民大。李泉（2021）认为金融素养的提升增加了农户创业的选择概率和融资概率，增加了家庭金融资产，改善了创业融资的约束，主要表现在增加正规信贷可得性方面。

陶维荣（2021）发现我国居民金融素养总体来看处于中等偏低水平，但居民金融素养水平均值表现为上升趋势，并且金融素养的提升会增加农户家庭总收入、工资性收入及财产性收入。王娜（2021）认为农户的金融知识掌握得越多，越有利于个人资金和个人金融应用能力的有效管理，还有利于带动我国农村整体金融素养的提高。金榕（2021）研究认为金融素养的提高对农村家庭创业有显著正向作用。

7.3 理论分析与研究假说

创业活动的开展离不开创业者、创业机会和创业资源三大基本要素的平衡与适配，创业者通过整合资源及机会开发实现创业目标。根据亚当·斯密提出的理性人理论可以推断当农户在选择是否创业前，需评估其能否让自身利益最大化，只有创业的回报达到一定的心理预期时，农户才会做出创业的决策。根据 Barney（1991）的资源基础理论，可知农户的收益与其掌握资源的稀缺性呈正相关关系，倘若农户拥有稀有且高质量有价值的创业资源，就有可能获得持续的创业优势和超额收益。金融素养作为这类创业者的重要人力资本，能为农户带来创业优势和超额收益，从而使农户实现自身利益最大化，进而促进农户选择创业、选择融资。

（1）金融素养对农户创业决策的影响

首先，农户创业的单位是农村家庭，金融素养又作为家庭成员的自身资源，会直接对创业者进行创业和融资所具备的金融知识技能和贷款态度产生影响。一般而言，拥有丰富的金融知识和技能与良好的借贷意识，有利于农户及时准确地根据自身情况抓住创业时机，有计划地开展创业行为。其次，金融素养水平的提升能够优化农户接收信息的质量，有利于增强农户对风险的识别能力并做出合理决策，提高其对高风险资产的接受度。创业被视为对未来进行的风险投资，农户若能接受通过承受一定风险来获得较为理想的收益，其创业积极性就会得到提高。综上，提出假说 1：金融素养的提高会促进农户创业。

（2）金融素养对农户融资决策的影响

金融素养能够通过增强农户的正规信贷可得性来促进创业（项质略等，2020）。金融素养水平的提高，能够弥补农户对正规信贷的认知偏差和认知不足，从而将潜在贷款需求转化为有效贷款需求，进而促进农户融资行为。综上所述，提出假说 2：金融素养的提高会促进农户融资。

7.4　研究设计

7.4.1　数据来源

本章使用的数据来源于 2019 年 CHFS。该调查采用三阶段分层与人口规模成比例（PPS）的科学抽样设计，旨在通过对个人、家庭和社区的跟踪追访，收集中国微观家庭金融相关信息。2019 年的调研样本覆盖我国 29 个省份，343 个区县，1 360 个村/居委会，最终搜集到 34 643 户目标样本，具有全国、省级和部分副省级城市代表性。本章借鉴已有文献，按如下步骤筛选和处理样本：保留受访者为户主的样本；剔除主要变量缺失的样本；最终得到 22 924 个农户样本。

7.4.2　变量选取

（1）被解释变量

被解释变量为农户是否创业和是否融资。通过对已有文献的梳理，本章选取农户创业决策和融资决策作为被解释变量的定义标准。其中创业决策通过询问"受访户是否从事创业经营工作？"判定，农户回答为"是"，则赋值为 1，判定该农户有进行创业行为，否则赋值为 0，判定为其没有进行创业行为。融资决策通过询问"是否正在申请贷款？"、"是否存在银行融资？"、"是否存在民间融资？"、"是否存在互联网农业性融资？"、"是否存在互联网商业性融资？"、"是否存在银行农业性循环融资？"和"是否存在银行商业性循环融资？"这 7个问题来判定，其中只要有一项回答"是"，则赋值为 1，判定农户进行融资行为，否则赋值为 0，判定其没有进行融资行为。

（2）解释变量

核心解释变量为金融素养。现阶段学术界上关于金融素养的定义以及衡量暂时还没有统一的标准，本章参考已有的文献，采用主成分分析法构建金融素养指标。如表 7-1 所示，从 CFPS 金融知识模块中选取了与金融素养相关的问题，共有 7 个变量。

表 7-1　解释变量的释义

指标	相关问题	虚拟变量赋值
金融素养	是否正确计算利率问题	是＝1；否＝0
	是否直接作答利率问题	是＝1；否＝0
	是否正确计算通货膨胀问题	是＝1；否＝0
	是否直接回答通货膨胀问题	是＝1；否＝0
	是否正确选择投资风险问题	是＝1；否＝0
	是否直接回答投资风险问题	是＝1；否＝0
	对金融知识的关注程度	1＝非常关注；2＝很关注；3＝一般；4＝很少关注；5＝从不关注

参考尹志超等（2014）的做法，本章利用构造的变量进行因子分析，再得分加总，以此代表农户金融素养。因子分析是为了从众多变量中提取具有代表性的公共因子，该方法需要原变量之间存在一定的相关关系。使用 KMO 和 Bartlett 球形方法对选取的问题进行相关性检验。

对农户金融素养进行因子分析之前，针对问卷数据进行检验，看是否能进行因子分析。在选取主成分分析的时候，发现对金融知识的关注程度这个变量的 uniqueness 的值是 0.882 6，大于 0.6，属于异常变量，因此剔除。重新进行检验。表 7-2 是剔除该变量之后的 KMO 值和 Bartlett 球形度检验结果。

表 7-2　KMO 值和 Bartlett 球形度检验结果

指标		数值
KMO 取样适切性量数		0.620
Bartlett 球形度检验	近似卡方	71 296.610
	自由度	15
	显著性	0.00

检验结果显示 KMO 值为 0.620，大于 0.5，表明选取的金融素养问题间具有较强的相关性；球形度检验统计量 P 值为 0.00，拒绝了相关系数矩阵是单位阵的原假设，说明数据适合进行因子分析。

接着，根据特征根大于 1 的标准提取到 2 个公共因子，但是累计方差贡献率才 72.91%，参照前人对金融素养测评的研究，公共因子的累计方差贡献率达到 80% 以上，大部分金融素养信息才得到体现。为满足累计贡献率要求，本章提取 3 个公共因子，分别是正确计算利率问题、正确计算通货膨胀问题和正确回答投资风险问题，累计方差贡献率达到 86.72%，说明提取的公共因子可以有效涵盖农户金融素养水平，最后计算出 3 个主成分的综合得分，具体公式为：(0.440 2×f1＋0.274 6×f2＋0.139 6×f3)/0.854 4。

（3）控制变量

通过梳理前人的研究，本章参考尹志超等（2014）、贾立和李铮（2021）已有的研究，将可能影响创业融资决策的个体特征和家庭特征作为控制变量。其中，个体特征选取户主的性别、年龄、婚姻状况和受教育程度；家庭特征包括车辆、住房、总收入以及家庭规模（表 7-3）。

关于农户性别。通常来说，在一个家庭中男性主要承担生计问题的责任，女性由于自身的生理特征，创业能力相比男性来说较弱。因此，在创业融资过程中，男性相较于女性具有更强的创业动机，进行创业融资的选择相对可能性更大。因此，选择性别作为控制变量之一。男性赋值为 1，女性赋值为 0。

表7-3　各变量描述性统计

变量类型	变量名称	变量符号	平均值	标准差	变量说明
被解释变量	是否创业	*Entre*	0.146 659	0.353 773	创业＝1；未创业＝0
	是否融资	*Financing*	0.039 173	0.194 01	融资＝1；未融资＝0
解释变量	金融素养	*F*	−0.098 4	0.547 242	因子分析所得
控制变量	性别	*Index*	0.504 079	0.499 994	男＝1；女＝0
	年龄	*Age*	52.495 73	17.363 54	
	婚姻状况	*Married*	0.778 704	0.415 129	已婚＝1；未婚＝0
	文化程度	*Education*	2.957 724	1.482 387	1＝没上过学；2＝小学；3＝初中；4＝高中；5＝中专/职高；6＝大专/高职；7＝大学本科；8＝硕士研究生；9＝博士研究生
	总收入	*Income*	65 621.46	696 138.8	实证分析中，lna5＝ln(1+a5)
	车辆	*Car*	0.265 093	0.441 393	拥有＝1；没有＝0
	住房	*House*	0.921 641	0.268 742	拥有＝1；没有＝0
	家庭规模	*Scale*	3.839 426	1.748 307	家庭成员数量

　　关于农户年龄。创业需要等待时机并积累一定的创业资源，因此通常随着年龄的增长，创业的可能性相对提高。叶俊杰等（2021）的研究结果表明，当创业者年龄在25～55岁之间时，年龄的增长显著促进创业者的创业积极性，而当创业者年龄大于55岁时，促进效果不明显。因此选择年龄作为控制变量之一。

　　关于农户的婚姻状况。一般而言，由于已婚创业者的家庭负担更大，提高生活水平的愿望更加强烈，因此创业和融资的动机更加明显。但是现有研究在相关问题上没有一致结论。因此本章选取婚姻状况作为控制变量之一。其中，未婚赋值为0，已婚赋值为1。

　　关于农户的文化程度。一般而言，文化程度越高，对创业以及融资的相关信息了解得也越多，创新创业致富的意愿和能力也越强，其对贷款投资收益的预期程度越高，对资金的需求愈发旺盛。因此，本章选取婚姻状况作为控制变量之一。其中，赋值情况如下：1＝没上过学；2＝小学；3＝初中；4＝高中；5＝中专/职高；6＝大专/高职；7＝大学本科；8＝硕士研究生；9＝博士研究生。

关于家庭资产。众所周知，创业资源是创业决策的三大基本要素之一，对创业决策具有一定约束。家庭总收入、车辆和住房是创业资源的重要组成部分，家庭总收入越高，家庭拥有车辆和住房等资产越多，创业的风险越小，创业的可能性越高。因此选取家庭总收入、车辆和住房作为控制变量。由于家庭总收入数额较大，故取对数。对拥有住房赋值为 1，否则为 0；拥有车辆赋值为 1，否则为 0。

关于家庭规模。一般而言，家庭人口人数越多，家里需要的开销支出也越大，在对生活物质和精神追求方面也会比人口规模小的家庭要高，因此选取家庭规模作为控制变量之一。

7.5　实证研究及结果

7.5.1　模型构建

考虑到农户创业决策和融资决策均是虚拟变量的特征，本章采用 Probit 二元模型检验金融素养对农户创业决策和融资决策的影响。

模型设定如下：

$$Entre_i = a_1 + a_2 F_i + \alpha_3 Controls_i + \varepsilon_i \qquad (7-1)$$

$$Financing_i = \beta_1 + \beta_2 F_i + \beta_3 Controls_i + \theta_i \qquad (7-2)$$

其中，$Entre$ 和 $Financing$ 分别表示农户创业决策和融资决策，F 表示金融素养，$Controls$ 表示控制变量。式（7-1）用于检验假说 1，即金融素养的提高有利于促进农户创业；式（7-2）用于检验假说 2，即金融素养的提高有利于促进农户融资来完成创业。

7.5.2　描述性统计

创业决策中，变量为是否创业，0 表示农户选择不创业，1 表示农户选择创业，该变量平均值为 0.146 659，表明大约有 14.67% 的受访农户选择创业。融资决策中，变量为是否融资，0 表示农户选择不融资，1 表示农户选择融资，该变量平均值为 0.039 173，表明大约只有 3.92% 的受访农户选择融资，该数据表明农户选择融资的意愿是很低的。金融素养为因子分析所得，最小值为 -0.458 988 1，最大值为 1.145 951。年龄均值为 52.495 73，标准差为 17.363 54，说明年龄的差异较大。婚姻状况 0 表示未婚，1 表示已婚，均值为 0.778 704，表明 77.87% 的受访农户已婚。文化程度 1 表示没上过学，9 表示博士研究生，由 1～9 表示农户文化程度依次递增，均值为 2.957 724，表明受访农户平均学历是初中水平，说明我国农村的教育水平偏低。农户一年总收入最小值仅为 1 元，平均值为 65 621.46 元，这数据揭示了我国农村发展的现状，整体已经实现了生活水平的提高，但依然存在发展不均衡不充分的问题。

7.5.3　实证结果

表 7 - 4 中，列（1）和列（3）为运用 Probit 模型检验的金融素养对农户的创业决策和融资决策的影响。根据回归结果显示，这两列解释变量金融素养的系数均在 1% 的水平下显著为正。列（2）、（4）是在列（1）、（3）基础上加入控制变量的回归结果，解释变量金融素养系数的显著性和影响方向并无明显变化，表明农户的金融素养与其创业决策和融资决策呈正相关关系。这可能是因为金融素养水平的提高使得农户获得更多更准确的创业信息和融资渠道，从而缓解创业需要的资金需求问题。

在控制变量中，农户的年龄、家庭规模、车辆、住房和总收入与农户的创业决策和融资决策都显著相关。农户年龄的回归结果呈显著负相关，说明农户年龄越大，创业的积极性越低，进行融资的可能性就越小；家庭规模在 1% 的显著性水平下显著为正，说明家庭成员越多的家庭，可能对资金的需求越大，并且获得的创业资源与社会资源越多，因此农户创业的积极性也将增大，融资的可能性也随之增大；车辆和总收入的回归结果呈显著正相关关系，说明一个家庭拥有一定的家庭资产，其创业融资的风险承受能力相对较强。但是住房的变量显著为负，可能是因为房屋是一个家庭主要的固定资产，是生活的保障，而建房成本上涨会挤占创业资金，抑制农户的创业行为。

综上所述，假说 1 和假说 2 均得到验证。

表 7 - 4　金融素养对农户创业融资的影响

变量	创业决策		融资决策	
	（1）	（2）	（3）	（4）
F	0.293***	0.084***	0.019***	0.116***
	(0.018)	(0.020)	(0.002)	(0.029)
$Index$	—	0.006	—	0.026
		(0.022)		(0.032)

（续）

变量	创业决策		融资决策	
	(1)	(2)	(3)	(4)
Age	—	−0.005***	—	−0.008***
		(0.001)		(0.001)
Married	—	0.070**	—	0.024
		(0.028)		(0.041)
Education	—	0.004	—	−0.030**
		(0.009)		(0.013)
Income	—	0.215***	—	0.067***
		(0.011)		(0.014)
Car	—	0.504***	—	0.404***
		(0.024)		(0.034)
House	—	−0.195***	—	−0.140**
		(0.039)		(0.058)
Scale	—	0.052***	—	0.077***
		(0.007)		(0.009)
Constant	−1.064***	−3.370***	−1.774***	−2.377***
	(0.01)	(0.132)	(0.015)	(0.175)
Oberservations	22 924	22 916	22 924	22 916

注：***、**、*分别表示在 1%、5%、10%的显著性水平下显著；括号内为稳健标准误。

7.5.4 异质性分析

（1）收入异质性分析

为了探究金融素养对我国不同收入阶层的农户创业融资的影响差异，本章参考蔡昕雨和杨定华（2022）的分位数回归的做法，将收入样本划分为低收入、中等收入和高收入 3 个分样本，同样采用 Probit 模型进行回归。检验结果如表 7-5。

由表 7-5 的检验结果可得，金融素养对中等收入和较高收入阶层农户的创业决策和融资决策的影响都呈显著为正，且对较高收入农户的影响较大；而对较低收入阶层农户的创业决策的影响在 5%的水平上显著为负，对融资决策不显著。究其原因，创业需要收入作为支撑，并且较高收入的家庭具备较强的风险承受能力,更愿意选择创业和融资,而在创业的过程中,金融素养水平的提升能够显著增加较高收入的农户获得创业资源和融资渠道的概率,因此,金融素养提升对较高收入农户的创业融资影响更大。另外,该结论不能证明金融素养对较低收入的农户融资决策产生影响。

表 7-5　收入异质性检验结果

变量	低收入		中等收入		高收入	
	(1)	(2)	(3)	(4)	(5)	(6)
	创业决策	融资决策	创业决策	融资决策	创业决策	融资决策
F	−0.332**	−0.167	0.202***	0.137**	0.062**	0.163***
	0.156	0.183	0.035	0.054	0.028	0.042
Controls	控制	控制	控制	控制	控制	控制
Constant	−1.406***	−2.094***	−1.816***	−2.016***	−0.705***	−1.216***
	0.369	−2.094	0.135	0.206	0.115	0.173
Observations	2 378	2 378	10 086	10 086	8 468	8 468

注:***、**、*分别表示在1%、5%、10%的显著性水平下显著;括号内为稳健标准误。

(2)家庭规模异质性分析

为了进一步探究金融素养对不同家庭规模农户的创业融资影响差异,本章参考曾之明等(2022)的方法,以家庭成员数 4 人为界限,将农户家庭规模分为小规模家庭和大规模家庭,分样本进行 Probit 回归,实证结果见表 7-6。

表 7-6　家庭规模异质性检验结果

变量	小规模家庭		大规模家庭	
	(1)	(2)	(3)	(4)
	创业决策	融资决策	创业决策	融资决策
F	0.107***	0.121***	0.018	0.057
	(0.026)	(0.040)	(0.031)	(0.043)
Controls	控制	控制	控制	控制
Constant	−3.599***	−2.838***	−2.467***	−1.069***
	(0.182)	(0.263)	(0.201)	(0.239)
Observations	15 191	15 191	7 725	7 725

注:***、**、*分别表示在1%、5%、10%的显著性水平下显著;括号内为稳健标准误。

根据表7-6的实证结果可知，金融素养对小规模家庭的农户创业融资决策影响显著为正，对大规模家庭的农户创业融资决策影响不显著。产生该结果的原因可能是，创业不仅需要个人能力和资金，还需要一定的社会资源，在农村地区集体所有产权制度的影响下，规模小的家庭分到较少的农耕田地、建房用地等资源，为了生计，小规模家庭的农户会选择创业这种增加财富、摆脱贫困处境的快速方法。因此，小规模家庭的农户有更强烈的意愿去创业、去融资。

7.5.5　稳健性检验

本章参考杨彩林（2022）使用3种方法进行稳健性检验的做法。第一种方法是核心变量替换法，将金融素养（F）替换为综合金融素养（SF），其中综合金融素养是通过对3个主成分因子的值进行求和得来的，用来代表农户的金融素养。第二种方法是更换回归模型法，由于此前选取的Probit回归分析方法可能会忽略某些信息，利用OLS模型重新对变量进行回归。第三种方法是缩小样本法，由于此前没有筛选农户的年龄，考虑到工作群体的年龄特征，现将样本选取农户的年龄缩小为18～65岁，这是农户有能力进行创业的年龄阶段。样本量从22 916个样本缩小为16 547个样本。稳健性结果如表7-7所示。

表7-7报告了三种稳健性检验的结果，其中（1）、（2）列为替换核心解释变量后的，（3）、（4）列为更换回归模型后的，（5）、（6）列为缩小样本方法后的。结果显示：核心解释变量的显著性、显著方向与基础回归结果基本一致，且均在1%的水平下显著为正。综上所述，本章的结论是稳健可靠的。

表7-7　稳健性检验

变量	替换核心变量		更换回归模型		缩小样本	
	创业决策	融资决策	创业决策	融资决策	创业决策	融资决策
	（1）	（2）	（3）	（4）	（5）	（6）
SF	0.025*** (0.008)	0.030*** (0.011)	—	—		
F	—	—	0.020*** (0.004)	0.009*** (0.002)	0.077*** (0.022)	0.110*** (0.031)
Control	控制	控制	控制	控制	控制	控制

（续）

变量	替换核心变量		更换回归模型		缩小样本	
	创业决策	融资决策	创业决策	融资决策	创业决策	融资决策
	（1）	（2）	（3）	（4）	（5）	（6）
Constant	−3.411***	−2.425***	−0.219***	0.002	−3.432***	−2.595***
	(0.132)	(0.174)	(0.025)	(0.014)	(0.138)	(0.175)
Observations	22 916	22 916	22 916	22 916	16 547	16 547

注：***、**、*分别表示在1%、5%、10%的显著性水平下显著；括号内为稳健标准误。

7.6　结论与建议

本研究基于 CHFS 2019 年的数据，运用 Probit 模型分析金融素养对农户创业融资的影响。研究发现，金融素养显著促进了农户的创业决策和融资决策，特别是对收入层次较高和小规模的家庭，其影响更为显著。基于研究结论，提出以下建议：

第一，实行差异化的金融素养提升策略。针对不同收入水平的农户，实施差异化的金融教育和培训计划。对于中高收入农户，重点在于提供高级金融知识和风险管理培训，帮助他们更好地理解和利用复杂的金融产品和服务。对于低收入农户，重点应放在基础金融知识的普及和简单金融工具的应用，以及如何通过金融手段改善他们的经济状况上。

第二，创业支持和风险管理。为高收入农户提供更多的创业资源和融资渠道，同时提供专业的风险管理咨询和服务。这可以帮助他们更好地评估和管理创业过程中的风险，充分利用他们较高的风险承受能力。

第三，针对低收入农户的特别支持。考虑到低收入农户在创业决策上的负向影响，政府和金融机构应提供特别的支持，如低息贷款、小额信贷、创业指导等，以降低他们的创业门槛和风险。

第四，增强金融普惠。通过推广金融知识，提高农户，尤其是低收入农户对金融服务的认知和使用能力。同时，鼓励金融机构提供更多适合农户需求的金融产品，特别是小额信贷和保险产品，以满足不同收入层次农户的需求。

第五，政策与监管框架。政府应建立和完善相关的政策和监管框架，以确保金融服务的公平性和可及性。同时，鼓励金融机构和非政府组织参与农村金融服务，特别是在低收入地区和农村社区。

上述建议，可以有效提升农户的金融素养，促进他们的创业决策和融资决策，从而在不同收入层次中产生积极的影响。

（本章撰稿人：侯润玉、邓艺）

第8章 金融素养对农地转入的影响及其 作用机制 //////////////////////////////////////

8.1 研究背景

2022 年中央 1 号文件指出，要落实工商资本流转农村土地审查审核和风险防范制度，开展农村产权流转交易市场规范化建设试点。这是在 2021 年中央 1 号文件的基础上，进一步细化了流转土地的用途监管，完善了土地经营权流转体系的建设。其主要目的在于，建立并健全土地流转制度，推动农业生产向适度规模经营不断迈进。当然，这一切都建立在"三权"分置制度的基础上。土地经营权的放活，有效地促进了土地利用效率提升，激发了农民转入土地的热情，推动了农业规模化经营的进一步发展。农地是农民的重要生产资料，农民又是乡村振兴的主体。农民通过转入农地，实现农业适度规模经营，是全面推进乡村振兴的有效途径之一。

长期以来的努力已经取得了初步成效，提高了农业适度规模经营水平，实现了农民增收。但也存在一些问题，例如农地整体流转水平仍然偏低（钱忠好、冀县卿，2016）。我国目前的农业生产经营方式，处于由以家庭为基本生产单位的小农经济转向多方主体参与、适度规模经营的过渡阶段。农民通过转入农地实现规模化经营的意愿，与农业机械化程度低、农资价格不断上涨和劳动力价格的攀升等现实情况存在矛盾。现有农地流转方式以有偿流转为主，农户资金缺口的问题逐渐严峻。

然而现实情况是，农户金融供需的矛盾点不在于金融供给的缺乏，而是缺乏有效的金融需求。受制于农户自身的金融素养水平，农户潜在的金融需求难以转化为实际的金融行为，最终导致供给与需求不匹配的现实困境。农地作为农户的重要生产资料，农地流转行为本质上属于家庭资产配置的组成部分。同时，农地流转规模的确定、土地租金的协商和流转合同的签订等环节也与农户的金融素养水平息息相关。金融素养是金融知识、金融技能和金融经验的有效集合，也是农户自身人力资本的重要组成部分。因此，提升金融素养水平，可以更加合理配置生产要素，做出更为理性的金融决策，提高自身的金融福祉。

基于此，本研究在理论分析基础上，进一步实证探究农户金融素养对农地转入决策和转入规模的影响，并引入正规信贷、风险态度—非正规信贷和家庭资产三条间接路径，试图发掘可能存在的具体影响机制，进而为提高农地流转水平，促进农业适度规模经营提出具有针对性的政策建议。

8.2 文献综述

农户金融素养的提升，可以有效地促进其参与到土地、劳动力和资本等要素市场中，增强要素的流动性，提高要素市场的发展水平。同时，在"人—地—钱"的要素市场作用机制下，金融素养成了重要的连接纽带。农民金融素养水平和要素流动相辅相成，金融素养水平促进了要素的流动，要素流动反过来又提高了农户的金融素养，最终形成了合则两利的崭新局面（苏岚岚和孔荣，2019）。在农地流转过程中，金融素养对农地转入的影响大于对农地转出的影响（Tan et al.，2022）。农地确权在这一影响过程中发挥了调节作用，有效地促进了农地转入行为（苏岚岚等，2018）。

我国农村家庭大多受到信贷约束的影响，农户金融知识是其中重要的影响因素。农户金融素养水平的提高，正向显著地影响了家庭正规信贷的需求，有力地促进农户申请和获得银行等正规金融机构的贷款，即农户金融素养越高，正规信贷可得性也随之提升，有效地促进了农户信贷约束问题的解决（宋全云等，2017）。金融排斥的存在，使得现有农地流转率远低于完全竞争市场下的水平，如何破解信贷难题就成为重中之重。信贷可以有效地推动农地的流转，且对农地转入规模的影响力高于对农地转入决策的影响力（侯建昀和霍学喜，2016）。然而，不仅是正规信贷会对农地流转产生正向显著影响，非正规信贷也发挥了同样的作用。同时，现有的农村正规信贷市场发展不充分和不完善等问题较为突出，使得在扩大农地转入规模的过程中，非正规信贷发挥的作用大于正规信贷（许泉等，2016）。由此看来，农户金融素养的不断提高，促进了其正规信贷和非正规信贷可得性的提升，有效地缓解了农户面临的金融排斥和信贷约束问题，最终正向显著促进了农地转入决策的实施和农地转入规模的增加（朱建军等，2020）。一般来说，金融素养越高，个人的风险承受能力也就越强（Awais et al.，2016）。其原因在于，金融知识的不断累积，提高了决策者的风险承受能力。在进行金融决策时，如果决策者认为自己缺乏有关的金融知识，会选择维持原状，这意味着其承受风险的能力较低。若决策者掌握的金融知识较为丰富，则更容易预测出金融决策的后果，其承受风险的能力也就越高，其金融决策的多样性也会随之提高（施喜容和孟德锋，2018）。农村风险规避手段的匮乏，使得大部分农户具有风险厌恶的特质，在农地流转过程中更倾向于采取保守行为（马小勇，2006），农户的风险意识负向显著影响了农地流转（李景刚等，2014）。同时，金融素养也是人力资本的重要组成部分，可以有效促进家庭财富的累积，提升家庭资产水平（Lusardi and Mitchell，2007）。其作用机制在于，金融素养的提升，有助于决策者优化家庭资产的组合，最终实现家庭资产的不断增加，从而将资产进一步的配置到生产经营性资产上（吴雨等，2016）。

8.3 概念界定与理论基础

8.3.1 概念界定

（1）金融素养

金融素养的概念最早在 1992 年被提出，研究者将其定义为个人对资产和财富进行有效管理的判断和决策能力（Noctor et al.，1992）。然而就金融素养的具体内涵，国内外学者尚未达成一致，并在后续研究中，根据侧重点的不同，为其赋予了更为丰富的内容。具体来看，可以归纳为 3 个方面，即知识层面、应用层面和意识层面。首先是知识层面的金融素养。相关研究认为如果个人具备一定的金融素养，那么其应该掌握经济和金融相关的原理和基本概念，至少在一定程度上有所了解（Cutler and Devlin，1996）。其次是应用层面的金融素养。在知识层面掌握和了解基本原理和概念的基础上，还能够将其应用在个人的金融行为中（Moore，2003）。最后是意识层面的金融素养。可以划分为事前和事后两个阶段。在个体进行金融决策前，具有充分收集和学习相关信息和知识的敏感性。在进行金融决策时，能够在一定程度上对决策可能产生的后果进行预测，以及对可能产生的风险收益状况进行评估（Mason and Wilson，2000）。因此，在前人研究的基础上，本研究将金融素养定义为：个体决策者在金融决策过程中，能够正确认识相关的金融知识，将其应用到决策中，且能够合理评估风险和收益的一种能力。

（2）农地与农地转入

农地这一词汇的概念较为宽泛，通常情况下认为是农业用地的简称，有些时候也被认为是农村土地的简称。根据《中华人民共和国土地管理法》和《中华人民共和国农村土地承包法》的相关内容，我们将农地限定为农业用地。其具体含义为，在农业生产过程中，被直接或者间接利用的土地类型，包括耕地、园地、林地、草地和各种水面等，也包括农业生产中所使用的道路和各类与农业生产有关的建筑所占用的土地。在 CHFS 问卷中，涉及农地转入的农户转入的农地类型绝大多数为耕地。因此，在本研究中我们将不再严格区分农地和耕地，且在后文中也不再赘述这一问题。

家庭联产承包责任制的实施，极大地解放和提高了农业生产力，激发了广大农民的生产热情和积极性。然而随着时代的发展与进步，以家庭为基本生产单位的家庭联产承包责任制阻碍了农业的进一步发展，小规模的农业生产经营格局亟须改变。1984 年，中央 1 号文件首次提出了鼓励农地流转。在党中央的号召下，地方政府也采取了各种积极手段，包括但不限于农地流转补贴的发放和农村土地流转市场的设立。但整体来看，这一阶段的成果较小，农村土地流转并未很好地展开，农村土地流转市场也未得到较好发展。针对这些问题，2013 年中央 1 号文件和党的十七届三中全会再次强调，促进农地承包经营权流转，建立健全农村土地流转市场的有关政策。鼓励农户在自愿有偿的基础上，依照相关法律和有关规定，对具有承包经营权的农地进行流转，提高农业产业规模化经营程度。2014 年 9 月，中央全面深化改革委员会第五次会议指出，在农村土地所有制归属于集体的前提下，将原有的承包经营权分离为承包权和经营权，形成"三权"分置的新局面，实施"三权"分置的重点是放活经营权，核心要义是明晰赋予经营权应有的法律地位和权能，促进经营权流转，这为农业规模化经营注入了新的活力。农地的"三权"分置有利于各类农业新型经营主体的培育与壮大，有利于提高农业现代化发展水平。农地流转可以划分为转入和转出两个部分，本研究中的农地转入，是指农户通过多种方式获得农地的承包权，以实现农业生产的适度规模化经营。

8.3.2 理论基础

（1）计划行为理论

计划行为理论最早在 1991 年被提出，是在理性行为理论的基础上拓展得来的。理性行为理论认为，人的行为在多数情况下并不是自愿的，而是处于某种控制之下产生的，即受到个人的行为态度和主观规范的影响（Fishbein and Ajzen，1980）。在此基础上，进一步将现有理论进行扩充，将"行为控制认知"这一崭新的概念纳入其中，最终初步形成了计划行为理论的框架（Ajzen，1985）。

Ajzen（1991）提出的计划行为理论，涵盖五大核心要素：态度、主观规范、知觉行为控制、行为意向以及行为。其中，"态度"指个体对特定行为持有的积极或消极评价，反映了个体对该行为的主观判断。"主观规范"则描述在做出行为决策时，个体感知到的社会期望压力，或是在预测他人行为时，特定人群或团体对个体行为决策的影响。"知觉行为控制"分为经验和对潜在障碍的预期两个维度，个体拥有的经验和资源越丰富，其面对阻碍的可能性越小，从而知觉行为控制力度也越强。"行为意向"与"行为"紧密相关，前者指个体对采取某行为的预期意愿，后者则是实际行动的体现。影响行为的诸多因素，包括态度、主观规范和知觉行为控制等因素，并非直接作用，而是通过行为意向这一中介变量产生影响。在一般情况下，个体对特定行为的态度和主观规范越积极，其行为意向也相应更强。当态度、主观规范和知觉行为控制均呈正向时，行为意向也呈现正向趋势，并随这些因素的增强而增强。与常规理论不同，理性行动理论认为，个体对行为的意志控制存在两个极端：完全意志控制和无意志控制。而大多数个体的行为处于这两个极端之间。因此，要准确预测非完全意志控制下的行为，必须考虑到"知觉行为控制"这一关键要素。

在本研究中，正规信贷行为和农地转入决策与规模也受其自身知觉行为控制影响。农户的金融素养越高，其对银行等正规信贷有关政策的理解也就越强，也拥有对预期风险的评估能力，因而其知觉行为控制能力也就越强，促进了农地转入决策和规模。同时，风险态度作为一种独特的行为态度，是农户受到过往经历等一系列因素的影响，在面对风险决策时所产生的正面或负面感觉。正面感觉越强，表明农户是一位风险偏好者；负面感觉越强，表明农户是风险厌恶者。农户的金融素养水平，影响了自身对待风险和非正规信贷的态度。农户金融素养水平的提高增强了自身的知觉行为控制，促进了农地转入的决策，扩大了农地转入的规模。最后，金融素养水平的提高通常伴随着金融知识、金融技能和金融经验的提升，其在资产配置过程中，也更容易获得较高的收益，提升其家庭财富，为农地转入提供了丰富的资金基础。农户对农地转入的知觉行为控制增强，自然改变了其对待农地转入的行为意向，最终转化为实际上的转入和扩大转入规模的行为。

（2）认知偏差理论

认知偏差理论是心理学与金融学学科交叉而来的全新理论，是行为金融学的一部分，使得传统金融学得到了进一步发展。该理论主要内容是，认知偏差使得个体在进行决策时，并不是一个完全理性人，而是在有限理性的基础上，对具体情况进行判断和处理。因此产生错误的认知，最终导致错误或者有偏差的决策结果，这是与古典和新古典经济学的预测行为相悖的。当然，除了有限理性这一影响因素，有限注意力、有限认知和外部环境等也是重要的影响因素（Tversky and Kahneman，1972）。一般而言，认知偏差可以分为三种特殊情况：代表性认知偏差、可得性认知偏差和锚定效应。

首先，代表性认知偏差指的是个体在进行决策时，会依赖过往发生的类似事件，相信可能会再次出现。因此在进行决策时，极易受到过往经历或代表性事件的影响，而忽略了样本的总体情况和环境。也可以理解为，个体决策者在进行可能性估计时，极易被事件的代表性特征所吸引，忽略掉了样本的其它具体状况，最终导致判断和行为决策出现偏差。其典型事件也被人们所熟知，正是赌徒谬误。以抛硬币为例，假设抛硬币这个事件本身是公平的，那么正面和反面向上的概率各是50%，连续两次是正面的概率为25%，向后可以依次类推。假设我们已经连续 N 次抛出了正面，那么处于赌徒谬误中的决策者就会认为，下一次抛出正面的概率不是50%。显而易见，处于赌徒谬误中的决策者陷入了严重的认知偏差。因为我们假设硬币是公平的，即正面向上和反面向上的概率永远是相同的，恒为50%。因此，无论我们将硬币抛出多少次，下一次出现正反面的概率永远相同。而处于赌徒谬误中的决策者错误地认为，多次抛硬币得出的概率是以第一次抛硬币作为参照标准的。但每一次抛硬币都是相对独立的事件，并不会受到既往事件的干扰。

其次是可得性偏差，也称为易得性偏差，指的是个体决策者更容易通过认识上的可得性这一途径，来对事件进行判断和决策。以投资者为例，其更容易或者说更加注重自己目前所拥有的和容易获得的信息资料，忽略了其他可能更有用的信息，最终导致判断和决策出现一定的偏差。主要原因在于，受到自身记忆能力、知识水平和行为习惯等因素影响，在进行判断和决策时，对自身熟悉和显而易见的内容赋予较高的权重，忽视了其他可能存在的关键信息。

最后是锚定效应，指的是个体在进行判断和决策时，将较大的信息权重赋予了第一印象或者信息，并在随后的判断和决策过程中受到其支配。受到锚定效应的影响，不同决策者可能会产生不同的锚定点，偏差也就由此产生了。在本研究中，农户受限于自身的金融素养水平，容易产生不同程度上的认知偏差，影响农地转入决策和规模。当然，正规信贷、风险态度、非正规信贷和家庭资产一系列间接途径也会对农地转入决策和规模产生影响。

（3）金融排斥理论

20 世纪 90 年代以来，伴随着信息技术的不断发展，以及全球化趋势的出现，各国金融业踏入了崭新时代。同时，大萧条和金融危机的发生，也使得银行业改变了以往的发展策略，更为关注价值最大化和高质量发展。随着市场的不断细分，逐步将"劣质"的用户群体分离出去，也关闭了大批农村地区的金融服务机构。与此同时，作为一种地理概念，金融排斥理论在 1993 年被提出。大批农村地区金融机构的关闭，使得农村地区金融机构的密度远小于城镇地区，农村地区金融机构的服务能力降低，金融机构的分布出现了鲜明的地理特征。农村地区金融机构密度和服务能力的下降，使得农户在参与金融活动时，要付出更高的成本，金融排斥就此产生（Leyshon and Thrift，1993）。

金融排斥是一个自强化的过程，其因果关系难以界定，目前公认的维度指标共计 6 个，分为地理排斥、评估排斥、条件排斥、价格排斥、营销排斥和自我排斥（Kempson and Whyley，1999）。地理排斥指的是，金融服务接受者与金融机构之间的距离是影响其接受金融服务的主要因素，且排斥性与距离大小同方向变动；评估排斥指的是金融机构根据一定标准，设置提供服务的门槛，以此来对服务接受者进行筛选；条件排斥指的是金融机构在提供金融服务时，会额外增加一些限制性条件，以此对目标群体进行筛选；价格排斥指的是在进行金融服务之前，金融机构预先设置较高的服务价格，使得被排斥者难以接受，以此实现排除的目的；营销排斥指的是金融机构在对目标客户进行筛选的过程中，有选择性地将部分收入水平较低或缺少抵押物的个人排除；自我排斥指的是某些人受自身特征、风险态度和金融素养等因素的限制，无法有效参与金融市场。

金融排斥现象的影响因素众多，对国内农户而言，可以归纳为两个方面。一方面，受限于自身的经济状况等一系列因素，大部分农户无法满足银行类金融机构的基本门槛条件而被排斥在服务之外；另一方面，普遍较低的金融素养水平使得农户呈现出自我排斥的状况。农户缺乏对正规信贷产品和金融政策的了解，难以积极主动地参与到正规信贷活动中。此外，受限于较高的信贷成本，银行等正规信贷机构提供的金融服务难以有效覆盖贫困地区和贫困农户，加剧了金融排斥现象。

8.4 农户金融素养的测度与分布

8.4.1 农户金融素养的测度

既往研究在测度金融素养的过程中，主要分为主观评价法和客观评级法。但主观评价法受限于问卷受访者自身对待金融素养的评价态度，存在较强的主观性，一定程度上歪曲了客观结果（Guiso and Jappelli，2008；Xia et al.，2014）。因此，为测度农户具体的金融素养状况，本研究借鉴并改进了传统的测度方法。使用探索性因子分析法，从金融知识、金融技能和金融经验3个方面构建农户金融素养的具体指标（尹志超等，2014；邢大伟等，2022；Lusardi et al.，2017；贾立等，2021），具体情况见表8-1。

表8-1　金融素养测度指标体系

变量名称	问卷问题表述
金融知识	您平时对经济、金融方面的信息关注程度如何？
	您是否上过经济或金融类课程（含临时性培训）？
金融技能	您认为一般而言，股票和基金哪个风险更大？
	假设银行的年利率是4%，把100元存1年定期，1年后获得的本金和利息为多少？
	假设银行的年利率是5%，通货膨胀率每年是3%，把100元存银行一年之后能够买到的东西将更多还是更少？
金融经验	目前，您家是否有未到期的人民币定期存款（包括定期存单）？
	目前，您家是否拥有银行理财产品？

值得注意的是，问卷受访者在回答金融素养的相关问题时，错误的回答和"无法回答"所代表的金融素养水平并不相同（Rooij et al.，2011）。错误的回答代表样本对象对该问题具有一定程度的了解，但存在一定偏差，最终导致了错误的答案。而当回答者表明"无法回答"时，说明样本对象对该问题缺乏一定的了解，与回答错误相比，更加缺乏金融素养。

因此，针对上述农户金融素养指标的问题进行重新赋值，以期科学评判每个问卷问题。具体赋值情况如下：

问题1：您平时对经济、金融方面的信息关注程度如何？

样本农户对经济和金融方面信息的关注程度，体现了其对待金融的态度。样本农户日常对经济和金融相关信息的关注程度越高，越体现其在金融素养提升过程中的积极态度，进而更容易汲取信息内的相关知识，最终实现金融素养的提高。在具体操作过程中，将"非常关注"这一回答赋值为 4；"很关注"赋值为 3；"一般"赋值为 2；"很少关注"赋值为 1；"从不关注"赋值为 0。

问题 2：您是否上过经济或金融类课程（含临时性培训）？

受访者的经济或者金融类课程经历，丰富了其投资选择、经济形势判断和风险规避等一系列的经济/金融知识，在一定程度上有助于其金融素养的提升，即使是临时性的培训。在变量赋值过程中，将"是"赋值为 1；"否"赋值为 0。

问题 3：您认为一般而言，股票和基金哪个风险更大？

此题意图考察受访者在进行金融投资品选择时，对产品风险强度的理解与把握。一般来说，股票的投资风险是高于基金的。股票是投资者个人的投资选择，收益与否极易受到个人金融素养、市场波动和宏观经济环境等的影响。而基金由基金经理等专业投资者进行操作，一般来说，其金融素养远高于个人投资者，具有较强的抗风险和收益能力。在赋值过程中，将"股票"赋值为 3；"基金"赋值为 2；"没有听说过基金"或"没有听说过股票"赋值为 1；"两者都没有听说过"赋值为 0。

问题 4：假设银行的年利率是 4%，把 100 元存 1 年定期，1 年后获得的本金和利息为多少？

该问题意图考察受访农户在进行银行定期存款等相关投资时，计算到期收益的能力。如果可以正确计算出到期利息，则证明受访农户具有一定的金融知识。即使回答错误，也在一定程度上证明了受访农户的金融知识水平，只是受限于某些因素，如对利率计算标准的不熟悉等，给出了错误的答案。而回答"算不出来"，则表明其对具体金融知识的不重视，进一步阻碍了其对金融素养知识的获取，最终抑制了金融素养的提升。在赋值过程中，将"等于 104"赋值为 2；"小于 104 元"或"大于 104 元"赋值为 1；"算不出来"赋值为 0。

问题 5：假设银行的年利率是 5%，通货膨胀率每年是 3%，把 100 元存银行一年之后能够买到的东西将更多还是更少？

通货膨胀率是经济学名词，一般是指物价总水平在一年内的上涨幅度，具体表现为货币购买力的下降。在本题中，存款利率为 5%，高于通货膨胀率的 3%，因此实际利率为 2%，一年后取出来的本息和为 102 元，购买力上升。农户若能够正确计算并理解该类问题，则有利于配置其家庭资产，获得更高的金融收益。在具体操作中，将"比一年前多"赋值为 2；"比一年前少"和"跟一年前一样多"赋值为 1；"算不出来"赋值为 0。

问题 6：目前，您家是否有未到期的人民币定期存款（包括定期存单）？

定期存款或定期存单是指存款方与银行在约定存款时确定好存款期限和存款利率，并在到期后进行本息的支取行为；当然也有例外情况，若存款人提前需要资金，可以在市场上流通交易某些特定的定期存款。但有些定期存单并不能进行交易，如果存款人需要在到期前支取定期存款，则需要向银行缴纳一定的手续费。相较于现金和活期存款，定期存款具有一定的稳定性，其利率也高于活期存款，适宜缺乏投资经验的农户进行家庭资产配置。在赋值过程中，将"是"赋值为 1；"否"赋值为 0。

问题 7：目前，您家是否拥有银行理财产品？

银行理财产品是由商业银行发行的，针对不同客户群体设计并销售的资金管理计划。商业银行接受顾客的委托，对其提供的资金进行合理配置并取得收益，最终的利润和风险分配方案由双方按照约定进行。相较于定期存款（定期存单），银行理财产品不具有保本保息的特性，因而风险较大。且根据投资者风险承受能力的不同，银行理财产品还分为不同风险等级。在具体操作中，将"是"赋值为 1；"否"赋值为 0。

在此基础上，本研究使用上文构建的 7 个虚拟变量进行因子分析，使用最大方差法提取 3 个共同因子：金融知识因子、金融技能因子和金融经验因子。因子分析的目的是通过个别因子去尽可能多地解释全部变量所提供的信息，以此探寻样本数据的结构。首先使用 KMO 检验和 Bartlett 球形检验判断上述问题是否适合进行因子分析。如表 8 - 2 所示，样本数据测度的 KMO 值等于 0.677，说明各变量之间存在相关性，符合因子分析要求，可以使用因子分析法（Kaiser and Rice，1974）。Bartlett 球形检验的近似卡方值是 4 298.707，对应的显著概率 P 值为 0.000，显著小于 0.05，说明 Bartlett 球形检验拒绝零假设，因此，选取的 7 个变量之间具有相关性，可以做因子分析。

表 8 - 2　KMO 检验和 Bartlett 检验

指标		数值
KMO 值		0.677
Bartlett 球形度检验	近似卡方	4 298.707
	df	21
	P	0.000***

注：***、**和*分别代表 1%、5%和 10%的显著性水平。

由表8-3以及因子提取信息量情况分析可知，因子分析共提取出3个因子，其旋转后的方差解释率分别是25.023%、17.082%和15.336%，旋转后累积方差解释率分别为25.023%、42.105%和57.441%。

表8-3　方差解释率

| 因子 | 总方差解释 | | | | | |
| | 旋转前方差解释率 | | | 旋转后方差解释率 | | |
	特征根	方差解释率（%）	累积方差解释率（%）	特征根	方差解释率（%）	累积方差解释率（%）
1	1.981	28.302	28.302	175.162	25.023	25.023
2	1.022	14.605	42.908	119.575	17.082	42.105
3	1.017	14.534	57.441	107.352	15.336	57.441
4	0.935	13.358	70.799	—	—	—
5	0.808	11.536	82.335	—	—	—
6	0.724	10.337	92.672	—	—	—
7	0.513	7.328	100	—	—	—

从表8-4可得，所提供的问卷问题对应的共同度值均高于0.4，意味着问题项和因子之间有着较强的关联性，因子可以有效地提取出信息。最终对浓缩出来的3个因子分别命名为金融知识因子、金融技能因子和金融经验因子。

表8-4　因子载荷系数表

| 因子 | 旋转后因子载荷系数 | | | 共同度（公因子方差） |
	金融技能	金融知识	金融经验	
1	0.359	0.581	0.025	0.467
2	−0.074	0.864	−0.003	0.752
3	0.538	0.329	0.151	0.421
4	0.806	0.033	0.090	0.658
5	0.807	0.015	−0.020	0.651
6	0.157	−0.010	0.623	0.414
7	−0.053	0.048	0.808	0.658

表8-5为因子分析中，根据载荷系数等信息生成的主成分权重分析结果，

其计算公式为方差解释率/旋转后累积方差解释率。因子分析的权重计算结果如表 8-5 所示，金融技能因子的权重为 43.563%、金融知识因子的权重为 29.739%、金融经验因子的权重为 26.698%，其中指标权重最大的为金融技能因子（43.563%），最小的为金融经验因子（26.698%）。

表 8-5　因子权重结果

名称	旋转后方差解释率（%）	旋转后累计方差解释率（%）	权重（%）
金融技能	25.023	25.023	43.563
金融知识	17.082	42.105	29.739
金融经验	15.336	57.441	26.698

　　成分矩阵表（表 8-6）说明了各个成分所包含的因子得分系数（主成分载荷），最终计算出成分得分，得出主成分公式，即金融素养（因子分析）＝(0.25/0.574)×金融技能因子＋(0.171/0.574)×金融知识因子＋(0.153/0.574)×金融经验因子。

表 8-6　成分矩阵表

因子	成分		
	金融技能	金融知识	金融经验
1	0.181	0.568	0.024
2	−0.037	0.845	−0.003
3	0.272	0.322	0.149
4	0.407	0.032	0.089
5	0.407	0.015	−0.019
6	0.079	−0.01	0.613
7	−0.027	0.047	0.794

8.4.2　农户金融素养的分布

　　在第 2 章变量的描述性统计中，我们报告了农户金融素养的整体分布情况。在本章，我们从多个角度分别考察农户金融素养的分布特征，包括农户受教育年限、性别和所属地区 3 个方面。值得注意的是，本章针对整体样本进行讨论，不区分农地转入的决策和规模。

　　我们先将农户金融素养进行四等分，以观测不同金融素养水平下，农户受教育水平的分布特征，具体结果如表 8－7 所示。以低水平组为例，农户金融素养的取值范围为 [－0.798，－0.607)。其中，受教育年限为 0 年的农户共计 371 个，所占比重为 19.8%；受教育年限为 6 年的农户共计 865 个，所占比重为 46.2%；受教育年限为 9 年的农户共计 507 个，所占比重为 27.1%；受教育年限为 12 年的农户共计 126 个，且所占比重为 6.7%；受教育年限为 14 年的农户共计 4 个，所占比重为 0.2%；受教育年限为 16 年的农户数量为 0。金融素养低水平组的农户样本量共计 1 873 个，由于我们对总样本进行了四等分处理，因此各组之间不存在较大差异。剩余三组情况以此类推，此处不再一一赘述。

　　具体来看，随着农户金融素养的不断提升，其高学历所占比重也在不断上升，大致以 9 年（初中）为分界线。在金融素养低水平组中，受教育年限为 0、6 和 9 年的农户所占比重分别为 19.8%、46.2% 和 27.1%。相对的，在次低水平分组中，受教育年限为 0、6 和 9 年的农户所占比重分别为 12.7%、43.4% 和 35.8%。在中水平分组中，这一比重分别为 7.6%、39.3% 和 42.2%。在高水平组中，受教育年限为 0、6 和 9 年的农户所占比重达到了 4.6%、30.0% 和 46.0%。但即使在高水平分组中，也有 4.6% 和 30.0% 的受访农户处于未上过学和小学阶段。因此，虽然金融素养和受教育年限之间存在较强的相关性，但其具体的因果关系还有待进一步深入研究。

表 8－7　按户主受教育年限分类的金融素养分布状况

变量	取值范围	受教育年限（年）						N
		0	6	9	12	14	16	
fl	[－0.798，－0.607)	371 (19.8%)	865 (46.2%)	507 (27.1%)	126 (6.7%)	4 (0.2%)	0 (0.0%)	1 873
	[－0.607，－0.178)	259 (12.7%)	887 (43.4%)	731 (35.8%)	156 (7.6%)	5 (0.2%)	4 (0.2%)	2 042
	[－0.178，0.476)	147 (7.6%)	756 (39.3%)	811 (42.2%)	201 (10.5%)	6 (0.3%)	2 (0.1%)	1 923
	[0.476，6.83]	91 (4.6%)	598 (30.0%)	919 (46.0%)	341 (17.1%)	36 (1.8%)	11 (0.6%)	1 996
	N	868	3 106	2 968	824	51	17	7 834

　　此外，本研究将户主性别进行了分类，具体结果如表 8－8 所示。首先，

以低水平组来看，家庭户主为女性的样本共计 228 个，所占比重为 12.2%；家庭户主为男性的样本共计 1 645 个，所占比重为 87.8%。其次，是次低水平组，家庭户主为女性的样本共计 206 个，所占比重为 10.1%；家庭户主为男性的样本共计 1 836 个，所占比重为 89.9%。再次，是中水平组，家庭户主为女性的样本共计 144 个，所占比重为 7.5%；家庭户主为男性的样本共计 1 779 个，所占比重为 92.5%。最后，是高水平组，家庭户主为女性的样本共计 170 个，所占比重为 8.5%；家庭户主为男性的样本共计 1 826 个，所占比重为 91.5%。具体来看，农户金融素养的水平越高，其户主为女性的可能性也随之降低。但无论金融素养水平如何，仍然是男性户主占据了主导地位。

表 8-8　按户主性别分类的金融素养分布状况

变量	取值范围	性别		N
		女	男	
	$[-0.798，-0.607)$	228 (12.2%)	1 645 (87.8%)	1 873
	$[-0.607，-0.178)$	206 (10.1%)	1 836 (89.9%)	2 042
fl	$[-0.178，0.476)$	144 (7.5%)	1 779 (92.5%)	1 923
	$[0.476，6.83]$	170 (8.5%)	1 826 (91.5%)	1 996
	N	748	7 086	7 834

最后，我们将受访农户的归属省份划分为东中西部地区，以此进行特征分析，具体结果如表 8-9 所示。首先，是低水平组，受访户属于东部地区的样本共计 570 个，所占比重为 30.4%；受访户属于中部地区的样本共计 706 个，所占比重为 37.7%；受访户属于西部地区的样本共计 597 个，所占比重为 31.9%。其次，是次低水平组，受访户属于东部地区的样本共计 579 个，所占比重为 28.4%；受访户属于中部地区的样本共计 801 个，所占比重为 39.2%；受访户属于西部地区的样本共计 662 个，所占比重为 32.4%。再次，是中水平组，受访户属于东部地区的样本共计 561 个，所占比重为 29.2%；受访户属于中部地区的样本共计 727 个，所占比重为 37.8%；受访户属于西部地区的样本共计 635 个，所占比重为 33.0%。最后，是高水平组，受访户属于东部地区的样本共计 593 个，所占比重为 29.7%；受访户属于中部地区的样本共计 744 个，所占比重为 37.3%；受访户属于西部地区的样本共计 659 个，所占比重为 33.0%。整体来看，不同金融素养水平分组间，并未存在较大的地区差异，这在一定程度上也印证了样本抽样的合理性。

表 8 - 9　按户主所属地区分类的金融素养分布状况

变量	取值范围	地区			N
		东	中	西	
fl	[−0.798，−0.607)	570 (30.4%)	706 (37.7%)	597 (31.9%)	1 873
	[−0.607，−0.178)	579 (28.4%)	801 (39.2%)	662 (32.4%)	2 042
	[−0.178，0.476)	561 (29.2%)	727 (37.8%)	635 (33.0%)	1 923
	[0.476，6.83]	593 (29.7%)	744 (37.3%)	659 (33.0%)	1 996
	N	2 303	2 978	2 553	7 834

8.5　研究设计

8.5.1　数据来源

本章研究的数据来源为 CHFS 2015 年调查所得。2015 年的追踪调查共覆盖了全国 29 个省份，351 个区县，1 396 个村/居委会，家庭样本规模为 37 289 户，个人样本达 133 183 个。CHFS 包含了丰富的微观家庭金融数据，便于本研究有效地测度农户具体的金融素养水平，提供了有关农地流转的各种详细信息，以及受访个体和家庭的各类详细特征，为理清农户金融素养对农地转入的影响和作用机制提供了有力的数据支撑。对家庭数据和个人数据进行合并匹配，以及变量清洗后，分析农地转入决策时得到有效的研究样本共计 7 834 个，分析农地转入规模时得到有效的研究样本共计 1 509 个。在本章的后续内容中，我们将进行详细的变量介绍、变量描述性统计与实证模型构建。

8.5.2　变量选取

（1）被解释变量

本章研究农户金融素养对农地转入的影响，因此将"农地转入决策"和"农地转入规模"设置为被解释变量。判断农户是否做出转入土地的决策，主要依据是该问题："目前，您家是否转入耕地？"。如果农户回答"是"，那么记为 1，否则记为 0。针对农户土地转入的规模，如果在上一个关于农地转入决策的问题中，农户给出的回答是 1，那么就会跳转到下一个问题，即"转入耕地面积是多少？"。在变量的操作过程中，我们将回答的实际面积（亩）取自然对数后纳入模型。

（2）解释变量

本章研究在既往学者的研究基础上，从金融知识、金融技能和金融经验3个方面构建并测度农户金融素养水平，选取了与之密切相关的7个问题，使用探索性因子分析法提取出金融知识、金融技能和金融经验3个公因子，最后得出主成分公式，并依此计算出每个农户的具体金融素养水平。

（3）中介变量

正规信贷是根据2015年CHFS中有关农业信贷的问题，通过询问受访者"目前，您家是否因农业生产经营活动有尚未还清的银行/信用社贷款？"来判断农户是否通过正规信贷途径有借款尚未还清。若农户回答为"是"，则赋值为1，表示农户仍存在尚未还清的银行/信用社贷款，否则赋值为0（表8-10）。

非正规信贷同样根据2015年CHFS中有关农业信贷的问题，通过询问受访者"除了银行/信用社贷款以外，目前您家是否因农业生产经营有尚未还清的民间借款？"来判断农户是否通过非正规信贷途径有借款尚未还清。此处的民间借款指的是从受访农户的亲朋好友，以及民间金融组织等非正规信贷途径获得的借款。若农户回答为"是"，则赋值为1，表示农户仍存在尚未还清的民间借款，否则赋值为0。

根据CHFS中有关受访农户主观态度和金融知识的问题，询问农户"如果您有一笔资金用于投资，您最愿意选择哪种投资项目？"，农户回答与赋值对应关系如下："高风险、高回报的项目"赋值为1；"略高风险、略高回报的项目"赋值为2；"平均风险、平均回报的项目"赋值为3；"略低风险、略低回报的项目"赋值为4；"不愿意承担任何风险"则赋值为5。

（4）控制变量

本研究的控制变量主要分为三大类，户主特征变量（年龄、年龄平方项、婚姻状况、受教育年限、性别和健康程度）、家庭特征变量（劳动时间、耕地面积、家庭规模、少儿占比和劳动力占比）和地区特征变量（所属地区）（表8-10）。

具体来看，年龄变量为户主受访当年的具体年龄，个人问卷中提供了受访者的出生年份，可以直接计算得出具体年龄。年龄平方项指将受访者年龄进行平方处理，将其纳入模型的目的在于分析是否存在正U型和倒U型关系，即随着受访户主年龄的增加，其对农地转入决策/规模的边际影响如何变化，是先增后减，还是先减后增。关于受访户主的婚姻状况，我们在变量处理过程中，以事实婚姻为主要依据，将未婚、分居、离婚和丧偶赋值为 0，将已婚和同居赋值为 1。按照现行学制将受访者的文化程度转化为受教育年限，未上过学为 0 年，小学为 6 年，初中为 9 年，高中、中专和职高为 12 年，大专和高职为 14 年，大学本科为 16 年。户主性别为女性的赋值为 0，男性则赋值为 1。受访者的健康程度则是一个主观变量，由受访者自行判断与同龄人相比，自己目前的身体状况；非常好赋值为 1，好赋值为 2，一般赋值为 3，不好赋值为 4，非常不好赋值为 5。劳动时间为受访者家庭成员平均从事农业生产经营月数，直接纳入回归模型。耕地面积指的是，受访者家庭目前具有承包经营权或使用权的实际耕地面积。所属地区为受访者目前省份的所在地区，将东部地区赋值 1，中部地区赋值为 2，西部地区赋值为 3。家庭规模为受访者所属家庭的总人口数。少儿占比为受访者所属家庭中，低于 14 岁的儿童所占的比重，计算方式为少儿人数/家庭总人数。劳动力占比为受访者所属家庭中，年龄处于 16 到 65 岁的家庭成员所占比重，计算方式为劳动力人数/家庭总人数。

表 8-10　变量定义

变量类型	变量	变量名称	变量定义
被解释变量	农地转入决策	*inland*	是＝1；否＝0
	农地转入规模	*lnland*	转入面积（自然对数）
核心解释变量	金融素养	*fl*	因子分析所得
中介变量	正规信贷	*fc*	目前是否因农业生产有银行贷款：是＝1；否＝0
	非正规信贷	*ifc*	目前是否因农业生产有民间借款：是＝1；否＝0
	风险态度	*risk*	如果您有一笔资金用于投资，您最愿意选择哪种投资项目？1＝高风险、高回报的项目；2＝略高风险、略高回报的项目；3＝平均风险、平均回报的项目；4＝略低风险、略低回报的项目；5＝不愿意承担任何风险
控制变量	家庭资产	*lnasset*	家庭总资产（自然对数）
	年龄	*age*	户主年龄
	年龄平方	*age²*	年龄的平方项
	婚姻状况	*mar*	0＝未婚、分居、离婚和丧偶；1＝已婚和同居
	受教育年限	*edu*	户主受教育水平：0＝未上过学；6＝小学；9＝初中；12＝高中（含中专/职高）；14＝大专/高职；16＝大学本科

（续）

变量类型	变量	变量名称	变量定义
控制变量	性别	*gender*	户主性别：0＝女性；1＝男性
	健康程度	*health*	与同龄人相比，现在的身体状况如何？1＝非常好；2＝好；3＝一般；4＝不好；5＝非常不好
	劳动时间	*labort*	家庭成员平均从事农业生产经营月数
	耕地面积	*area*	实际调查值（亩）
	所属地区	*region*	省份所在地区：1＝东部；2＝中部；3＝西部
	家庭规模	*num*	家庭总人数
	少儿占比	*co*	少儿人数/家庭总人数
	劳动力占比	*la*	劳动力人数/家庭总人数

8.5.3 模型构建

（1）Probit 模型

本研究的目的是探寻农户金融素养对农地转入的影响和作用机制，农地转入包括是否转入和转入面积。考虑到被解释变量农地转入决策，即是否转入农地为二值虚拟变量，采用 Probit 模型进行估计。具体模型设定情况如下：

$$inland_i = \alpha_0 + \alpha_1 fl_i + \alpha_2 x_i + \varepsilon_i \qquad (8-1)$$

其中 *inland* 为 0-1 型二值虚拟变量，若农户作出转入农地的决策时取 1，未作出农地转入决策则为 0。*fl* 为农户的金融素养水平，具体数值由探索性因子分析法计算得出。*x* 为控制变量，包括户主个人特征、家庭特征和地区特征。ε 为随机扰动项。

（2）线性回归模型

在农户金融素养对农地转入规模的影响中，存在大量未转入农地的农户。但本研究主要研究对象为已转入农地的农户，因此并未使用左侧受限值为 0 的 Tobit 模型，而是采用了普通线性回归模型，并用 OLS 法进行了估计。模型设定如下：

$$lnland_i = \beta_0 + \beta_1 fl_i + \beta_2 x_i + \mu_i \qquad (8-2)$$

其中 *lnland* 为农地转入面积的自然对数。*fl* 为农户的金融素养水平，具体数值由探索性因子分析法计算得出。*x* 为控制变量，包括户主个人特征、家庭特征和地区特征。μ 为随机扰动项。

（3）中介效应模型

本研究采用 Bootstrap 法进行中介作用分析，探究农户金融素养影响农地转入过程中，正规信贷、风险态度、非正规信贷和家庭资产发挥的中介作用。作为 Sobel 法的有效替代，Bootstrap 法具有更高的检验效能，得到了广泛应用（温忠麟和叶宝娟，2014）。不同于常规标准误的计算方法，Bootstrap 法进行多次随机放回抽样，因而具有较强的稳健性。在本研究中，次数设置为5 000 次。乘积系数法检验法的基本模型如下：

$$land = a_0 + a_1 fl + a_2 x + e_1 \tag{8-3}$$

$$M = b_0 + b_1 fl + b_2 x + e_2 \tag{8-4}$$

$$land = c_0 + c_1 fl + c_2 M + c_3 x + e_3 \tag{8-5}$$

其中，$land$ 为农地转入（包括转入决策和转入规模），fl 为农户金融素养，M 为各中介变量，x 为控制变量，e 为随机扰动项。式（8-3）为农户金融素养对农地转入决策和规模的回归分析，目的为得到总效应 a_1 值。式（8-5）在式（8-3）的基础上加入了中介变量作为解释变量进行回归分析，目的是得到直接效应 c_1 值及中间效应过程值 c_2。式（8-4）是农户金融素养对各中介变量的回归分析，其目的是得到中间效应过程值 b_1。b_1 与 c_2 的乘积即为中介效应值，若其在 Bootstrap 法中，抽样计算得到的 95% 水平下的置信区间不包括 0，则表明中介效应成立。

8.6　实证分析

8.6.1　描述性统计

关于农地转入决策，各变量的描述性统计如表 8-11 所示。在被解释变量农地转入决策中，转入农地和未转入农地的比例分别为 80.661% 和 19.339%，样本量分别为 6 319 户和 1 515 户。针对核心解释变量农户金融素养，最小值为 -0.798，最大值为 6.830，这表明农户之间的金融素养水平存在一定差距。但中位数和标准差分别为 -0.178 和 0.789，数据的离散程度不高，不存在较大的波动。户主年龄的最小值和最大值分别为 19 和 97，均值和中位数分别为55.850 和 55.000，差距较小。针对受访户主的婚姻状况，已婚和未婚的比例分别为 91.639% 和 8.361%，样本量分别为 7 179 和 655，可见绝大部分受访户主处于婚姻状态中。

表 8 - 11　农地转入决策描述性统计

变量名称	最小值	最大值	平均值	标准差	中位数
inland	0.000	1.000	0.193	0.395	0.000
fl	−0.798	6.830	−0.000	0.789	−0.178
age	19.000	97.000	55.850	11.290	55.000
age²	361.000	9 409.000	3 246.708	1 268.353	3 025.000
mar	0.000	1.000	0.916	0.277	1.000
edu	0.000	16.000	7.177	3.230	6.000
gender	0.000	1.000	0.905	0.294	1.000
health	1.000	5.000	2.834	0.990	3.000
labort	0.100	12.000	6.925	3.700	6.000
area	0.300	75 000.000	112.313	1 638.118	5.000
region	1.000	3.000	2.032	0.787	2.000
num	1.000	20.000	4.218	1.863	4.000
co	0.000	0.750	0.031	0.077	0.000
la	0.050	1.000	0.549	0.313	0.500

　　关于受访户主的受教育年限，未上过学（0 年）的占比为 11.080%，共计 868 户；小学（6 年）的占比为 39.648%，共计 3 106 户；初中（9 年）的占比为 37.886%，共计 2 968 户；高中/中专/职高（12 年）的占比为 10.518%，共计 824 户；大专/高职的占比为 0.651%，共计 51 户；大学本科的占比为 0.217%，共计 17 户。受教育年限的平均数和中位数分别为 7.177 和 6.000，可见绝大部分受访户主的受教育水平处于小学和初中阶段。受访户主的男女性别占比分别为 90.452% 和 9.548%，样本量分别为 7 086 和 748，绝大部分样本家庭的户主为男性。

　　关于受访户主的身体状况，认为自己与同龄人相比，处于"非常好"的占比为 9.663%，共计 757 人；处于"好"的占比为 25.428%，样本量共计 1 992；处于"一般"的占比为 41.128%，共计 3 222 人；处于"不好"的占比 19.454%，共计 1 524 人；处于"非常不好"的占比 4.327%，共计 339 人。其均值和中位数分别为 2.834 和 3.000，可见在对自身的身体状况进行评估时，大部分户主均认为自己的身体状况处于"好"和"一般"之间。

　　受访者家庭的劳动时间，即家庭成员平均从事农业生产经营月数。其最小值和最大值分别为 0.100 和 12.000，均值、标准差和中位数分别为 6.925、3.700 和 6.000。可见，各家庭在劳动时间上存在着一定差异，但整体波动较小。针对受访者家庭的耕地面积，其最小值和最大值分别为 0.300 和 75 000.000，均值、标准差和中位数分别为 112.313、1 638.118 和 5.000。耕地面积的整体离散程度较高，均值和中位数之间存在较大差异，大部分家庭的农业规模化经营处于较低水平。关于受访农户所在省份的所属地区，处于东部地区、中部地区和西部地区的占比分别为 29.397%、38.014% 和 32.589%，样本量分别为 2 303、2 978 和 2 553。样本量总体分布较为均匀，不存在较大的地区差异。针对受访者的家庭规模，其最小值和最大值分别为 1.000 和 20.000，均值、标准差和中位数分别为 4.218、1.863 和 4.000。可以观察到，家庭规模平均为四口之家。关于受访者家庭的少儿占比，其最小值和最大值分别为 0.000 和 0.750，均值、标准差和中位数分别为 0.031、0.077 和 0.000。该变量的离散程度较高，大部分家庭的少儿占比处于较低水平。最后是受访者家庭的劳动力占比，其最小值和最大值分别为 0.050 和 1.000，均值、标准差和中位数分别为 0.549、0.313 和 0.500。

关于农地转入规模，各变量的描述性统计如表 8-12 所示。在被解释变量农地转入规模中，其最小值和最大值分别为 -1.609 和 10.915，均值、标准差和中位数分别为 1.785、1.460 和 1.609。核心解释变量农户金融素养，其最小值为 -0.798，最大值为 4.996，可见，各农户之间的金融素养水平存在一定差距。但中位数和标准差分别为 -0.034 和 0.805，表明数据离散程度较小，不存在较大波动。户主年龄的最小值和最大值分别为 22 和 86，均值和中位数分别为 53.886 和 53.000，说明数据波动不大。关于受访者的婚姻状况，已婚和未婚的比例分别为 95.030% 和 4.970%，样本量分别为 1 434 和 75，绝大部分受访者属于已婚状态。

针对受访者的受教育年限，未上过学（0 年）的占比为 10.272%，共计 155 户；小学（6 年）的占比为 39.629%，共计 598 户；初中（9 年）的占比为 40.292%，共计 608 户；高中/中专/职高（12 年）的占比为 9.019%，共计 136 户；大专/高职（14 年）的占比为 0.597%，共计 9 户；大学本科（16 年）的占比为 0.199%，共计 3 户。受教育年限的平均数和中位数分别为 7.201 年和 9.000 年，因此，大部分受访户主的受教育水平为小学或初中。受访者的男女性别占比分别为 93.307% 和 6.693%，样本量分别为 1 408 和 101，绝大部分样本家庭的户主为男性。

针对受访者的身体状况，认为自己与同龄人相比，处于"非常好"的占比为 11.597%，共计 175 人；处于"好"的占比为 24.586%，样本量共计 371 人；处于"一般"的占比为 41.882%，共计 632 人；处于"不好"的占比 18.025%，共计 272 人；处于"非常不好"的占比 3.910%，共计 59 人。其均值和中位数分别为 2.781 和 3.000，可见在对自身身体状况进行评估时，大部分受访者都认为自己的身体状况处于"好"和"一般"这两个水平上。

受访者家庭的劳动时间，即家庭成员平均从事农业生产经营月数。其最小值和最大值分别为 0.500 和 12.000，均值、标准差和中位数分别为 7.265、3.596 和 6.000。可见，各家庭在劳动时间上存在着一定差异，但整体波动不大。针对受访者家庭的耕地面积，其最小值和最大值分别为 0.500 和 75 000.000，均值、标准差和中位数分别为 206.740、2 804.913 和 6.000。耕地面积的数据波动较大，均值和中位数之间存在较大差异，可见大部分家庭的农业规模化经营处于较低的水平。关于受访农户所在省份的所属地区，处于东部地区、中部地区和西部地区的占比分别为 21.206%、43.141% 和 35.653%，样本量分别为 320、651 和 538。样本量总体分布均匀，不存在较大的差异性问题。针对受访者的家庭规模，其最小值和最大值分别为 1.000 和 17.000，均值、标准差和中位数分别为 4.339、1.788 和 4.000。关于受访者家庭的少儿占比，其最小值和最大值分别为 0.000 和 0.500，均值、标准差和中位数分别为 0.033、0.079 和 0.000。该变量的离散程度较高，表明大部分家庭的少儿占比处于较低水平。关于受访者家庭的劳动力占比，其最小值和最大值分别为 0.100 和 1.000，均值、标准差和中位数分别为 0.544、0.248 和 0.500。

表 8-12　农地转入规模描述性统计

变量名称	最小值	最大值	平均值	标准差	中位数
$lnland$	-1.609	10.915	1.785	1.460	1.609
fl	-0.798	4.996	0.092	0.805	-0.034
age	22.000	86.000	53.886	10.483	53.000
age^2	484.000	7 396.000	3 013.523	1 151.811	2 809.000
mar	0.000	1.000	0.950	0.217	1.000
edu	0.000	16.000	7.201	3.117	9.000
$gender$	0.000	1.000	0.933	0.250	1.000
$health$	1.000	5.000	2.781	0.999	3.000

（续）

变量名称	最小值	最大值	平均值	标准差	中位数
labort	0.500	12.000	7.265	3.596	6.000
area	0.500	75 000.000	206.740	2 804.913	6.000
region	1.000	3.000	2.144	0.740	2.000
num	1.000	17.000	4.339	1.788	4.000
co	0.000	0.500	0.033	0.079	0.000
la	0.100	1.000	0.544	0.248	0.500

8.6.2　基准回归分析

（1）农地转入决策

农户金融素养对农地转入决策影响的回归结果如表 8-13 所示，并在表 8-14 中报告了回归系数的边际效应值。在对所有变量进行控制后，金融素养对农地转入决策的回归系数为 0.096（如表 8-13 所示，$z=4.496$，$p=0.000<0.01$），在 1% 统计水平上正向显著。农户金融素养的提升，可以显著促进农地转入决策。其边际效应值为 0.026，即农户金融素养每增加一个单位，农地转入的可能性上升。同时，相对于具有高金融素养的农户，处于低水平金融素养的农户具有较强的边际效用，即低金融素养的农户更容易提升其金融素养，以促进农地的转入。除了核心解释变量以外，年龄、婚姻状况、受教育水平、性别、劳动时间、耕地面积和地区等控制变量也对农地转入决策存在显著影响。

年龄的回归系数值为 0.040，并且在 1% 的统计水平上显著（$z=3.303$，$p=0.001<0.01$），这意味着年龄会对农地转入决策产生正向显著的影响。年龄的边际效应值为 0.011，即年龄增加一个单位，农地转入的可能性会增加。同时，年龄的平方项也在 1% 的统计水平上具有显著性（$z=-4.265$，$p=0.000<0.01$）。年龄平方项的回归系数值为 -0.000，意味着农户年龄在影响农地转入决策的过程中，最终会呈现倒 U 型关系。具体来看，在年龄曲线增长之初，农户年龄的增加会造成农地转入概率的增加；但曲线达到峰值后，则会呈现下降趋势，即农户年龄的增加会导致农地转入概率的降低。可能原因在于，农户年龄处于壮年期时，家庭劳动力资源较为充足，农业经营处于蓬勃发展阶段，其农地转入的概率更大。而当户主逐渐进入中老年期，甚至是老年期时，其农地转入的概率变小。伴随着农业规模化发展进入瓶颈期，抑或

是成熟期，会显著抑制其转入意愿。同时，家庭财富的不断积累也可能在一定程度上"挤出"农地转入决策，因为农业产业高风险低回报的特性，农户可能将其资产配置到其他收益更高的项目。

婚姻状况的回归系数值为 0.231，并且在 1% 的水平上具有显著性（$z=3.303$，$p=0.001<0.01$），这意味着婚姻状况会对农地转入决策产生正向显著影响。具体来看，处于婚姻状态的农户转入农地的可能性更强。作为决策者的户主，在婚后承担了主要的经济责任，需要承担维持家庭正常运转，以及抚养后代和赡养老人的义务。因此，具有较强的农地转入意愿，促进了农地转入决策的实施。

受教育年限的回归系数值为 -0.022，并且在 1% 的水平上具有统计学的显著性意义（$z=-3.853$，$p=0.000<0.01$）。针对受教育年限对农地转入决策的负向显著影响，应解读其边际效应系数。其边际效应值为 -0.006，意味着受教育年限每增加一个单位时，农地转入的可能性会下降。该类现象的发生，与农业本身具有的弱质性是分不开的。农业生产经营极易受到自然和市场带来的双重冲击影响，且对冲风险的能力较差，较为脆弱。同时，农业生产的较低回报率，进一步导致了资金和人才的逐渐外流。教育是人力资本构成的主要因素，农户受教育年限越高，越具有将其变现的能力，更加倾向于"逃离"农业生产活动。

性别的回归系数值为 0.215，且在 1% 的水平上具有统计学意义（$z=3.425$，$p=0.001<0.01$），即性别会对农地转入决策产生正向显著影响。从回归结果来看，相较于女性户主，男性户主转入农地的意愿更强。可能原因在于，性别差异带来的农业生产力差距影响到了农地转入的决策。由于自身的生理特性，男性相较于女性通常具有更强的农业生产力，因而更加倾向于农地的转入。风险态度等一系列因素对农地转入决策带来的影响都值得继续深入探究。

健康程度的回归系数值为 -0.027，但是并没有呈现出统计学上的显著性意义（$z=-1.556$，$p=0.120>0.1$），也就意味着户主自身的身体健康程度并不会对农地转入决策产生影响。可能原因在于：一是伴随着农业机械化程度的提高，农业社会化服务的不断发展，农业生产对劳动力的依赖程度逐步下降；二是该问题由受访农户自身判断得出，因而具有一定的主观性，可能存在偏误。

劳动时间的回归系数值为 0.022，并且在 1% 的水平上具有统计学意义

($z=4.819$，$p=0.000<0.01$），即劳动时间会对农地转入决策产生正向显著影响。其边际效应值为 0.006，意味着家庭成员平均从事农业生产经营的月数每增加一个单位时，农地转入的可能性会上升。家庭成员平均从事农业生产经营的月数在一定程度上代表了家庭成员的农业生产力，考虑到农业机械化程度偏低以及农业社会化服务发展不够充分，农业生产在一定程度上属于劳动密集型，因此，对劳动力仍存在一定量的需求。

耕地面积的回归系数值为 0.000，且在 10% 的水平上具有统计学意义（$z=1.919$，$p=0.055<0.1$），即耕地面积会对农地转入决策产生正向显著影响。可能原因在于，农户进行农业规模化经营的意愿较为强烈，其现有的耕地面积越大，农地转入的可能性越高。

地区的回归系数值为 0.126，且在 1% 的水平上具有统计学意义（$z=5.864$，$p=0.000<0.01$），即农户所属地区会对农地转入决策产生正向显著的影响。观察该变量回归结果可知，相较于东部地区，中部地区和西部地区的农户更倾向于转入农地。地区产业结构和社会分工等差异可能导致东部地区的农户更多地向收益更高的工商业流动，而中西部地区的部分农户受限于某些原因，选择继续从事农业生产经营。然而随着城乡户籍制度的取消，以及交通便利度的提高，中西部的农户也拥有更多的就业机会，逐步向第二产业和第三产业转移。根本原因，除了农业机械化程度和社会化服务水平的提高外，也与国家整体产业结构的转型密不可分。

家庭规模的回归系数值为 0.014，但并不具有统计学上的显著性意义（$z=1.254$，$p=0.210>0.1$），即家庭人口数不会对农地转入决策产生显著影响。随着产业结构的整体转型与发展，农户以往依赖农业生产经营去维持家庭生活的格局逐渐被打破，专业化的分工使得农户可以相对自由地选择自己的职业。在此基础上，家庭规模对农地转入决策影响的重要性也就逐渐弱化了。

少儿占比的回归系数值为 -0.061，同样不具备统计学上的显著性意义（$z=-0.269$，$p=0.788>0.1$），即家庭少儿占比不会对农地转入决策产生显著影响。家庭少儿占比不显著的原因也与家庭规模类似，家庭少儿占比越高，意味着家庭劳动力数量越少，需要承担较为沉重的抚养义务。然而农村家庭对农业生产经营的依赖度逐渐降低，并向二三产业转移。

劳动力占比的回归系数值为 0.080，也不具备统计学上的显著性意义（$z=1.283$，$p=0.199>0.1$），即家庭劳动力占比不会对农地转入决策产生显著影响。与上述两个变量类似，家庭劳动力占比同样不具备对农地转入决策的影响力。可能原因在于：一是农业生产经营对劳动力的依赖程度下降；二是劳动力向收益更高的项目转移。

综上分析可知，核心解释变量农户金融素养对农地转入决策存在正向显著影响。年龄、婚姻状况、性别、劳动时间、耕地面积和地区差异同样对农地转入决策存在正向显著影响，年龄平方项和受教育水平对农地转入决策存在负向显著影响，但健康程度、家庭规模、少儿占比和劳动力占比并不会对农地转入决策产生显著影响。

表 8 - 13　农地转入决策基准回归结果

变量	回归系数
fl	0.096***
	(4.496)
age	0.040***
	(3.303)
age^2	−0.000***
	(−4.265)
mar	0.231***
	(3.303)
edu	−0.022***
	(−3.853)
$gender$	0.215***
	(3.425)
$health$	−0.027
	(−1.556)
$labort$	0.022***
	(4.819)
$area$	0.000*
	(1.919)
$region$	0.126***
	(5.864)
num	0.014
	(1.254)

（续）

变量	回归系数
co	−0.061
	(−0.269)
la	0.080
	(1.283)
常数项	−2.281***
	(−6.762)
N	7 834
R^2	0.041

注：***、**、*分别表示1%、5%、10%的显著性水平。

表 8-14　农地转入决策基准回归的边际效应

变量	边际效应	标准误	*z* 值	*p* 值
fl	0.026***	0.006	4.508	0.000
age	0.011***	0.003	3.306	0.001
age^2	−0.000***	0.000	−4.272	0.000
mar	0.057***	0.016	3.636	0.000
edu	−0.006***	0.002	−3.860	0.000
gender	0.053***	0.014	3.730	0.000
health	−0.007	0.005	−1.557	0.120
labort	0.006***	0.001	4.834	0.000
area	0.000*	0.000	1.920	0.055
region	0.034***	0.006	5.890	0.000
num	0.004	0.003	1.254	0.210
co	−0.016	0.060	−0.269	0.788
la	0.021	0.017	1.284	0.199

注：*表示 $p<0.1$，**表示 $p<0.05$，***表示 $p<0.01$。

（2）农地转入规模

农户金融素养对农地转入规模影响的回归结果如表 8-15 所示。在对所有变量进行控制后，金融素养对农地转入决策的回归系数为 0.156（$t=3.543$，$p=0.000<0.01$），即该变量在 1% 统计水平上具有显著性意义。农户金融素

养的提升，可以显著促进农地转入的规模。具体来看，农户金融素养每增加一个单位，农地转入规模会上升。农户的金融素养越高，越容易通过正规信贷手段获得资金，进而增加农地转入的规模。同时，金融素养的提升，可能会带来财富效应，家庭资产的增加，最终也可能会促进农地转入规模增大。除核心解释变量外，受教育水平、劳动时间、耕地面积、家庭规模和劳动力占比、地区差异等控制变量也对农地转入规模存在显著影响。

年龄的回归系数值为 -0.025（$t=-0.984$，$p=0.325>0.1$），不具有统计学上的显著性意义，即年龄并不会对农地转入规模产生显著影响。年龄平方项的回归系数值为 0.000（$t=0.090$，$p=0.928>0.1$），同样不会对农地转入规模产生显著影响。可能原因在于，相较于农地转入决策，农业规模化经营逐渐摆脱了决策者年龄的限制，倒 U 型关系也消失了。

婚姻状况的回归系数值为 0.238（$t=1.479$，$p=0.139>0.1$），即婚姻状况不会对农地转入规模产生显著影响。虽然在农地转入决策过程中，婚姻状况发挥了显著作用，但在农地转入决策发生后，其影响力不再显著。可能原因在于，农地转入规模受到诸多因素的影响，实际婚姻状况带来的家庭责任和义务，会显著促进转入意愿，但在影响转入规模的过程中，其作用力大大降低，以至于不再显著。

受教育年限的回归系数值为 0.021（$t=1.741$，$p=0.082<0.1$），且在 10% 的水平上具有统计意义，即受教育年限会对农地转入规模产生正向显著的影响。参考变量系数来看，受教育年限每增长一个单位，农地转入规模随之增加。在影响农地转入决策的过程中，受教育年限发挥了"挤出"作用，而在影响农地转入规模的过程中，却发挥了正向促进作用。受教育年限越高，农户规模化经营的能力也就随之提高，也更容易提高农业生产经营的收益和对冲各种风险问题，最终增加了农地转入的规模。

性别的回归系数值为 0.039（$t=0.280$，$p=0.779>0.1$），不具有统计学上的显著性意义，即性别不会对农地转入规模产生显著影响。与转入决策相比，在影响农地转入规模的过程中，性别差异带来的影响力不再显著。在进行农业规模化经营的过程中，女性决策者也具有扩大转入规模的行为。

健康程度的回归系数值为 -0.016（$t=-0.458$，$p=0.647>0.1$），不具备统计学上的显著性意义，即农户健康程度不会对农地转入规模产生显著影响。影响力不显著的原因与农地转入决策类似，农业机械化程度和社会化服务水平的提高，使得二者与农户自身健康程度的关联性逐渐降低。同时，身体状况由农户本人回答得出，且是与同龄人相比较得出的结论，可能存在一定偏误。

劳动时间的回归系数值为 -0.065（$t=-6.838$，$p=0.000<0.01$），在 1% 的水平上具有统计学意义，即劳动时间会对农地转入规模产生负向显著影响。具体来看，家庭成员平均从事农业生产经营月数每增加一个单位，农地转入规模随之下降。虽然农业机械化程度和农业社会化服务水平均得到了提高，但农业生产尚未完全摆脱人力的约束。家庭成员平均从事农业生产经营月数的曲线应呈现出明显的边际效应递减趋势，增速先快后慢。家庭农业劳动力资源开发程度的不断提高，使得其农地转入规模不断下降，逐步逼近其规模化经营的最大边界值。

耕地面积的回归系数值为 0.000（$t=13.324$，$p=0.000<0.01$），在 1% 的水平上具有统计学意义，意味着耕地面积会对农地转入规模产生正向显著的影响。可能原因在于，现有耕地面积越大的农户，其进一步进行规模化经营的意愿更强，最终促进转入规模的扩大。

地区的回归系数值为 -0.157（$t=-3.404$，$p=0.001<0.01$），在 1% 的水平上具有统计意义，意味着地区会对农地转入规模产生负向显著影响。虽然相较于东部地区，中部地区和西部地区的农户更倾向于转入土地，但在土地转入规模方面，却出现了截然相反的结果。可能原因在于，城乡户籍制度差异的淡化，加之交通便利度的不断提高，中西部地区的农户也逐渐向二三产业进行转移。因此，虽然进行了农地的转入，但更多时候可能是兼业化经营，抑或是种植经济作物，因此对提高转入规模的意愿不够强烈。

家庭规模的回归系数值为 0.053（$t=2.069$，$p=0.039<0.05$），在 5% 的水平上具有统计意义，即家庭规模会对农地转入规模产生正向显著影响。具体来看，家庭人口数每增加一个单位，对应的农地转入规模随之增加。家庭规模不仅意味着家庭劳动力数量的充足，也可能意味着少儿抚养和老人赡养义务的增强。因此，在二者的共同作用下，农户在进行农地转入规模决策时，更倾向于扩大农地转入的规模。

少儿占比的回归系数值为 0.042（$t=0.092$，$p=0.927>0.1$），不具有统计学上的显著性意义，即少儿占比并不会对农地转入规模产生影响。如上文分析所述，少儿占比仅是家庭规模变量的一部分内容，而对农地转入规模的影响可能是多种因素相互交织产生的最终结果。因此，少儿占比没有发挥出显著性影响力，也在情理之中了。

劳动力占比的回归系数值为 0.468（$t=2.614$，$p=0.009<0.01$），在 1% 的水平上具有统计意义，即劳动力占比会对农地转入规模产生正向显著影响。具体来看，劳动力占比每上升一个单位，农地转入规模也随之增加。与农地转入决策不同，当农户选择农地转入时，即透漏出其进行农业规模化经营的意愿。考虑到目前大部分农业尚属于劳动密集型，因此，为充分发挥家庭劳动力资源的优势，家庭劳动力占比越高，农户转入农地的规模也就越大。

综上分析可知，金融素养、受教育水平、耕地面积、家庭规模和劳动力占比会对农地转入规模产生正向显著影响，劳动时间和地区差异会对农地转入规模产生负向显著影响，但年龄、年龄平方项、婚姻状况、性别、身体状况和少儿占比并不会对农地转入规模造成影响。

表 8-15　农地转入规模基准回归结果

变量	回归系数
fl	0.156*** (3.543)
age	−0.025 (−0.984)
age^2	0.000 (0.090)
mar	0.238 (1.479)
edu	0.021* (1.741)
$gender$	0.039 (0.280)
$health$	−0.016 (−0.458)
$labort$	−0.065*** (−6.838)
$area$	0.000*** (13.324)
$region$	−0.157*** (−3.404)

（续）

变量	回归系数
num	0.053**
	(2.069)
co	0.042
	(0.092)
la	0.468***
	(2.614)
常数项	3.001***
	(4.163)
N	1 509
R^2	0.210

注：* 表示 $p<0.1$，** 表示 $p<0.05$，*** 表示 $p<0.01$；括号中为 *t* 值。

8.6.3　内生性讨论

基准回归结果表明，农户金融素养会显著促进农地转入决策和规模。然而上述回归结果可能忽略了金融素养这一核心解释变量可能存在的内生性问题。一方面，农户金融素养对农地转入决策和规模的影响可能存在逆向因果关系。不仅农户的金融素养可以正向显著影响农地转入决策和规模，农地转入决策和规模同样可能促进农户金融素养的提升。农户在转入农地进行农业规模化经营的过程中，也会主动学习和了解相关的经济金融知识。另一方面，可能存在一定程度上的度量误差。问卷质量和对农户金融素养的不当构建，都可能导致对农户金融素养衡量的偏差，最终导致基准回归结果的偏误。

参考既往研究者的做法，本研究选取"同社区其余受访农户的平均金融素养"作为受访农户金融素养的工具变量（尹志超等，2015；Bucher - Koenen and Lusardi，2011）。受访农户可以主动向同社区的人学习相关金融知识，进而提升自身的金融素养。若受访者所属社区的农户具有较高的金融素养水平，即社区平均金融素养得分较高，可能会发生"知识外溢"，也会促进农户金融素养得到提高。同时，同社区其余受访农户的金融素养是相对独立的，不受其控制，是严格外生的。因此，本研究选取"同社区其余受访农户的平均金融素养"作为受访农户金融素养的工具变量是合适的。

表 8 - 16 和 8 - 17 汇报了农地转入决策的内生性检验结果。IV - Probit 的

一阶段回归结果表明，同社区其余受访农户的平均金融素养对受访农户金融素养的影响在1%统计水平上具有显著性意义，且是正向影响。F值为90.16，远大于10%偏误水平下的临界值（$F=16.38$），证明了工具变量有效，不存在弱工具变量问题（Stock and Yogo，2005）。观察二阶段回归结果可知，内生性检验的Wald chi2（1）值为3.08，p值为0.079，在10%的水平上拒绝了农户金融素养变量是外生的原假设，证明其存在一定的内生性问题。农户金融素养对农地转入决策的影响在1%的水平上具有显著性意义，其边际效应值为0.073，即金融素养每增加一个单位，其转入农地的可能性也随之提升。农户金融素养越高，越善于充分利用正规和非正规信贷渠道满足信贷需求，实现家庭资产的财富效应，最终促进农地转入概率的不断提高。

农户金融素养影响农地转入规模的估计结果如表8-18所示。DWH检验在1%的水平上拒绝农户金融素养是外生的原假设，因此基准回归可能存在一定偏误，故使用IV-2SLS法进行内生性检验。一阶段回归的F值为18.60，工具变量的t值为8.650，证明了工具变量的有效性，不是弱工具变量。观察二阶段回归结果可知，农户金融素养对农地转入规模的影响在1%的水平上具有统计学上的显著性意义，回归系数为0.855。即农户金融素养每提升一个单位，其农地转入的规模也随之增加。相较于对农地转入决策，农户金融素养对农地转入规模的影响力更大。可能原因在于，相较于转入决策，转入规模更多地受到资金的约束。而良好的金融素养，代表了较强的金融能力，能够帮助农户通过信贷和融资等多种途径，解决资金问题，最终扩大农地转入的规模。

值得注意的是，工具变量法得出的回归系数，均大于其基准回归系数。可能的原因在于，未使用工具变量的基准回归严重低估了农户金融素养的真实效应（Lusardi and Mitchell，2014）。

表8-16　农地转入决策的内生性检验

变量	系数	标准误	p值
fl	0.271***	0.103	0.008
age	0.042***	0.012	0.000
age^2	0.000***	0.000	0.000
mar	0.218***	0.071	0.002
edu	−0.032***	0.008	0.000

（续）

变量	系数	标准误	p 值
gender	−0.228***	0.063	0.000
health	−0.013	0.019	0.497
labort	0.025***	0.005	0.000
area	0.000*	0.000	0.092
region	0.120***	0.022	0.000
num	0.013	0.011	0.248
co	−0.059	0.227	0.795
la	0.051	0.065	0.432
常数项	−2.338***	0.340	0.000
N		7 834	
R^2		0.025	
一阶段 F 值		90.16	
工具变量 z 值		19.215	
Wald chi2（1）		3.08	
p 值		0.079	

注：*表示 $p<0.1$，**表示 $p<0.05$，***表示 $p<0.01$。

表 8-17 农地转入决策内生性检验的边际效应

变量	边际效应	标准误	p 值
fl	0.073***	0.028	0.008
age	0.011***	0.003	0.000
age²	0.000***	0.000	0.000
mar	0.054***	0.016	0.002
edu	−0.008***	0.002	0.000
gender	0.056***	0.014	0.000
health	0.003	0.005	0.497
labort	0.007***	0.001	0.000
area	0.000*	0.000	0.092
region	0.032***	0.006	0.000
num	0.004	0.003	0.248
co	0.016	0.061	0.795
la	0.014	0.017	0.432

注：*表示 $p<0.1$，**表示 $p<0.05$，***表示 $p<0.01$。

表 8-18　农地转入规模的内生性检验

变量	系数	标准误	p 值
fl	0.855***	0.216	0.000
age	0.005	0.029	0.867
age^2	0.000	0.000	0.381
mar	0.172	0.175	0.326
edu	−0.019	0.017	0.279
$gender$	0.100	0.150	0.505
$health$	0.046	0.042	0.279
$labort$	−0.051***	0.011	0.000
$area$	0.000***	0.000	0.000
$region$	−0.198***	0.051	0.000
num	0.056	0.028	0.043
co	0.310	0.499	0.535
la	0.460**	0.193	0.017
常数项	2.151***	0.817	0.009
N		1 509	
R^2		0.076	
一阶段 F 值		18.60	
工具变量 t 值		8.650	
DWH 检验		12.842	
p 值		0.000	

注：*表示 $p<0.1$，**表示 $p<0.05$，***表示 $p<0.01$。

8.6.4　稳健性检验

（1）替换核心解释变量

前文从金融知识、金融技能和金融经验，共计 3 个方面 7 个问题，构建并测度了农户的金融素养，包括经济（金融）信息的关注程度、经济（金融）学习经历、股票与基金的风险认知、利率计算能力、通货膨胀计算与认知能力、定期存款经历和银行理财经历。美国健康与退休研究（HRS2004）中增加了一系列有关金融素养的问卷问题，作为针对健康、经济和老龄化的相关数据库，在多学科得到了广泛应用（Lusardi and Mitchell，2007）。问卷选取了 3

个核心问题，包括利率计算、通货膨胀和风险评估，试图度量受访者的金融素养水平。这 3 个问题因其简单易操作的特点，得到了广泛使用，在 2009 年被纳入国民金融能力调查（NFCS）中。在 CHFS 2015 年中，也存在对应问卷问题，即上文金融技能中的 3 个问题。在此基础上，本研究从是否正面回答和正确回答两个维度，将每个问题一分为二，共计划分为 6 个问题（尹志超等，2015；朱建军等，2020）。如果受访者正面回答，本研究将其赋值为 1，否则赋值为 0。若受访者正确回答该问题，则赋值为 1，否则赋值为 0。在进行因子分析前，进行 KMO 检验和 Bartlett 检验。KMO 检验的结果显示，KMO 值为 0.665。同时，Bartlett 球形检验的结果显示，显著性 p 值为 0.000，在 1% 的统计水平上呈现显著性，拒绝了原假设，各变量间具有相关性，因子分析有效，可以进行下一步分析。随后提取特征根大于等于 1 的公因子两个，旋转后的累积方差解释率达到 56.695。最后根据成分矩阵表，计算出成分得分，得出主成分公式，用以测度每个农户的金融素养水平。

在获得新的核心解释变量后，分别对农地转入决策和转入规模进行 Probit 和 OLS 回归，结果如表 8-19 所示。在农地转入决策中，农户金融素养的代理变量回归系数为 0.077，且在 1% 的统计水平上具有显著性意义。在农地转入规模中，农户金融素养的代理变量回归系数为 0.171，且在 1% 的统计水平上，具有显著性意义。代理变量的回归系数未发生较大波动，显著性依旧。此外，各模型控制变量的回归系数、方向和显著性也基本与基准回归结果一致。综上来看，替换核心解释变量后的回归结果印证了基准回归结果的稳健性。

表 8-19　替换核心解释变量

变量	转入决策	转入规模
flscore	0.077***	0.171***
	(3.556)	(3.859)
age	0.039***	−0.028
	(3.250)	(−1.082)
age²	−0.000***	0.000
	(−4.200)	(0.224)
mar	0.235***	0.245
	(3.358)	(1.521)

（续）

变量	转入决策	转入规模
edu	−0.020*** (−3.572)	0.021* (1.768)
gender	0.213*** (3.403)	0.032 (0.232)
health	−0.030* (−1.751)	−0.020 (−0.569)
labort	0.022*** (4.822)	−0.063*** (−6.577)
area	0.000* (1.915)	0.000*** (13.396)
region	0.130*** (6.036)	−0.147*** (−3.187)
num	0.015 (1.290)	0.052** (2.010)
co	−0.051 (−0.225)	0.078 (0.172)
la	0.091 (1.459)	0.455** (2.540)
常数项	−2.289*** (−6.782)	3.025*** (4.204)
N	7 834	1 509
R^2	0.040	0.211

注：* 表示 $p < 0.1$，** 表示 $p < 0.05$，*** 表示 $p < 0.01$。

（2）缩尾处理

考虑到农户金融素养这一变量的极值之间存在较大差异，为避免极端值造成的回归结果偏误，对农户金融素养变量进行双边 1% 的缩尾处理，并重新纳入模型进行估计。结果如表 8-20 所示，核心解释变量的系数值、方向和显著性未发生明显变动，控制变量也基本一致。因此，可以认定基准回归结果具有一定的稳健性。

表 8 - 20　缩尾处理

变量	转入决策	转入规模
$fl-winsor$	0.106***	0.171***
	(4.652)	(3.710)
age	0.040***	−0.025
	(3.299)	(−0.969)
age^2	−0.000***	0.000
	(−4.259)	(0.079)
mar	0.231***	0.237
	(3.300)	(1.471)
edu	−0.022***	0.020*
	(−3.902)	(1.703)
$gender$	0.215***	0.040
	(3.424)	(0.291)
$health$	−0.026	−0.016
	(−1.517)	(−0.445)
$labort$	0.022***	−0.065***
	(4.854)	(−6.796)
$area$	0.000*	0.000***
	(1.901)	(13.310)
$region$	0.126***	−0.158***
	(5.844)	(−3.421)
num	0.014	0.053**
	(1.276)	(2.058)
co	−0.059	0.049
	(−0.262)	(0.107)
la	0.084	0.468***
	(1.354)	(2.613)
常数项	−2.284***	2.990***
	(−6.767)	(4.149)
N	7 834	1 509
R^2	0.041	0.211

注：* 表示 $p<0.1$，** 表示 $p<0.05$，*** 表示 $p<0.01$。

（3）剔除新访户

CHFS 数据样本由新访户和追访户共同构成，考虑到新访户第一次接触金融素养的相关问题，可能存在一定的认知偏差，影响最终答案质量。而追访户的回答次数至少为一次，因而对其了解更加充分，有助于提高答案质量。因此，本研究剔除了新访户样本，进一步进行稳健性检验。回归结果如表 8 - 21 所示，核心解释变量农户金融素养的系数值、方向和显著性未发生明显变动，控制变量也基本一致。因此，可以相信基准回归结果是稳健的。

表 8 - 21　剔除新访户

变量	转入决策	转入规模
$fl-zf$	0.108***	0.152***
	(3.946)	(2.784)
age	0.036**	−0.021
	(2.370)	(−0.676)
age^2	−0.000***	−0.000
	(−3.119)	(−0.118)
mar	0.267***	0.317
	(2.949)	(1.500)
edu	−0.021***	0.034**
	(−3.070)	(2.397)
$gender$	0.190**	0.122
	(2.431)	(0.730)
$health$	−0.028	−0.037
	(−1.274)	(−0.855)
$labort$	0.013**	−0.060***
	(2.256)	(−4.969)
$area$	0.000	0.000***
	(1.340)	(8.697)
$region$	0.093***	−0.141**
	(3.365)	(−2.362)
num	0.034**	0.057*
	(2.372)	(1.845)

（续）

变量	转入决策	转入规模
co	0.241 (0.831)	−0.619 (−1.090)
la	0.188** (2.027)	0.547** (2.386)
常数项	−2.245*** (−5.296)	2.703*** (3.059)
N	5 057	948
R^2	0.038	0.191

注：＊表示 $p<0.1$，＊＊表示 $p<0.05$，＊＊＊表示 $p<0.01$。

8.6.5　异质性分析

（1）南北方地区

"稻米理论"认为，南方水稻和北方小麦种植方式的差异，最终导致南北方种植文化差序格局的形成（Talhelm et al.，2014）。南方和北方的文化差异，不仅会影响农地流转，也会影响流转合约的选择（罗必良、耿鹏鹏，2022；陈卓等，2022）。那么在金融素养影响农地转入的过程中，是否也会受到"南稻北麦"的种植文化影响？基于此，本研究参考经济地理的划分标准①，将受访者所在省份划分为南方地区和北方地区，进一步验证南北方差序格局是否会带来回归结果的异质性（许宪春等，2021）。

表 8-22 汇报了农户金融素养影响农地转入过程中存在的地区异质性。就转入决策而言，无论是南方地区还是北方地区，都受到了农户金融素养的正向显著影响。南方地区的回归系数为 0.058，在 10% 的统计水平上具有显著性意义。而北方地区的回归系数为 0.125，在 1% 的统计水平上具有显著性意义。在控制变量方面，其显著性表现存在些许差距。南方地区年龄变量的影响系数为 0.069，在 1% 的水平上具有显著性意义。但北方地区的影响系数为 0.029，

---

①　南方地区包括：上海市、江苏省、浙江省、安徽省、福建省、江西省、湖北省、湖南省、广东省、广西壮族自治区、海南省、重庆市、四川省、贵州省、云南省和西藏自治区；北方地区包括：北京市、天津市、河北省、山西省、内蒙古自治区、辽宁省、吉林省、黑龙江省、山东省、河南省、陕西省、甘肃省、青海省、宁夏回族自治区和新疆维吾尔自治区。在 CHFS 2015 年中，不包含新疆维吾尔自治区、西藏自治区、中国香港、中国澳门和中国台湾地区。

仅在 10% 的水平上具有显著性意义。婚姻状况对农地转入决策带来的促进作用均在 5% 的水平上显著，北方地区的系数略大于南方地区。针对受教育年限提高带来的"挤出"效应，南方地区在 1% 的统计水平上具有显著性意义，而北方地区仅在 10% 的水平上显著，且回归系数明显小于南方地区。在南方地区，男性作为户主时，其相较于女性更愿意转入农地，而这一现象在北方地区似乎消失了。身体状况越差的农户，其转入农地的可能性越低，这一状况在北方具有显著性表现，但在南方地区并不显著。就家庭成员平均从事农业生产经营月数来看，其影响系数差距较小，南北方地区分别在 1% 和 10% 的水平上具有显著性意义。在北方地区，家庭目前所拥有的耕地面积显著正向影响了农地转入决策，其进行和扩大规模化经营的意愿更强。转入决策的东中西部地区差异显著存在于南方地区，北方地区则不显著。家庭规模和少儿占比则均不显著。最后关于劳动力占比对农地转入决策的影响，也仅在北方地区显著。

　　同时，我们也对农地转入规模进行了分地区回归分析。观察表 8-22 可知，南北方地区都受到了农户金融素养的正向显著影响。南方地区的回归系数为 0.149，在 1% 的统计水平上具有显著性意义。而北方地区的回归系数为 0.118，在 10% 的统计水平上具有显著性意义。就控制变量来看，也存在一些差异性问题。年龄、年龄平方项和婚姻状况均不具备统计学上的显著性意义。就受教育年限而言，也仅有北方地区在 5% 的水平上具有显著性意义，南方地区则不然。可能原因在于，相较于北方地区，南方地区的高学历农户更倾向于"逃离"农业生产活动。性别和身体状况也不存在统计学上的显著性意义。家庭成员平均从事农业生产经营月数（劳动时间）在北方地区继续保持了负向显著的影响力，然而却不存在于南方地区。耕地面积在南北方地区均在 1% 的水平上正向显著地促进了农地转入的规模，这表明南北方地区农户均具有较强的农业规模化经营意愿。东中西部差异继续在南方地区显著，但影响方向却是负向的。最后是家庭规模、少儿占比和劳动力占比，其显著性与转入决策保持一致。

表 8-22　南北方地区

变量	转入决策		转入规模	
	南方地区	北方地区	南方地区	北方地区
fl	0.058*	0.125***	0.149***	0.118*
	(1.886)	(4.178)	(3.027)	(1.651)

（续）

变量	转入决策		转入规模	
	南方地区	北方地区	南方地区	北方地区
age	0.069***	0.029*	0.033	−0.060
	(4.012)	(1.660)	(1.145)	(−1.394)
age^2	−0.001***	−0.000***	−0.000	0.000
	(−4.383)	(−2.752)	(−1.513)	(0.678)
mar	0.189**	0.280**	0.207	0.118
	(2.058)	(2.556)	(1.266)	(0.396)
edu	−0.027***	−0.014*	−0.003	0.042**
	(−3.339)	(−1.732)	(−0.230)	(2.092)
gender	0.298***	0.135	0.206	−0.129
	(3.418)	(1.473)	(1.356)	(−0.554)
health	−0.012	−0.044*	−0.038	0.037
	(−0.498)	(−1.794)	(−0.956)	(0.655)
labort	0.018***	0.013*	−0.012	−0.076***
	(2.791)	(1.755)	(−1.131)	(−4.354)
area	0.000	0.000*	0.001***	0.000***
	(0.396)	(1.897)	(3.651)	(11.133)
region	0.162***	0.047	−0.217***	0.135
	(5.361)	(1.431)	(−4.313)	(1.571)
num	0.011	0.024	0.030	0.081
	(0.778)	(1.232)	(1.123)	(1.639)
co	−0.033	−0.095	−0.136	0.351
	(−0.110)	(−0.275)	(−0.282)	(0.440)
la	0.056	0.203*	0.030	0.824***
	(0.733)	(1.807)	(0.154)	(2.692)
常数项	−3.253***	−1.719***	0.961	3.503***
	(−6.637)	(−3.524)	(1.162)	(2.986)
N	3 770	4 064	814	695
R^2	0.039	0.058	0.082	0.243

注：*表示 $p<0.1$，**表示 $p<0.05$，***表示 $p<0.01$。

（2）受教育年限

在南北方地区差异的基础上，进一步探寻农户金融素养影响农地转入过程中，存在的受教育年限差异。将低于受访农户平均受教育年限的样本划分为低受教育年限组，高于平均受教育年限的为高受教育年限组，实证结果如表 8-23 所示。

在农户金融素养影响农地转入决策方面，低受教育年限组和高受教育年限组的核心解释变量，农户金融素养均在 1% 的水平上具有显著意义，低受教育年限组的系数略高于高受教育年限组，但总体差距不大。受限于自身的受教育年限，低受教育年限农户金融素养的提升，伴随的是金融知识、金融经验和金融技能的增加，进而促进了农地转入决策。因此，在进行金融知识宣传时，可以将侧重点放在低受教育年限人群中，其金融素养提升带来的边际效益高于高受教育年限人群。关于年龄和年龄平方项，低受教育年限组均在 5% 的水平上具有显著性意义，而高受教育年限组则均在 1% 的水平上具有显著性意义，倒 U 型曲线仍然存在。在系数方面，高受教育年限组的系数略高于低受教育年限组。可能原因在于，年龄增长带来的知识累积和财富效应，使得高受教育年限组拥有更丰富的资金和经营管理经验，促进了农地转入决策的实施。婚姻状况的回归系数均在 5% 的水平上显著，且系数之间不存在较大差异。在户主性别方面，低受教育年限组和高受教育年限组分别在 5% 和 10% 的水平上显著。关于户主身体状况，低受教育年限组和高受教育年限组的回归系数均不显著。在劳动时间方面，低受教育年限组和高受教育年限组分别在 1% 和 5% 的水平上显著；其影响系数存在一定差距，低受教育年限组略高于高受教育年限组。可能原因在于，随着家庭成员平均从事农业生产经营月数的增加，高受教育年限组的户主更加倾向于"逃离"农业生产经营活动，转而进行兼业生产或者进入第二三产业，其转入农地的意愿与低受教育年限组农户相比更低。关于耕地面积，低受教育年限组农户和高受教育年限组农户的回归系数均不显著。就所属地区而言，低受教育年限组和高受教育年限组均在 1% 的水平上显著。相较于低受教育年限组农户，处于中西部地区的高受教育年限组农户更倾向于转入农地。关于家庭规模和少儿占比，低受教育年限组和高受教育年限组的回归系数则均不显著。最后是劳动力占比，高受教育年限组农户在 5% 的水平上显著，而低受教育年限组农户则不显著。

针对农户金融素养影响农地转入规模方面，低受教育年限组和高受教育年限组的核心解释变量均在 5％的水平上具有显著意义。和转入决策相似，低受教育年限组的系数略高于高受教育年限组，但总体差距不大。低受教育年限农户受金融素养提升的边际收益更高，有利于促进其农地转入规模的增加。关于年龄和年龄平方项，低受教育年限组和高受教育年限组均不具有统计学上的显著性意义，倒 U 型曲线也消失了。婚姻状况、户主性别和身体状况也失去了对农地转入规模的显著性影响，无论是在低受教育年限组还是高受教育年限组。在劳动时间方面，低受教育年限组和高受教育年限组均在 1％的水平上显著。与农地转入决策不同的是，其系数的影响方向是负向的。就影响系数来看，在低受教育年限组中，家庭成员平均从事农业生产经营月数每增加一单位，其农地转入规模随之下降。对应的，在高受教育年限组中，家庭成员平均从事农业生产经营月数每增加一单位，其农地转入规模随之下降。可能原因在于，相对于规模化经营，不断增加的劳动时间"挤出"了高受教育年限农户。关于耕地面积，低受教育年限组和高受教育年限组的回归系数均在 1％的水平上显著。由此可见，无论农户的受教育年限如何，其耕地面积对农地转入规模都具有正向显著影响，即拥有耕地面积越大，农户进行农业规模化经营的意愿也就越强。就所属地区而言，低受教育年限组和高受教育年限组均在 1％的水平上显著，但影响方向为负向影响。相较于高受教育年限组，处于中西部地区的低受教育年限农户的转入面积更小。家庭规模和少儿占比不同的情境中，仅有低受教育年限组的家庭规模在 10％的水平上具有显著性意义。最后是劳动力占比，高受教育年限组和低受教育年限组均在 10％的水平上具有显著性意义，且系数差距较小，可见农业规模化经营中，劳动力仍具有一定的影响作用。

表 8 − 23　受教育水平

变量	转入决策		转入规模	
	低	高	低	高
fl	0.093*** (2.755)	0.083*** (3.048)	0.159** (2.386)	0.148** (2.488)
age	0.036** (1.967)	0.049*** (2.756)	−0.040 (−1.106)	−0.019 (−0.459)
age^2	−0.000** (−2.574)	−0.001*** (−3.377)	0.000 (0.412)	−0.000 (−0.053)

（续）

变量	转入决策		转入规模	
	低	高	低	高
mar	0.215** (2.451)	0.253** (2.168)	0.258 (1.335)	0.215 (0.760)
gender	0.179** (2.365)	0.214* (1.953)	0.042 (0.263)	0.099 (0.389)
health	−0.037 (−1.541)	−0.012 (−0.470)	0.011 (0.241)	−0.043 (−0.788)
labort	0.028*** (4.453)	0.015** (2.328)	−0.057*** (−4.487)	−0.074*** (−5.062)
area	0.000 (1.077)	0.000 (1.517)	0.000*** (8.646)	0.000*** (9.922)
region	0.094*** (3.059)	0.162*** (5.313)	−0.167*** (−2.713)	−0.147** (−2.094)
num	0.015 (1.004)	0.019 (1.082)	0.062* (1.885)	0.045 (1.096)
co	−0.026 (−0.082)	−0.082 (−0.255)	−0.213 (−0.355)	0.385 (0.551)
la	0.009 (0.116)	0.242** (2.196)	0.448* (1.904)	0.506* (1.840)
常数项	−2.231*** (−4.255)	−2.864*** (−5.914)	3.367*** (3.321)	3.074*** (2.756)
N	3 974	3 860	753	756
R^2	0.043	0.040	0.202	0.192

注：* 表示 $p<0.1$，** 表示 $p<0.05$，*** 表示 $p<0.01$。

（3）耕地规模

农地转入的目的是实现规模化经营，因此，我们将低于平均耕地面积的样本划分为小规模农户，高于平均耕地面积的为大规模农户。在此基础上，探寻农户金融素养影响农地转入过程中，耕地规模带来的差异化结果，具体情况如表 8-24 所示。

在农户金融素养影响农地转入决策方面，小规模组和大规模组的核心解释变量农户金融素养分别在 5% 和 1% 的水平上具有显著意义，大规模组的系数略高于小规模组，但差距不大。可见，相较于拥有较小规模土地的农户，拥有大规模土地的农户在进行农地转入决策时，受到金融素养的影响力更强。关于年龄和年龄平方项，小规模农户的年龄变量在 1% 的水平上具有显著性意义，而大规模农户则不具备统计学上的显著性意义，但倒 U 型曲线仍然存在。可能原因在于，年龄增长不再成为限制大规模农户进一步实现规模化经营的因素。农业专业化程度的提高，伴随着农业职业经纪人的出现，使得农业生产的所有权和经营权逐渐分离。大规模农户的婚姻状况在 1% 的水平上显著，而小规模农户则不显著。关于受教育年限，小规模农户的影响系数在 1% 的水平上显著，而大规模农户则不显著。可见，相较于大规模农户，小规模农户在进行农地转入决策中，受到自身文化程度的抑制性更为强烈。在户主性别方面，仅有小规模农户在 1% 的水平上显著。关于户主身体状况，小规模农户和大规模农户的回归系数均不显著。农业机械化和农业社会化服务水平的不断提高，使得户主健康程度对农地转入决策的影响不断下降。在劳动时间方面，小规模农户在 1% 的水平上显著，而大规模农户则不具有统计学上的显著性意义。可能原因在于，随着家庭成员平均从事农业生产经营月数的增加，小规模农户发现其农业生产力仍有进一步发挥的空间，因而更加倾向于转入农地；而大规模农户的生产力已经呈现边际递减态势，因而转入的意愿较低，以至于不再显著。就所属地区而言，小规模农户在 1% 的水平上显著，而大规模农户则不具备统计学上的显著性意义。可见，相较于大规模农户，处于中西部地区的小规模农户更倾向于转入农地。最后是家庭规模、少儿占比和劳动力占比，仅有大规模农户的家庭规模在 10% 的水平上具有显著性意义，其余则均不显著。

针对农户金融素养对农地转入规模影响，小规模农户和大规模农户的核心解释变量农户金融素养分别在 10% 和 5% 的水平上具有显著意义。与转入决策相似的是，大规模农户的系数略高于小规模农户，但总体差距不大。可能原因在于，相较于小规模农户，规模生产经营带来充足的生产管理经验和成本收益计算，大规模农户更倾向于继续转入农地，扩大农业生产经营的规模。关于年龄和年龄平方项，小规模农户和大规模农户均不具有统计学上的显著性意义，倒 U 型曲线也消失了。婚姻状况、受教育年限、户主性别和身体状况均未对农地转入规模产生显著性影响，无论是小规模农户和大规模农户。在劳动时间方面，小规模农户不具备统计学上的显著性意义，反之大规模农户在 1% 的水平上显著，与对农地转入决策的影响不同，其影响方向为负向。就影响系数来看，在大规模农户中，家庭成员平均从事农业生产经营月数每增加一单位，其农地转入规模随之下降。可能原因在于，不断增加的劳动时间逼近了大规模农户的劳动上限，因而使得其对农地转入规模产生了负向显著影响。就所属地区而言，小规模农户在1%的水平上显著，大规模农户则不具有统计学上的显著性意义。由此可见，处于中西部地区的小规模农户的转入面积更小。关于家庭规模和少儿占比，则均不具有对农地转入规模的显著性影响力。最后是劳动力占比，大规模农户在1%的水平上具有显著性意义，而小规模农户则不具备影响力。可以看出，家庭劳动力占比在农业规模化经营中的地位仍不可或缺。

表 8-24　耕地规模

变量	转入决策		转入规模	
	小	大	小	大
fl	0.074**	0.121***	0.101*	0.160**
	(2.397)	(4.037)	(1.953)	(2.392)
age	0.053***	0.024	0.017	−0.045
	(3.167)	(1.370)	(0.566)	(−1.123)
age^2	−0.001***	−0.000**	−0.000	0.000
	(−3.793)	(−2.123)	(−0.954)	(0.283)
mar	0.128	0.419***	0.137	−0.228
	(1.455)	(3.540)	(0.883)	(−0.695)
edu	−0.034***	−0.011	−0.005	0.021
	(−4.235)	(−1.286)	(−0.351)	(1.164)
$gender$	0.279***	0.142	0.135	0.002
	(3.315)	(1.477)	(0.891)	(0.007)
$health$	−0.022	−0.024	−0.037	0.050
	(−0.901)	(−0.966)	(−0.913)	(0.915)
$labort$	0.034***	0.009	−0.010	−0.086***
	(5.509)	(1.256)	(−0.980)	(−5.489)
$region$	0.178***	0.036	−0.161***	−0.121
	(6.253)	(1.076)	(−3.315)	(−1.516)
num	−0.002	0.027*	0.031	0.045
	(−0.140)	(1.695)	(0.988)	(1.144)

（续）

变量	转入决策		转入规模	
	小	大	小	大
co	−0.002	−0.067	0.073	0.047
	（−0.007）	（−0.205）	（0.136）	（0.067）
la	0.034	0.078	−0.102	0.834***
	（0.332）	（1.003）	（−0.491）	（3.011）
常数项	−2.741***	−1.734***	1.288	4.532***
	（−5.738）	（−3.548）	（1.542）	（4.047）
N	4 187	3 647	728	781
R^2	0.053	0.041	0.059	0.124

注：*表示 $p<0.1$，**表示 $p<0.05$，***表示 $p<0.01$。

8.6.6 机制分析

（1）转入决策

①正规信贷。在农户金融素养影响农地转入决策过程中，正规信贷的中介效应检验结果如表8-25所示。从表8-25的第二列回归结果可以看出，农户金融素养在1%的水平上显著影响正规信贷，且是正向的。这意味着农户金融素养越高，其在农业生产经营过程中，获得银行贷款的概率也随之增加。可能原因在于，金融素养的提高，通常伴随着农户对信贷政策理解的深入，以及风险收益计算能力的提升，降低了信贷成本，最终对农户的决策行为产生了影响，纠正了其认知上可能存在的偏差，提高了农户的正规信贷可得性。观察第三列的回归结果可知，农户正规信贷正向影响农地转入决策，且在1%的水平上具有显著性意义。农地转入决策的实施，自然要以充足的资金为前提。因此，作为转入农地的必要前提条件和约束性限制，资金获取成了头号难题。而正规信贷可得性代表了农户获得正规信贷的能力，可以有效缓解农户的信贷约束，促进其农地转入决策的实施。同时，农户金融素养对农地转入决策的影响系数有所降低。综上我们可以得出，正规信贷在农户金融素养影响农地转入决策之间发挥了部分中介作用，中介作用大小为0.002，中介效应占总效应的比重为8.006%（表8-26）。农户金融素养的提升，增强了家庭的信贷能力，最终通过正规信贷这一间接路径促进了农地转入决策的实施。

表 8 - 25　转入决策—正规信贷

变量	inland	fc	inland
fl	0.027***	0.015***	0.025***
	(4.578)	(4.492)	(4.220)
fc	—	—	0.147***
			(7.238)
age	0.009***	−0.002	0.009***
	(2.839)	(−1.396)	(2.962)
age^2	−0.000***	0.000	−0.000***
	(−3.840)	(0.248)	(−3.873)
mar	0.052***	0.022**	0.049***
	(3.074)	(2.337)	(2.892)
edu	−0.006***	−0.001	−0.006***
	(−3.866)	(−0.741)	(−3.818)
$gender$	0.053***	0.001	0.053***
	(3.366)	(0.075)	(3.371)
$health$	−0.007	0.004	−0.008
	(−1.522)	(1.430)	(−1.644)
$labort$	0.006***	0.000	0.006***
	(4.755)	(0.517)	(4.729)
$area$	0.000**	0.000**	0.000**
	(2.278)	(2.530)	(2.077)
$region$	0.033***	0.023***	0.030***
	(5.842)	(7.253)	(5.250)
num	0.004	0.005***	0.003
	(1.236)	(2.673)	(1.021)
co	−0.024	−0.014	−0.022
	(−0.387)	(−0.418)	(−0.354)
la	0.020	0.020**	0.017
	(1.160)	(2.072)	(0.994)
常数项	−0.117	0.063	−0.126
	(−1.356)	(1.321)	(−1.468)
N	7 834	7 834	7 834
R^2	0.025	0.024	0.031

注：* 表示 $p < 0.1$，** 表示 $p < 0.05$，*** 表示 $p < 0.01$。

表 8 - 26　效应量结果汇总

项	检验结论	总效应	中介效应	直接效应	效应占比
$fl \Rightarrow fc \Rightarrow inland$	部分中介	0.027***	0.002*	0.025***	8.006%

②风险态度—非正规信贷。由表 8 - 28 可知,风险态度和非正规信贷在金融素养影响农地转入决策关系中均未产生中介效用。因此,在遵循"金融素养—风险态度—非正规信贷—农地转入"理论逻辑的基础上,本研究进一步使用链式中介效应法,实证检验风险态度和非正规信贷在金融素养影响农地转入决策中的链式中介效应。

风险态度和非正规信贷在金融素养影响农地转入决策过程中的中介效应检验结果如表 8 - 27 和 8 - 28 所示。从表 8 - 27 的第二列回归结果中,农户金融素养对风险态度的影响在 1% 的水平上具有显著性意义,且影响方向是负向的,即农户的金融素养越高,风险偏好越高。较高的金融素养使得农户容易在风险投资、资产配置和生产经营过程中获得高收益,进而降低对风险的厌恶程度,最终增强农户承担风险的能力,逐渐成为风险偏好者。

观察表 8 - 27 第三列的回归结果可知,农户金融素养不具备对非正规信贷的显著影响力。风险态度负向显著影响非正规信贷,且在 1% 的水平上具有显著性意义。可能原因在于,农户金融素养在影响非正规信贷的过程中,受到了风险态度的影响,因此,影响力得到了削弱,以至于不再显著。风险态度的影响系数为 -0.018,即风险态度每增加一个单位,农户进行非正规信贷的可能性随之下降。风险态度的增加,使得农户越来越厌恶风险,因而显著抑制了其资金需求。

观察表 8 - 27 第四列的回归结果可知,风险态度的影响系数为 -0.005,不具备统计学上的显著性意义,即不拥有对农地转入决策的显著影响力。可能原因在于,农业生产具有的弱质性特征,使得其不仅要面对自然风险,还要面对社会风险。因此,随着农户风险厌恶程度的提升,农户做出的决策可能是转出土地,进而转向其他风险收益比更高的产业中去。

从表 8 - 27 可以看出,农户非正规信贷正向影响农地转入决策,且在 1% 的水平上具有显著性意义,影响系数为 0.103,即农户非正规信贷每增加一个单位,其做出农地转入决策的概率随之上升。要做出农地转入的决策,资金自然是首先要解决的难题。因此无论是正规信贷,还是非正规信贷,都在一定程度上帮助农户满足了信贷需求,最终促进了农地转入决策的实施。同时,农户金融素养对农地转入决策的影响系数有所降低。因此，本研究使用链式中介效应法，对"金融素养—风险态度—非正规信贷—农地转入决策"这一影响路径进行检验。结果如表 8-28 所示，农户风险态度和非正规信贷在金融素养影响农地转入决策的关系中发挥了链式中介作用。具体来看，金融素养的提高使得农户可以正确评估转入农地的风险收益比，降低对负债的厌恶程度，将其潜在的资金需求转化为实际上的非正规信贷决策，最终促使农户转入了土地。

表 8-27 转入决策—风险态度—非正规信贷

变量	inland	risk	ifc	inland
fl	0.027*** (4.578)	−0.393*** (−23.203)	−0.004 (−0.790)	0.024*** (4.033)
risk	—	—	−0.018*** (−5.797)	−0.005 (−1.392)
ifc				0.103*** (7.174)
age	0.009*** (2.839)	0.014 (1.601)	−0.001 (−0.382)	0.009*** (2.913)
age^2	−0.000*** (−3.840)	−0.000 (−0.136)	−0.000 (−0.912)	−0.000*** (−3.781)
mar	0.052*** (3.074)	0.073 (1.503)	−0.020 (−1.545)	0.055*** (3.241)
edu	−0.006*** (−3.866)	−0.006 (−1.403)	−0.004*** (−3.448)	−0.005*** (−3.625)
gender	0.053*** (3.366)	−0.054 (−1.192)	0.018 (1.437)	0.051*** (3.234)
health	−0.007 (−1.522)	0.004 (0.278)	0.033*** (8.975)	−0.010** (−2.238)
labort	0.006*** (4.755)	−0.003 (−0.934)	−0.001 (−0.972)	0.006*** (4.830)
area	0.000** (2.278)	−0.000* (−1.740)	0.000 (0.997)	0.000** (2.167)

（续）

变量	inland	risk	ifc	inland
region	0.033***	−0.082***	0.012***	0.031***
	(5.842)	(−4.955)	(2.791)	(5.519)
num	0.004	−0.039***	0.004*	0.003
	(1.236)	(−4.381)	(1.800)	(1.000)
co	−0.024	−0.188	0.059	−0.031
	(−0.387)	(−1.064)	(1.236)	(−0.510)
la	0.020	0.049	0.020	0.018
	(1.160)	(0.974)	(1.492)	(1.063)
常数项	−0.117	4.091***	0.189***	−0.107
	(−1.356)	(16.403)	(2.755)	(−1.220)
N	7 834	7 834	7 834	7 834
R^2	0.025	0.107	0.029	0.031

注：* 表示 $p<0.1$，** 表示 $p<0.05$，*** 表示 $p<0.01$。

表 8 - 28 中介效应结果汇总

项	Effect	Boot SE	BootLLCI	BootULCI	z	p
fl⇒risk⇒inland	0.002	0.003	−0.002	0.010	0.679	0.497
fl⇒ifc⇒inland	−0.000	0.001	−0.003	0.001	−0.401	0.688
fl⇒risk⇒ifc⇒inland	0.001	0.000	0.001	0.002	1.933	0.053

③家庭资产。家庭资产在农户金融素养影响农地转入决策过程中的中介效应检验结果如表 8 - 29 和表 8 - 30 所示。从表 8 - 29 的第二列回归结果中，金融素养对家庭资产的回归系数为 0.374，且在 1% 的水平上具有显著性意义，即农户金融素养每增加一个单位，其家庭资产也随之增加。这意味着农户金融素养的提高，对其家庭资产的促进力是显而易见的。可能的原因在于，金融素养的提高，使得农户拥有更丰富的金融知识、金融技能和金融经验来进行家庭资产的组合与配置，促进家庭财富的不断累积，不仅包括金融资产，也包括农业生产经营等一系列风险投资。最终获得了较高的风险收益，促进了家庭资产的不断提升。

观察表 8 - 29 第三列的回归结果可知，家庭资产正向影响农地转入决策，但不具备统计学上的显著性意义。可能原因在于，家庭资产的不断提升，在一定程度上"挤出"了农地转入决策。随着家庭资产的提高，农户逐步抛弃了高风险、低回报和弱质性的农业生产活动，而将家庭资产配置到股票、基金和其他生产经营活动中去。综上我们可以得出，家庭资产在农户金融素养影响农地转入决策之间并未发挥中介作用。农户金融素养的提升，增加了家庭资产，但尚未通过家庭资产这一间接路径促进农地转入决策的实施。

表 8 - 29　转入决策—家庭资产

变量	inland	lnasset	inland
fl	0.027***	0.374***	0.026***
	(4.578)	(22.508)	(4.244)
lnasset	—	—	0.003
			(0.780)
age	0.009***	0.011	0.009***
	(2.839)	(1.320)	(2.827)
age^2	−0.000***	−0.000*	−0.000***
	(−3.840)	(−1.920)	(−3.822)
mar	0.052***	0.236***	0.051***
	(3.074)	(4.942)	(3.026)
edu	−0.006***	0.038***	−0.006***
	(−3.866)	(8.838)	(−3.924)
gender	0.053***	−0.121***	0.053***
	(3.366)	(−2.718)	(3.388)
health	−0.007	−0.161***	−0.007
	(−1.522)	(−12.274)	(−1.401)
labort	0.006***	−0.001	0.006***
	(4.755)	(−0.395)	(4.759)
area	0.000**	0.000	0.000**
	(2.278)	(1.207)	(2.267)
region	0.033***	−0.052***	0.034***
	(5.842)	(−3.232)	(5.866)
num	0.004	0.124***	0.003
	(1.236)	(14.284)	(1.096)

（续）

变量	*inland*	*lnasset*	*inland*
co	−0.024	0.344**	−0.025
	(−0.387)	(1.988)	(−0.404)
la	0.020	−0.025	0.020
	(1.160)	(−0.512)	(1.164)
常数项	−0.117	11.447***	−0.152
	(−1.356)	(46.810)	(−1.563)
N	7 834	7 834	7 834
R^2	0.025	0.178	0.025

注：* 表示 $p<0.1$，** 表示 $p<0.05$，*** 表示 $p<0.01$。

表 8 - 30 中介效应结果

项	Effect	Boot SE	BootLLCI	BootULCI	z	p
$fll \Rightarrow lnasset \Rightarrow inland$	0.001	0.003	−0.003	0.008	0.431	0.667

（2）转入规模

①正规信贷。在农户金融素养影响农地转入规模过程中，正规信贷的中介效应检验结果如表 8-31 和表 8-32 所示。从表 8-31 的第二列回归结果可以看出，农户金融素养正向影响正规信贷，且在 5% 的水平上具有显著性意义，即农户金融素养每提高一个单位，其获得正规信贷的可能性随之上升。这意味着农户金融素养越高，在其从事农业生产经营过程中，愿意且能够进行正规信贷决策的概率也随之增加。可能原因在于，金融素养的提高，使得农户更加容易理解和掌握信贷相关知识，降低了正规信贷的交易成本，同时也提高了农户评估信贷风险的能力，最终促进了正规信贷可得性。

从观察表 8-31 第三列的回归结果可知，农户正规信贷正向影响农地转入规模，且在 1% 的水平上具有显著性意义。农户在农地规模扩张的过程中，首先面临的就是资金问题。正规信贷可得性的增加，代表着农户愿意并且能够从银行获得农业生产经营贷款，因而正向显著促进了扩大农地转入的规模。同时，农户金融素养对农地转入规模的影响系数在一定程度上下降了。结合表 8-32 可以得出，在农户金融素养影响农地转入规模时，正规信贷发挥了部分中介作用，中介作用大小为 0.018，中介效应占总效应的比重为 11.819%。农户金融素养的提升，增强了家庭获得正规信贷的能力和意愿，最终通过正规信贷这一间接路径促进了农地转入规模的扩大。

表 8-31 转入规模—正规信贷

变量	lnland	fc	lnland
fl	0.156*** (3.543)	0.022** (2.220)	0.137*** (3.175)
fc	—	—	0.848*** (7.425)
age	−0.025 (−0.984)	−0.009 (−1.646)	−0.017 (−0.685)
age^2	0.000 (0.090)	0.000 (0.970)	−0.000 (−0.094)
mar	0.238 (1.479)	0.024 (0.660)	0.218 (1.379)
edu	0.021* (1.741)	0.002 (0.659)	0.019 (1.646)
gender	0.039 (0.280)	−0.007 (−0.235)	0.045 (0.331)
health	−0.016 (−0.458)	0.003 (0.393)	−0.019 (−0.542)
labort	−0.065*** (−6.838)	−0.000 (−0.145)	−0.065*** (−6.932)
area	0.000*** (13.324)	0.000 (0.477)	0.000*** (13.470)
region	−0.157*** (−3.404)	0.024** (2.316)	−0.178*** (−3.903)
num	0.053** (2.069)	0.009 (1.516)	0.046* (1.813)
co	0.042 (0.092)	−0.017 (−0.169)	0.056 (0.126)
la	0.468*** (2.614)	0.087** (2.191)	0.394** (2.237)

（续）

变量	*lnland*	*fc*	*lnland*
常数项	3.001*** (4.163)	0.280* (1.743)	2.764*** (3.899)
N	1 509	1 509	1 509
R^2	0.210	0.034	0.238

注：* 表示 $p<0.1$，** 表示 $p<0.05$，*** 表示 $p<0.01$。

表 8-32　效应量结果汇总

项	检验结论	总效应	中介效应	直接效应	效应占比
$fl \Rightarrow fc \Rightarrow lnland$	部分中介	0.156***	0.018***	0.137***	11.819%

②风险态度—非正规信贷。由表 8-34 可知，风险态度和非正规信贷在农户金融素养影响农地转入规模中，均未发挥出中介效用。因此，在遵循"金融素养—风险态度—非正规信贷—农地转入"理论逻辑的基础上，本研究进一步使用链式中介效应法，实证检验风险态度和非正规信贷在金融素养影响农地转入规模中的链式中介效应。

在金融素养影响农地转入规模过程中，风险态度和非正规信贷的中介效应检验结果如表 8-33 和 8-34 所示。表 8-33 的第二列回归结果中，农户金融素养对风险态度的影响方向为负向，且在 1%的水平上具有统计学上的显著性意义。这意味着农户的金融素养越高，农户越偏好风险。较高的金融素养使得农户更容易在家庭资产配置过程中获得较高的收益，进而降低其对风险的厌恶程度，增强其风险承担能力。

观察表 8-33 第三列的回归结果可知，农户金融素养的影响系数为负向，但其不具备对非正规信贷的显著性影响力。而风险态度负向影响非正规信贷，且在 1%的水平上具有统计学上的显著性意义。可能原因在于，在影响非正规信贷的过程中，变量之间的相互作用使得金融素养受到了风险态度的干预，进而削弱了其影响力，以至于不再显著。风险态度的影响系数为-0.028，即风险态度每增加一个单位，农户进行非正规信贷的可能性也随之下降。风险态度的增加，意味着农户更加厌恶风险，抑制了其对资金的需求。

观察表 8-33 第四列的回归结果可知，风险态度的影响系数为-0.040，不具备统计学上的显著性意义，即不拥有对农地转入规模的显著影响力。可能原因在于，在生产过程中，农业生产活动本身具有弱质性特点，因此不仅要面对自然风险，还要面对社会风险。因此，农户风险厌恶程度的增加，使得农户逐渐转出土地，将家庭资产配置到风险更低、收益更高的方向上。

农户非正规信贷正向影响农地转入规模，且在 1% 的水平上具有统计学上的显著性意义。其影响系数为 0.469，即农户非正规信贷每增加一个单位，其做出农地转入决策的概率随之上升。农户想要扩大农业生产经营的规模，首先要考虑资金问题，而正规信贷和非正规信贷都是解决农户资金问题的有效途径，可以在一定程度上满足农户的信贷需求，促进农地转入规模的不断扩大。

在此基础上，我们使用链式中介效应法，对"金融素养—风险态度—非正规信贷—农地转入规模"这一影响路径进行检验。结果如表 8-34 所示，在金融素养影响农地转入规模的过程中，农户风险态度和非正规信贷发挥了链式中介作用。金融素养的提高使得农户可以正确评估规模化经营的风险收益比，降低自身的风险厌恶程度，将扩大农业生产经营规模的资金需求转化为实际上的非正规信贷决策，最终促进了农地转入规模的不断提升。

表 8-33　转入规模—风险态度—非正规信贷

变量	*lnland*	*risk*	*ifc*	*lnland*
fl	0.156*** (3.543)	−0.311*** (−7.941)	−0.006 (−0.469)	0.142*** (3.193)
risk	—	—	−0.028*** (−3.462)	−0.040 (−1.382)
ifc	—	—	—	0.469*** (5.113)
age	−0.025 (−0.984)	0.054** (2.336)	−0.020*** (−2.711)	−0.013 (−0.520)
age^2	0.000 (0.090)	−0.000* (−1.881)	0.000** (2.064)	−0.000 (−0.271)
mar	0.238 (1.479)	−0.133 (−0.925)	0.022 (0.499)	0.221 (1.382)
edu	0.021* (1.741)	−0.008 (−0.775)	−0.005 (−1.519)	0.022* (1.919)

（续）

变量	lnland	risk	ifc	lnland
gender	0.039 (0.280)	−0.150 (−1.212)	0.010 (0.266)	0.026 (0.190)
health	−0.016 (−0.458)	0.034 (1.079)	0.050*** (5.117)	−0.038 (−1.078)
labort	−0.065*** (−6.838)	−0.003 (−0.378)	−0.006** (−2.326)	−0.063*** (−6.598)
area	0.000*** (13.324)	−0.000 (−1.502)	0.000 (0.188)	0.000*** (13.339)
region	−0.157*** (−3.404)	−0.105** (−2.553)	−0.021 (−1.620)	−0.153*** (−3.333)
num	0.053** (2.069)	−0.049** (−2.129)	0.010 (1.363)	0.046* (1.801)
co	0.042 (0.092)	−0.001 (−0.003)	0.185 (1.454)	−0.045 (−0.100)
la	0.468*** (2.614)	−0.023 (−0.142)	0.040 (0.809)	0.448** (2.524)
常数	3.001*** (4.163)	3.386*** (5.258)	0.819*** (4.031)	2.796*** (3.857)
N	1 509	1 509	1 509	1 509
R^2	0.210	0.083	0.051	0.225

注：* 表示 $p<0.1$，** 表示 $p<0.05$，*** 表示 $p<0.01$。

表 8-34　中介效应结果汇总

项	Effect	Boot SE	BootLLCI	BootULCI	z	p
$fl \Rightarrow risk \Rightarrow lnland$	0.012	0.006	−0.004	0.018	2.175	0.030
$fl \Rightarrow ifc \Rightarrow lnland$	−0.003	0.003	−0.008	0.005	−0.863	0.388
$fl \Rightarrow risk \Rightarrow ifc \Rightarrow lnland$	0.004	0.001	0.001	0.004	4.451	0.000

③家庭资产。在农户金融素养影响农地转入规模过程中，家庭资产的中介效应检验结果如表 8-35 和 8-36 所示。从表 8-35 的第二列回归结果中，金融素养对家庭资产的回归系数为 0.321，且在 1% 的水平上具有统计学上的显

著性意义，即农户金融素养每增加一个单位，其家庭资产也随之增加。这意味着农户金融素养的提高，显著提升了农户自身的家庭财富。可能原因在于，金融素养的提高，使得农户拥有更加丰富和专业的金融知识、金融技能和金融经验，以此进行家庭资产的科学配置，促进了家庭财富的不断累积。

从观察表 8-35 第三列的回归结果可知，家庭资产正向影响农地转入规模，且在 1% 的水平上具有统计学上的显著性意义。其影响系数为 0.137，即家庭资产每增加一个单位，农地转入规模的大小也随之提高。可能原因在于，家庭资产的不断积累，使得农户拥有更加充足的资金进行农业规模化生产经营。综上我们可以得出，在农户金融素养影响农地转入规模时，家庭资产发挥了部分中介作用，中介作用大小为 0.044，中介效应占总效应的比重为 28.195%（表 8-36）。农户金融素养的提升，促进了家庭财富的不断积累，提高了家庭资产，为农业规模化经营提供了坚实的资金基础，最终促进了农地转入规模的不断扩大。

表 8-35　转入规模—家庭资产

变量	lnland	lnasset	lnland
fl	0.156***	0.321***	0.112**
	(3.543)	(9.782)	(2.479)
lnasset	—	—	0.137***
			(3.968)
age	−0.025	−0.037*	−0.020
	(−0.984)	(−1.917)	(−0.791)
age^2	0.000	0.000*	−0.000
	(0.090)	(1.688)	(−0.082)
mar	0.238	0.214*	0.209
	(1.479)	(1.779)	(1.303)
edu	0.021*	0.036***	0.016
	(1.741)	(4.035)	(1.328)
gender	0.039	−0.135	0.057
	(0.280)	(−1.300)	(0.415)
health	−0.016	−0.182***	0.009
	(−0.458)	(−6.915)	(0.245)

（续）

变量	lnland	lnasset	lnland
labort	−0.065*** (−6.838)	0.007 (1.036)	−0.066*** (−6.975)
area	0.000*** (13.324)	0.000* (1.811)	0.000*** (13.189)
region	−0.157*** (−3.404)	−0.050 (−1.441)	−0.151*** (−3.271)
num	0.053** (2.069)	0.115*** (5.947)	0.038 (1.451)
co	0.042 (0.092)	0.425 (1.245)	−0.016 (−0.036)
la	0.468*** (2.614)	0.112 (0.839)	0.453** (2.541)
常数项	3.001*** (4.163)	12.737*** (23.649)	1.260 (1.498)
N	1 509	1 509	1 509
R^2	0.210	0.185	0.218

注：* 表示 $p<0.1$，** 表示 $p<0.05$，*** 表示 $p<0.01$。

表 8 - 36　中介效应结果

项	检验结论	总效应	中介效应	直接效应	效应占比
$fl \Rightarrow lnasset \Rightarrow lnland$	部分中介	0.156***	0.044***	0.112**	28.195%

8.7　结论与建议

8.7.1　研究结论

本研究基于 CHFS 2015 年数据，依据计划行为、认知偏差和金融排斥理论，实证探究了农户金融素养对农地转入决策和规模的影响及其作用机制。首先，梳理了金融素养与农地转入的有关文献，并对研究的具体内容做出了安排。其次，对金融素养、农地和农地转入 3 个核心概念进行了界定，并依次介绍了计划行为、认知偏差和金融排斥理论，为后文的实证分析奠定了理论基础。再次，使用探索性因子分析法测度了农户的金融素养水平，并介绍了农户金融素养的差异化分布特征。最后，对本研究所使用的数据来源、变量和实证模型进行了详细安排。应用 Probit 模型和多元线性回归模型实证检验了农户金融素养对农地转入决策和规模的影响，并使用 Bootstrap 法验证了在农户金融素养影响农地转入过程中，正规信贷、风险态度—非正规信贷和家庭资产可能发挥的中介作用。主要结论如下：

第一，农户金融素养的提升，显著促进了农地转入决策的实施，其边际效应值为 0.026，即农户金融素养每增加一个单位，农地转入的可能性随之上升。同时，农户金融素养的提升，也显著促进农地转入规模的增加。农户金融素养对农地转入规模影响的回归系数为 0.156，即农户金融素养每增加一个单位，农地转入规模都会随之上升。

第二，应用 IV-Probit 和 IV-2SLS 讨论了可能存在的内生性问题后，农户金融素养对农地转入决策和规模的影响仍在 1% 的水平上具有显著性意义。值得注意的是，工具变量法得出的回归系数略高于基准回归系数。可能的原因在于，基准回归严重低估了农户金融素养的真实效应。同时，使用了替换核心解释变量、双边 1% 缩尾处理和剔除新访户三种方法，初步确定了基准回归结果是稳健的。

第三，为探究可能存在的差异化结果，从南北方地区、受教育年限和耕地规模 3 个视角进行了异质性分析。首先是南北方地区，在转入决策方面，北方地区农户金融素养的回归系数显著大于南方地区，但在转入规模方面却形成了截然相反的局面。其次，受教育水平的差异化分析显示，在转入决策与转入规模中，低受教育水平农户的金融素养回归系数均显著大于高受教育水平农户。耕地规模的差异化分析显示，在转入决策与转入规模中，小规模农户的金融素养回归系数均显著小于大规模农户。

第四，探寻正规信贷、风险态度—非正规信贷和家庭资产在金融素养影响农地转入过程中可能发挥的间接作用。在金融素养影响农地转入决策中，正规信贷和风险态度—非正规信贷均具有显著的间接影响力，即金融素养的提升，提高了农户的正规信贷可得性，也提高了其风险承受能力，进而提升了农户的非正规信贷可得性，最终提高了农地转入的概率。在金融素养影响农地转入规模中，正规信贷、风险态度—非正规信贷均具有显著的间接影响力，即金融素养的提升，提高了农户的正规信贷可得性，也提高了其风险承受能力，进而提升了农户的非正规信贷可得性。同时，金融素养的提升也带来了家庭资产的财富效应，最终提高了农地转入的规模。

8.7.2　政策建议

第一，多渠道提升农户金融素养水平。据《消费者金融素养调查分析报告（2019）》显示，现有消费者了解金融知识的途径中，占比最高的为金融机构网点发放的宣传资料，达到59.74%。然而现实情况是，广大农村地区金融机构网点较少，宣传资料难以惠及普通小农户。因此，亟须在传播渠道上进行创新，全方位多渠道提升农户的金融素养水平。首先，寓教于乐，将传统的宣传手段转化为农民群众喜闻乐见的方式。将金融知识和文艺表演有机结合起来，让农民在享受文化活动的同时也能学习到一些有用的金融知识。其次，通过设置有奖品的知识竞答比赛来激发农民的参与和学习热情，可以由各村委会分别组织，也可以是村与村之间联合举办。再者，还可以组织金融知识的公益讲座，发挥村委会和新农人的组织协调作用，消除农户的排斥心理，使他们积极主动地参与到金融知识的学习中来。还有，随着金融科技水平的提高和数字金融发展，智能手机逐渐普及，可以利用互联网平台，通过智能APP等普及金融知识，提升受众尤其是小微弱势群体的金融素养。最为重要的是，每一次金融交易都应该是金融知识与金融技能提高的过程，金融机构与借贷农户均受益的关键是金融交易的市场机制配置。

第二，优化信贷助农解难。农村正规金融机构网点不仅数量较少，分布也不均匀，金融资源地区差异性显著。网点的匮乏，使得农户获得正规信贷的成本较高，可能转而倾向于非正规信贷，增加融资风险。而且非正规信贷受自身社会资本的约束，多数情况下可能难以解决农地转入的资金缺口问题。一方面，地方政府与相关部门应针对当地农业产业发展需求，设立专项资金给予助农金融机构更多支持，引导金融机构在保证服务网点数量的基础上，合理优化网点布局。另一方面，银行等金融机构通过抖音、快手和微信公众号等互联网渠道，积极对信贷政策和流程进行宣传。同时，通过整村授信等措施提升自身金融供给水平，与农户的金融需求有效结合起来。

第三，宣传引导农户积极参与农地流转。虽然农地经营权流转放开已久，但仍有部分农户缺乏对相关政策的了解，对如何转出和转入农地，以及后续诸多事宜知之甚少。加之农地所具有的保障功能在一定程度上仍然存在，农户对农地转出后面临的收益问题和转入后所面对的风险问题存在诸多顾虑，流转意愿偏低。这需要进一步通过社会保障释放土地的价值，强化对土地流转后农户权益的保障。在各地村干部发挥带头作用的前提下，鼓励和引导新农人、专业大户和家庭农场等新型农业经营主体积极参与到政策宣传和培训中来，帮助农民了解农地流转可能带来的福祉，提升其农业生产能力和规模化经营技能。针对农地流转过程中可能存在的信息鸿沟，各级应积极搭建并完善流转信息服务平台，建立并完善土地流转交易市场，为农户参与土地流转提供坚实的基础。

（本章撰稿人：邓艺、张少宁）

第 9 章 金融素养对农户家庭保险配置的影响研究 /////////////////////////

9.1 研究背景

随着人民生活水平的不断提高以及金融市场的不断完善，保险在大众生活中抵御风险的作用也不断显现出来。保险作为一种分散风险、降低损失的金融杠杆手段，对社会或家庭在风险防范上发挥着重要的作用。商业保险、社会保险不仅能作为家庭投资决策时的一种资产配置，更能作为一项抵御风险的重要保障措施。然而，保险市场发展和保险交易的增加，不仅需要保险供给者（保险公司、保险人）的发展和保险产品的创新，也需要需求方（被保险人）的主动参与。而我国保险产品的购买力严重不足，需求方的金融素养水平高低影响其参与程度，尤其是商业保险要求购买者具有一定的金融素养，选择符合自身需求的商业保险对消费者的金融素养要求较高。因此，消费者的金融素养水平与是否参与保险购买的情况密切相关。

2021 年《消费者金融素养调查分析报告》显示，金融素养在年龄上呈现正态分布，年龄较小和年龄较大的群体金融素养水平较低，而青年和中年的金融素养水平相对较高，且农村金融素养水平普遍低于城镇金融素养水平。本章以农村家庭作为研究对象，从金融素养出发，研究农村家庭金融素养水平如何影响保险的购买力，对其保险持有情况和保险支出占比的影响。使用 Probit 模型，从保险深度和保险广度两个方面分析农户金融素养情况对家庭资产配置中不同类型保险产品配置的影响，对其影响路径进行挖掘。从现实层面看，能够促进我们对金融素养对保险产品购买力影响机制的探究，同时可以为保险公司在保险宣传或产品设计时提供思路。同时，引导新型农业经营主体提升自身金融素养，创造有效金融需求，匹配金融供给，促使金融市场达到供需均衡。

9.2 文献综述

9.2.1 金融素养与家庭资产配置

首先，金融素养与家庭储蓄率密切相关，呈倒 U 型，金融素养的提升会完善家庭的理财规划，提高家庭储蓄率，借贷约束降低会促使家庭增加消费（吴卫星等，2021）。金融素养能提高农户的金融参与度，金融素养水平越高的农户更愿意参与数字金融，但其影响水平在不同地区不同年龄段和不同风险态度的人群中有明显的差异（温涛和刘亭廷，2023）。其次，金融素养对家庭风险偏好程度存在影响：家庭成员的金融从业经历通过主观金融素养水平的中介效应影响家庭的投资行为，该影响在不同阶层的家庭风险投资中有不同程度的促进作用（盛智明和蔡婷婷，2021）。金融素养会影响农户的信贷决策，高金融素养的农户会保持合理负债，对借贷成本和预期收益做出评估，进而做出合理决策（曹琛，2022）。金融素养在人口老龄化水平和资产配置之间存在调节作用，金融素养能够调节老龄化过程中资产选择单一的影响（卢亚娟和何朴真，2022）。农牧民的金融素养水平普遍不高，受教育程度对金融素养水平由正向的影响，年龄对金融素养水平呈抑制效应，金融素养水平能够降低农牧户非理性投资的概率（乌云花等，2022）。最后，金融素养和保险之间存在以下关系：商业保险的参与概率受到金融素养的影响，金融素养水平越高的居民，保险参与程度越深，参与保险的概率也越大，这与居民是否在农村生活无关，与市场化程度有关（张洪霞等，2021）。农户的参保行为受到金融素养的影响，金融素养的提高带来农作物保险参与决策概率的增加（晁娜娜等，2022）。信息化程度的提升突破了传统金融的地理位置限制，增加经济不发达地区和偏远地区的金融便利性和可得性；金融素养水平的提升能明显缩小信贷可得性的差距（周南和张龙耀，2022）。

9.2.2 金融素养影响收入

当前我国居民的金融素养处于中等偏低水平，且当前居民金融素养指数呈上升趋势，金融素养对收入性资产具有正向影响，在不同年龄层次的居民影响效果不同（陶维荣，2021）。农村家庭收入不平等受到金融素养水平的影响，金融素养水平的提高会提高农村家庭收入水平，缓解收入不平等情况（李昭楠，2022）。金融素养受到数字普惠金融的正向影响，缓解居民资产相对贫困

（丁建军和万航，2023）。金融素养对家庭教育的投资决策有显著的正向效应，弱化家庭教育的短视性（蔡庆丰等，2022）；我国相对贫困的集中区域在西部，数字金融能够影响金融素养水平进而有效缓解相对贫困，对中西部地区的影响效果更好（韩英荻，2022）。金融素养能够缓解家庭收入贫困，金融素养主要通过增加风险偏好、错期消费和提高信贷可得实现缓解收入贫困（邹静和邓晓军，2022）。金融素养对家庭财务脆弱性有显著的缓解效应，该效应在东部和中部更为明显，提升金融素养水平能够维持金融环境稳定（王安邦和胡振，2022）。金融素养能够抑制贫困水平，金融素养高且风险厌恶程度低的投资者对持续性贫困的抑制作用显著（雷汉云和陈迁迁，2020）。

9.2.3　农村居民保险配置

首先，研究发现，我国商业医疗保险仍有很大的发展空间，农村居民参与商业保险后，逆向选择和道德风险的问题并不严重，但参与了商业医疗保险的居民倾向于选择医疗水平更强的医院（陈华和杨晓旭，2022）。移动支付显著提高商业保险的家庭参与程度，但在不同地域存在异质性，可能通过金融知识和保险可得性影响保险参与程度（尹志超等，2022）。农民工参与失业保险仍存在一些应保未保问题，该问题会抑制农民工的参保需求（何巧云，2021）。

其次，保险和家庭风险偏好之间的关系。养老保险能够提升家庭的风险偏好，提升家庭的资产配置效率，为家庭谋得财产性收入（刘雪颖，2022）。家庭风险资产配置通过风险效应和财富效应提升家庭保险参与程度，提高保费支出占比，信息渠道在其中承担中介效应的作用，该效应在非农户口、资产水平高的家庭中更加显著（乔杨和张浩，2022）。医疗保险影响家庭资产配置（王稳和孙晓珂，2020），社会医疗保险对金融资产配置的影响机制主要是替代效应，参保家庭更愿意将安全资产转移到风险资产上，提高家庭的风险金融市场的参与程度（王稳和桑林，2020）。新农保能明显改变家庭的资产配置情况，使农村家庭更多参与到风险程度高的金融资产上（曹兰英，2019）。养育了未成年子女的家庭更愿意参与商业保险，增加保费支出（尹志超等，2022）。商业保险对中老年家庭风险资产配置具有显著的正向影响，在城镇，该影响更加明显（江世银等，2021）。社会养老保险影响家庭金融资产选择，降低家庭未来收入的不确定性，持有社会养老保险的家庭风险性金融资产的投资增加，该效应在不同地区之间存在异质性（卢亚娟等，2019）。农业保险能够降低农业风险带来的损失，缓解农业脆弱性，降低建档立卡农户返贫的可能性，为农户稳定农业收入、转移风险起到了重要的作用（徐婷婷和孙蓉，2022）。

再次，收入与保险持有情况之间的关系。吴罗发（2008）分析了中部地区江西省农民的社会养老保险参保医院，发现收入和耕地面积对农户参保意愿有显著的正向影响。普惠金融的发展影响家庭可支配收入水平，进而影响商业保险的持有情况（刘冬姣和庄朋涛，2021）。农业保险在收入风险和家庭劳动力资源配置中承担调节变量的作用，在农户家庭里，收入风险促使劳动力资源向非农产业配置（魏加威和杨汭华，2021）。风险厌恶程度越高的家庭持有保险的概率越高，保险种类越多，家庭收入对保险持有产生正向影响，资金流动性的限制会抑制持有保险资产的额度（黄毓慧和邓颖璐，2013）。

最后，保险能够提升家庭幸福感，平滑家庭消费。商业保险具有"幸福提升"功能，可以显著提升家庭幸福感，能缓解不确定性导致的预防动机，在已婚人群与社会保障水平较低的群体中提升幸福感的效用更为显著（胡宏兵等，2012；张凌霜等，2022）。年龄、健康和收入都是影响家庭商业保险持有的因素，农村家庭商业保险更容易受到幸福的正向影响（卢亚娟和王家华，2018）。持有养老保险的家庭更倾向于消费，但保险持有对教育消费的影响不显著（陈静，2015）。

9.2.4 金融素养与保险配置

我国的商业保险参与率低，会受到金融素养的正向影响，金融素养高的消费者更愿意持有商业健康类保险，但是财富差距的扩大会抑制金融素养的正向效应（杨柳和刘芷欣，2018）。数字金融降低市场交易成本，有助于提高商业保险可得性，提高家庭商业保险的参与程度，对金融知识水平更高的群体保险行为的影响更大（李晓等，2021）。金融素养对家庭消费结构有显著的改善作用，金融素养水平越高的农户越愿意参与社会养老保险并提升消费水平（贾立和李铮，2021）。金融知识提高了保险参与度，该效应在农村和城镇之间没有显著的差异，金融知识水平高的家庭，保险支出也更多（秦芳等，2016）。教育水平、收入水平和经济发展水平都会影响商业养老保险的参与程度，因此，应重视农村商业养老保险的发展空间，提高教育水平，普及保险知识（张强和杨宜勇，2017）。

9.3　理论分析与假说

9.3.1　概念界定

（1）金融素养

金融素养是指人们管理和经营其财富的能力。金融素养的概念在不同的文献中有不同的界定，中外学者也用不同的方法对金融素养进行统计，卢亚娟、何朴真（2022）表明家庭金融素养的不同会影响家庭在金融决策上的收益。国内外对金融素养的调查主要通过受访者是否能够正确回答金融知识的基础问题来衡量，也有学者提出金融教育、金融知识和投资决策三者密不可分。

本研究主要从金融知识出发，根据农户在填写问卷时对不同问题回答的准确程度来衡量其金融知识水平，使用其资产配置情况来衡量其金融技能水平。由于农户的投资回报率较难估计，因此，本研究仅采用多样化投资的程度来衡量其投资决策水平。

（2）保险配置

目前社会保险和商业保险是我国主要的保险产品。社会养老保险和社会医疗保险是社会保险的两大部分。商业保险种类较为丰富，主要包括商业健康保险、商业医疗保险等。保险产品作为家庭资产的一部分，对于家庭规避风险、减少损失有重要作用。保险配置可以从保险的深度和广度进行划分，本章使用是否购买保险来衡量保险覆盖广度，用保费支出占总收入的比重来衡量保险深度。

保险配置关乎一个家庭抵御风险的能力，正确购买保险能够降低脱贫家庭因病致贫的概率。农村家庭金融素养水平相对较低，购买保险产品少，当灾难发生时，没有规划很好的资产配置，消耗了积蓄，导致贫困的情况常发生。因此，合适的保险配置对农户抵御风险，降低损失有重要作用。

9.3.2　农户家庭金融素养对家庭保险配置的理论基础

（1）金融素养理论

金融素养理论最早出现在 1995 年，始于斯坦福大学经济学教授 B. Douglas Bernheim 1995 年和 1996 年的两项研究，早期该理论没有引起学界和社会关注。1998 年，美国民间非营利组织 Jump＄tart 联盟对美国高中毕业生金融素养状况进行首次调查，结果显示只有 10.2％的高中毕业生能够正确回答 75％的基础金融知识问题，该调查结果使得美国社会开始关注国民金融素养问题。2003年12月，美国政府颁布了《公平交易与信用核准法案》，其中第五项"金融素养与教育促进条例"提出正式成立美国金融素养与教育委员会，将面向美国国民的金融素养教育正式纳入国家法案。随后，英国、俄罗斯、瑞典、德国、意大利、荷兰、日本、印度、墨西哥等国家也将国民金融素养教育和普及提高到国家制度层面。

金融素养是个人为其一生金融福祉而有效管理金融资源的知识和能力，包括权衡金融选择、自然地谈论货币或金融问题、规划未来、有效应对相关金融事件等内容（Vitt et al.，2000；Cude et al.，2006）。金融素养被视为一种特殊的人力资本，通过促使个人做出正确的金融决策，成为公众财富积累的有力保障。金融素养水平的提升能够增强投资决策时的正确性，促使个人运用所学的金融知识，改善金融行为，参与多样化投资行动，并以此增加投资收益，改善家庭经济状况。研究表明，金融素养对改善家庭负债程度有一定的正向影响，具有越高的金融素养水平的农户越能合理管理家庭负债，实现家庭效用最大化（吴卫星，2014）。

（2）家庭金融理论

John Y. Campbell（2006）提出家庭金融理论。Campbell认为在日益复杂的投资环境中，抵押贷款失败、风险投资市场参与和投资组合多样化，是导致一些家庭在投资方面出现严重投资失误的主要因素。这些因素无不与家庭成员金融素养相关。金融素养低的家庭更易低估贷款的实际成本，进而低估未偿还债务价值，导致家庭财富面临较大风险（Stango et al.，2009）。家庭需利用证券投资工具如股票、债券、基金等，实现资源跨期优化配置，达到家庭长期消费效用最大化。因此，提高家庭成员金融素养对于家庭金融良好运行、保证金融福祉有重要意义。

家庭金融理论是指以家庭为分析单元，研究在一定时期内、一定收入水平下家庭理财动机、行为、结构及其影响因素，以此引导家庭科学理财；研究如何减少家庭金融决策的失误，实现家庭金融决策的投资效用最大化，进而提升幸福指数。家庭作为一个基础的社会单位，其投资决策不仅关乎家庭未来的生活水平，也影响整个社会的资金流向。许多研究家庭金融的学者认为，可以通过加大对家庭的培训力度，来降低投资决策失误的概率。从家庭投资者的有限理性出发，研究如何降低投资人在决策过程中面临的信息不确定性，提高家庭金融市场参与率，是家庭金融发展中的一个重要课题。

（3）金融素养与收入机制

收入机制理论是指，家庭金融素养水平会影响家庭收入水平，进而影响资产的配置情况，收入水平高的家庭更愿意持有保险产品。对于农户而言，金融素养水平高的农户会更好地进行投资决策，进而影响其收入水平，高收入也会促使其购买保险产品，分散风险，降低未来损失的可能性。张宁等（2017）对部分地区的农民参保情况进行分析，发现收入水平低的农民更愿意选择费用较低的保险，而收入水平较高的农民愿意花更多的费用在保险产品上。因此，家庭的保险选择往往会受限于收入水平，而收入水平又会受到金融素养水平的影响。

（4）金融素养与风险偏好机制

风险认知是指个体对存在于外界各种客观风险的感受和认识，风险偏好是通过风险认知来影响决策的。不同的投资者对风险的态度是存在差异的，根据投资体对风险的偏好将其分为风险规避者、风险追求者和风险中立者。风险规避者的态度是：当预期收益率相同时，偏好于具有低风险的资产；而对于具有同样风险的资产，则钟情于具有高预期收益率的资产。风险追求者通常主动追求风险，其原则是：当预期收益相同时，选择风险大的，因为这会给他们带来更大的效用。风险中立者通常既不回避风险，也不主动追求风险。选择资产的标准是预期收益的大小，而不管风险状况如何。

风险偏好机制表明，家庭金融素养水平影响风险偏好程度，进而对资产配置产生影响。风险厌恶型家庭，更愿意购买保险产品，规避未来风险；风险偏好程度高的家庭，对于保险持有随意态度，更愿意投资高风险、高收益的产品。金融素养水平的提升会影响风险偏好的程度，在面对风险时，金融素养水平较高的家庭会采取积极的行动规避风险，降低损失，更愿意购买保险类产品保障自己的资产。

9.4　金融素养与家庭保险配置现状分析

根据中国人民银行发布的《消费者金融素养调查分析报告（2021）》，全国消费者金融素养指数为 66.81，相较于 2019 年上升了 2.04 点。报告从金融知识、行为、态度、技能等多维度对中国消费者的金融素养进行了综合性定性分析。总体而言，我国居民在金融态度方面表现良好，但在金融行为和技能等方面表现出显著差异，且亟须进一步提升基础金融知识水平。

结合西南财经大学 CHFS 2019 年家庭金融调查问卷，本章深入分析了国内消费者的金融知识状况。调查结果显示，中国居民在金融知识方面普遍偏低，特别是在投资风险、通货膨胀和利率问题上的了解程度不足。例如，对通货膨胀问题的正确理解率仅为32%，而对投资风险问题的正确理解率更低，仅有7%。此外，通过问卷中关于"经济金融信息关注程度"的问题分析发现，大部分受访者对经济金融领域关注度较低，这在一定程度上影响了他们的金融素养水平。因此，政府和金融机构应加大对公众金融基础知识的普及力度，通过多种渠道提高民众对金融信息的关注度和金融素养水平。

在金融产品持有方面，调查数据显示，大部分投资者倾向于持有活期存款，而对于较高金融素养要求的股票、基金等金融产品的接受度较低。例如，持有基金类产品的比例仅为1.87%。这主要是由于民众对这些金融产品的认识不足以及对金融风险的恐惧所致。同时，各地区在金融产品选择上也存在差异，例如东部地区的居民在资产配置上更倾向于多样化，相比其他地区的更多选择股票、基金和金融理财产品。

此外，调查还涉及保险配置状况。数据显示，超过90%的被调查者持有社会保险，但对商业保险的认知和接受度较低。仅有约10%的受访者选择配置商业保险，其中商业人寿保险持有率最高，占4%。这反映出民众对保险产品的理解和认知仍有待提高。保险公司和金融机构应加强保险产品的宣传教育，提升公众对保险的认识和购买意愿。

综上所述，我国消费者在金融知识、行为、态度和技能等方面仍有较大提升空间，尤其是在金融产品的认知和配置方面。政府和金融机构应采取有效措施，提升公众的金融素养，以营造健康的金融消费环境。

9.4.1 金融素养状况分析

(1) 金融知识的普及程度

金融知识水平的高低对个人、家庭来说都是重要的。民众得到较好的金融教育，提升了金融知识的水平，这对其投资时进行金融决策有重要作用。不同学者在研究时对于金融知识指标的决策存在一定差异，但以下3个问题是较为常见的：投资风险、通货膨胀以及利率问题。根据西南财经大学CHFS 2019年家庭金融调查问卷，将金融知识板块的回答作为衡量被调查者金融知识水平的指标，分析被调查者金融知识水平的现状。被调查者的金融知识水平由3个问题的回答结果反映。

根据图9-1和9-2我们可知，中国居民的金融知识水平状况普遍较低。

从图9-1中可以看出，对于通货膨胀问题算是大家较为了解的，但其正确率也仅有32%，而风险问题的正确率更加不容乐观，仅能达到7%。从以上3个问题的回答情况可以看出，中国民众的金融知识和金融素养的匮乏程度。首先是金融理论知识的匮乏，其次不主动接触金融问题、不关注金融信息。该现状可以通过问卷中的"您平时对经济、金融方面的信息关注程度如何?"反映。使用Excel对问卷的回答进行分析，发现在填写问卷的人中，对经济很少关注的人最多，超过调查对象的半数;而对经济非常关注的人寥寥无几。因此可以推断出，很多人自身的金融知识水平不高，也很少主动关注经

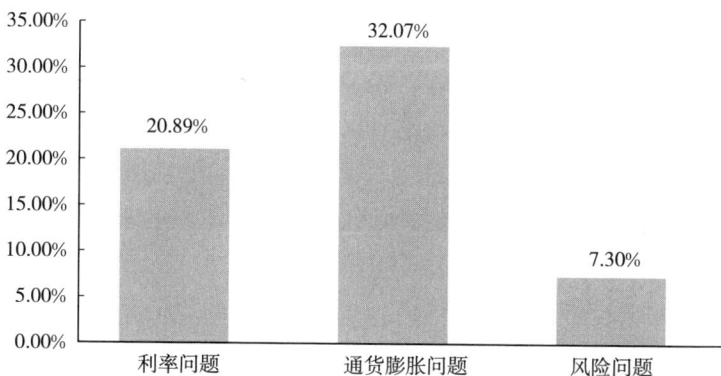

图9-1 金融知识问答回答情况

数据来源:2019年西南财经大学CHFS中国家庭金融调查中心。

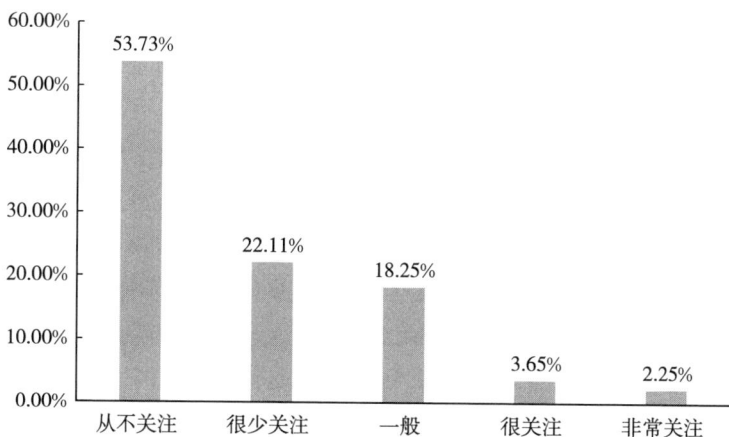

图9-2 对经济关注程度的调查结果

数据来源:2019年西南财经大学CHFS中国家庭金融调查中心。

济状况，提升自身的金融素养水平。我国民众对经济状况的关注程度低，一定程度影响了整体的金融素养水平。因此，政府及金融机构应加大对民众金融基础知识的教育，运用多种手段提升民众金融水平，提高群众对经济、金融的关注程度。

（2）金融产品持有状况

图 9-3 反映了我国家庭资产配置中的资产持有情况。从中可以看出，大部分投资者在选择金融产品时还是以活期存款为主。在被调查者中，近 80% 的人持有活期存款；而对于投资者金融素养水平要求较高的股票基金等金融产品，大部分投资者往往不会选择。尤其是基金类产品，持有者仅占被调查者的 1.87%，可以推测出民众对该类产品仍保持观望态度。这主要是由于金融素养水平较低、对该类产品的认识不足，很多投资者对于该类产品持有恐惧心理。另一方面，复杂的开户流程和烦琐的交易程序成为投资者不愿采取其他投资手段的另一个原因。

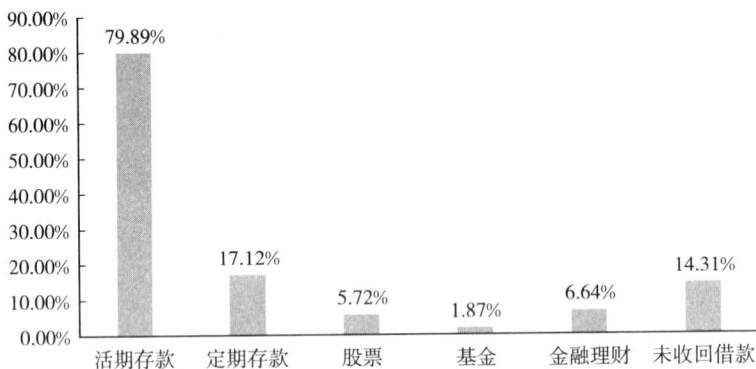

图 9-3　持有金融产品的占比情况

数据来源：2019 年西南财经大学 CHFS 中国家庭金融调查中心。

不同地区可能由于信息化程度的不同，生活习惯的不同，从而导致对金融产品的选择存在差异，因此，将数据分为东、西、中、东北部进行分析，发现不同地区的人对金融产品的偏好存在一定差异。但活期存款仍是大部分人在进行金融产品选择时的首要选择，各地区的活期存款占比均超过 70%，中部、东北部的活期存款占比略少于东、西部（表 9-1）。同时，东部地区人们在资产配置时，会采用多样化的配置形式，因此，选择股票、基金和金融理财产品的占比明显高于其他地区。

表 9-1　各地区金融产品选择对比

	活期存款	定期存款	股票	基金	金融理财	未收回借款
东部	83.13%	22.00%	9.89%	3.04%	10.65%	15.40%
西部	82.90%	13.22%	2.99%	1.30%	4.12%	14.47%
中部	74.42%	14.93%	3.73%	0.92%	4.36%	13.83%
东北	71.35%	15.64%	3.01%	1.28%	4.43%	11.11%

数据来源：2019 年西南财经大学 CHFS 中国家庭金融调查中心。

9.4.2　保险配置状况分析

（1）保险持有状况

从问卷信息能够发现，超 90% 的被调查人员持有社会保险，社会保险简称社保，包括养老保险、医疗保险、工伤保险、失业保险、生育保险等，以保障公民在年老、疾病、工伤、失业、生育等情况下依法从国家和社会获得物质帮助的权利。持有其中之一，便视为拥有社会保险。被调查人员只要持有其中一类保险，则视为持有社会保险。从图 9-4 可以看出，我国大部分人持有社会保险。

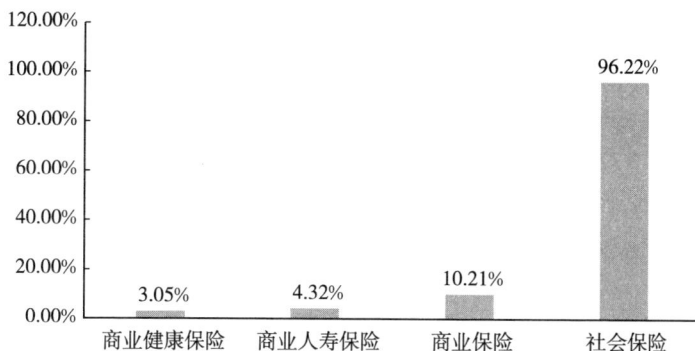

图 9-4　保险配置情况

数据来源：2019 年西南财经大学 CHFS 中国家庭金融调查中心。

从数据可以看出，大家对商业保险仍处于观望态度，个人由于自身对保险知识水平的局限，对保险种类的不了解以及对于传统保险业务的刻板印象等原因，没有选择持有保险产品。商业保险的受众较少，仅 10.21% 的人员会选择配置商业保险，其中商业人寿保险占比 4.32%，是商业保险中持有率最高的部分。保险公司和金融机构应该加大对保险产品的宣传以及科普保险的功能与作用，改变人们的传统观念，提升群众购买保险的意愿。

（2）保费支出占比

依据 2019 年西南财经大学 CHFS 中国家庭金融调查中心提供的数据，对我国家庭在不同保险种类上的支出占比进行了细致分析，如表 9-2 所示。数据显示，33.34% 的受访者未对社会保险进行任何支出，而在商业保险领域，未支出保费的比例更高，达到 91.95%。此外，超过 90% 的受访者未在商业人寿保险和商业健康保险上进行消费。从保费支出占收入比例来看，绝大多数受访者（63.40%）选择将保险总支出控制在收入的 20% 以内，而对于已购买商业保险的个体，绝大部分人的保险支出也占收入比重不超过 20%。这一数据反映出大多数人认为较低的保费支出比例更为合理。

表 9-2 保费支出占比情况

保费支出占收入比例	受访者比例				
	社会保险	商业保险	商业人寿保险	商业健康保险	保险总支出
0%	33.34%	91.95%	95.90%	96.77%	31.17%
0%~20%	63.40%	7.14%	3.60%	2.92%	64.62%
20%~40%	1.57%	0.42%	0.24%	0.16%	2.07%
40%~60%	0.48%	0.17%	0.12%	0.04%	0.64%
60%~80%	0.26%	0.08%	0.03%	0.02%	0.34%
80%~100%	0.10%	0.04%	0.01%	0.01%	0.13%

数据来源：2019 年西南财经大学 CHFS 中国家庭金融调查中心。

对商业保险消费低迷的主要原因进行分析，可以归结为两点：一是保险意识的薄弱。大部分人缺乏足够的保险意识，常存在一种无需购买保险的侥幸心理。二是对保险的偏见。许多人对保险仍持有误解，将保险等同于诈骗，这种观念深植于人心，影响了他们对保险产品的接受度。因此，为提高民众对保险的认知和购买意愿，保险公司和相关金融机构应加强保险产品的宣传教育，改变公众对保险的传统观念，提升其金融素养，从而激发其对保险产品的需求。

9.5 研究设计

9.5.1 模型设定

本研究中衡量保险深度的被解释变量为二元虚拟变量，根据以往文献，使用 Probit 模型进行分析家庭金融素养对家庭保险持有情况。回归模型设定为：

$$Probit(y=1)=\beta_0+\beta_1 F_1+\beta_2 X_i+\varepsilon \qquad (9-1)$$

其中，F_1 表示经过因子分析得到的金融素养水平，X_i 则为控制变量，主要包括：年龄、性别、家庭收入、家庭资产、地区等相关因素，ε 为误差项。

9.5.2 数据来源及变量选择

本研究采用 CHFS 2019 年的家庭金融调查问卷作为原始数据，该数据库的问卷对象覆盖全国 29 个省份，覆盖 1 360 个村委会，样本规模达到了 34 643 户。使用 STATA 进行进一步的数据处理，同步采用 EXCEL 进行数据分析，剔除原始数据缺失的变量得到 14 137 个有效样本。

（1）因变量

本研究根据问卷调查结果，使用保险购买情况作为因变量，该变量为虚拟变量，若被调查家庭购买了保险则将其设置为 1，否则为 0。商业保险类别中，若该家庭购买了商业健康保险、商业人寿保险或其他商业保险中的任意一项，则将其赋值为 1，否则为 0。对于社会保险，若家庭持有社会医疗保险、社会养老保险、公积金等相关的社会保险中的任意一项，则赋值为 1，否则赋值为 0。保险持有情况中，若该家庭持有商业保险或社会保险中的任意一项，则赋值为 1，未持有则赋值为 0。

（2）金融素养指标的度量

学者对金融素养指标的选取总结见表 9-3。CHFS 2019 年问卷中，对家庭金融素养做了全面的调查，该问卷设置了不同的问题来测试被访问人员的金融素养水平，本章根据受访人员对于利率问题、通货膨胀问题和风险问题的回答，以及受访人员对各个金融产品的持有水平进行因子分析，综合分析得出金融素养水平，作为金融素养的衡量指标。根据 6 个问题产生 3 个因子，因子分析的 KMO 检验结果为 0.707，表明适合进行因子分析。同时使用 Bartlett 球形检验，得出 P 值为 0，检验显著，表明样本可以进行因子分析，根据因子得分公式计算金融素养水平。

表 9-3　学者对金融素养指标的选取总结

学者	金融素养指标选取
尹志超等（2014）	对利率计算、通货膨胀理解以及投资风险认知 3 个问题的回答情况
吴锟、吴卫星（2017）	对股票、基金、债券和购房贷款、购车贷款等贷款产品的了解程度自评，共 9 个问题

（续）

学者	金融素养指标选取
胡振、臧日宏（2017）	主观金融素养以对各类金融产品了解程度的自评衡量，客观金融素养以对经济金融问题的回答情况衡量
鲁斯玮（2020）	从利率计算、通货膨胀理解、投资风险认知3个问题的回答情况考察金融知识水平；从受访者的储蓄、理财、风险投资等金融决策和收益情况构建9个问题衡量金融技能大小
周雨晴等（2020）	利率计算、通货膨胀理解、投资风险认知以及"是否上过经济金融类课程？"
罗文颖等（2020）	选取11个能反映个人金融知识和技能水平的问题进行测度，其中包括对自身金融素养的主客观评价

（3）控制变量

借鉴以往的文献，使用年龄、婚姻状况、家庭收入的对数、受教育水平、性别、受访者的身体状况和受访者的风险态度情况作为控制变量。有研究表明，家庭收入和总资产的增加会增大家庭购买金融产品和保险产品的概率。具体变量含义如表9-4所示。

表9-4　控制变量含义

控制变量	变量含义
age	年龄：当年年份减去户主出生年份
gender	性别：0表示女性，1表示男性
education	教育水平：1～9表示教育水平逐渐增加，1和9分别表示从未上过学和博士毕业
marriage	婚姻状况：0表示不存在法律上的婚姻关系，1表示存在法律上的婚姻关系
health	健康状况：1～5表示身体状况越来越差，1和5分别表示非常好和非常不好
lnincome	家庭总收入取对数
risk	风险态度：1～5表示风险偏好程度逐渐加深，1和5分别表示风险厌恶和风险偏好

9.6　金融素养与保险持有情况影响的实证分析

从表9-5可以看出，农村地区家庭金融素养水平对保险的影响在1%的置信水平下显著，无论是商业保险或是社会保险，都受到金融素养水平的影响。同时，性别因素对保险产品的购买在统计水平上不显著，说明性别因素对农村家庭保险购买不存在太大的影响。农村教育水平的提高会增加保险产品购买的概率。值得关注的是，健康状况对于商业保险和社会保险存在不同方向的影响，越健康的农村居民，越不愿意进行商业投保。而风险偏好程度高的农村居民更倾向于购买商业保险而不是社会保险。从总收入对保险持有情况的影响也能发现，收入情况和保险持有概率显著正相关。

表9-5 金融素养对保险持有情况 Probit 回归

变量	(1) insurance	(2) C_ins	(3) S_ins
fiance	0.275 *** (5.70)	0.354 *** (15.16)	0.227 *** (5.124)
gender	0.043 (1.03)	−0.050 5 (−1.517)	0.054 0 (1.320)
education	0.038 ** (1.98)	0.036 4 ** (2.530)	0.034 0 * (1.841)
marriage	0.250 *** (4.84)	0.224 *** (4.393)	0.275 *** (5.494)
health	0.055 ** (2.55)	−0.044 1 *** (−2.586)	0.057 3 *** (2.738)
risk	−0.053 *** (−2.63)	0.029 5 * (1.846)	−0.055 6 *** (−2.837)
lnincome	0.051 *** (3.63)	0.107 *** (7.836)	0.046 3 *** (3.355)
age	0.015 *** (8.26)	−0.009 61 *** (−6.428)	0.015 5 *** (9.013)
Constant	0.073 (0.34)	−2.257 *** (−11.55)	0.012 1 (0.057 6)
Observations	14 137	14 137	14 137

注：* 表示 $p<0.1$，** 表示 $p<0.05$，*** 表示 $p<0.01$。

从表9-6的回归结果中可以看出，金融素养影响商业保险和社会保险的持有状况。从边际的角度看，金融素养对商业保险和社会保险的影响程度不相同，金融素养每提升一个单位，人们购买社会保险和商业保险的概率都会随之增加。金融素养的提升会加大人们购买保险的概率，并且购买商业保险的概率要大于购买社会保险的概率。收入的对数每增加一个单位，农户购买商业保险和社会保险的概率都会增加，但从回归结果看，农户购买商业保险的回归系数大于购买社会保险的系数，所以相较于社会保险，农户收入增加时更倾向于选择商业保险以规避风险。由回归结果也可以看出，农户的婚姻状况对其是否购买保险有显著影响，这主要是由于组建家庭后，双方会共同谋划未来，用保险手段来平滑家庭的风险和不确定性，减少家庭的损失。

从前文的金融素养现状分析可知，不同地域的人们的金融素养水平不同，不同地区根据其生活习惯和水平也会影响其购买保险的投资决策。本章将地区区分为东部、西部、中部和东北部，探究不同地区的农户金融素养水平对其保险持有状况的影响。考虑到商业保险的数据更能反映农户持有保险的主观选择度，本章仅从商业保险持有情况进行探讨（表9-7）。

表9-6　金融素养对保险持有情况 Probit 回归的边际效应

变量	(1) Insurance	(2) C_ins	(3) S_ins
fiance	0.021*** (0.004)	0.050*** (0.003)	0.018*** (0.004)
gender	0.003 (0.003)	−0.007 (0.005)	0.004 (0.003)
education	0.003** (0.001)	0.005** (0.002)	0.003* (0.001)
marriage	0.019*** (0.004)	0.031*** (0.007)	0.022*** (0.004)
health	0.004** (0.002)	−0.006*** (0.002)	0.005*** (0.002)
risk	−0.004*** (0.002)	0.004* (0.002)	−0.004*** (0.002)
lnincome	0.004*** (0.001)	0.015*** (0.002)	0.004*** (0.001)
age	0.001*** (0.000)	−0.001*** (0.000)	0.001*** (0.000)
Observations	14 137	14 137	14 137

注：* 表示 $p<0.1$，** 表示 $p<0.05$，*** 表示 $p<0.01$。

表9-7　金融素养对商业保险持有情况分地区 Probit 回归

变量	(1) 西部	(2) 东部	(3) 东北部	(4) 中部
fiance	0.461*** (9.31)	0.333*** (10.02)	0.208** (2.301)	0.384*** (7.142)
gender	−0.074 (−1.20)	−0.113** (−2.046)	−0.081 5 (−0.763)	0.063 7 (0.927)
education	0.056** (2.10)	0.026 5 (1.127)	0.020 2 (0.373)	0.035 6 (1.207)
marriage	0.205** (2.24)	0.321*** (3.628)	−0.173 (−1.150)	0.298*** (2.777)
health	−0.016 (−0.50)	−0.073 8** (−2.536)	−0.061 5 (−1.137)	−0.035 1 (−1.041)
risk	0.026 (0.91)	0.023 5 (0.850)	−0.011 6 (−0.210)	0.064 4** (2.016)
lnincome	0.127*** (5.22)	0.077 9*** (3.542)	0.127*** (2.552)	0.118*** (3.983)
age	−0.005* (−1.88)	−0.011 6*** (−4.617)	−0.011 1** (−2.251)	−0.011 9*** (−3.738)
Constant	−2.834*** (−8.23)	−1.809*** (−5.618)	−1.785** (−2.572)	−2.423*** (−5.677)
Observations	4 325	4 949	1 341	3 522

注：* 表示 $p<0.1$，** 表示 $p<0.05$，*** 表示 $p<0.01$。

从表9-8回归结果可以看出，不同地区的金融素养水平对商业保险的持有状况影响程度各不相同，金融素养对西部的影响效果要大于对其他地域的影响效果。西部地区农户金融素养水平的提高对商业保险持有的影响效果最为显著，这可能是由于中、东部地区的整体经济水平较高，金融市场也更为发达，人们的金融素养水平远高于其他地区，其本身已经深度参与，其商业保险市场也较西部地区更为完善，商业保险的品种也更为丰富。因此，西部地区农户金融素养水平的提升对商业保险的选择影响较大。也能发现，收入水平在不同地区对保险产品持有的影响效果都是高度相关且显著，不难推测，收入的提高促使农户购买更多种类的保险。

表 9-8　金融素养对商业保险持有情况分地区 Probit 回归的边际效应

变量	(1) 西部	(2) 东部	(3) 东北部	(4) 中部
fiance	0.062*** (0.007)	0.048*** (0.005)	0.028** (0.012)	0.053*** (0.007)
gender	−0.010 (0.008)	−0.016** (0.008)	−0.011 (0.015)	0.009 (0.009)
education	0.008** (0.004)	0.004 (0.003)	0.003 (0.007)	0.005 (0.004)
marriage	0.028** (0.012)	0.047*** (0.013)	−0.023 (0.020)	0.041*** (0.015)
health	−0.002 (0.004)	−0.011** (0.004)	−0.008 (0.007)	−0.005 (0.005)
risk	0.003 (0.004)	0.003 (0.004)	−0.002 (0.008)	0.009** (0.004)
lnincome	0.017*** (0.003)	0.011*** (0.003)	0.017** (0.007)	0.016*** (0.004)
age	−0.001* (0.000)	−0.002*** (0.000)	−0.002** (0.001)	−0.002*** (0.000)
Observations	4 325	4 949	1 341	3 522

注：* 表示 $p<0.1$，** 表示 $p<0.05$，*** 表示 $p<0.01$。

　　将商业保险进一步分类为商业健康保险和商业人寿保险两种，分析农户的金融素养水平对商业人寿保险和商业健康保险影响程度的区别。研究发现，农户的金融素养水平对其商业人寿和健康保险的持有在 1% 水平下显著，并且随着金融素养水平的提高，农户购买这两种保险的概率也提高。农户在选择保险产品时，金融素养是重要的影响因素，同时也要考虑农户当前的收入水平、婚姻状况、健康状况等一系列因素（表 9-9）。

表 9-9　农户的金融素养水平对商业人寿保险和商业健康保险影响程度

变量	(1) L_ins	(2) H_ins
fiance	0.267*** (9.65)	0.246*** (7.983)

（续）

变量	(1) L_ins	(2) H_ins
gender	−0.074* (−1.72)	−0.087 0* (−1.735)
education	0.031* (1.70)	0.033 7 (1.626)
marriage	0.185*** (2.80)	0.254*** (3.201)
health	−0.049** (−2.22)	−0.065 7** (−2.447)
risk	0.001 (0.04)	0.012 1 (0.497)
lnincome	0.080*** (4.51)	0.061 6*** (3.087)
age	−0.005*** (−2.59)	−0.014 7*** (−6.334)
Constant	−2.505*** (−9.78)	−2.042*** (−7.201)
Observations	14 137	14 137

注：＊表示 $p<0.1$，＊＊表示 $p<0.05$，＊＊＊表示 $p<0.01$。

9.7　农户金融素养对家庭保险持有影响的机制检验

在现状分析中提出，金融素养对保险持有影响情况存在收入机制和风险效应机制。在此，从这两个机制出发，使用 Probit 和 Tobit 模型对该机制进行检验，探讨农户金融素养水平对保险配置和保险占比的影响效果中可能存在的收入机制和风险效应机制。

9.7.1　收入机制检验

从前文的分析得出，农户金融素养水平对收入的影响效果可能会影响家庭保险配置情况。因此，本章使用温忠麟的中介效应检验机制，将家庭收入的对数作为中介效应的中介变量，构建以下模型：

$$Probit(Y=1)=\alpha_1+\alpha_2 finance+\alpha_3 x_i+\varepsilon \quad (9-2)$$

$$\text{Ln\_income}=\beta_1+\beta_2 finance+\beta_3 x_i+\varepsilon \quad (9-3)$$

$$Probit(Y=1)=\gamma_1+\gamma_2 finance+\gamma_3 \text{Ln\_income}+\gamma_4 x_i+\varepsilon \quad (9-4)$$

式（9-2）、（9-4）中的Y表示为保险持有，若持有该种类保险则赋值为1，否则为0，$finance$为金融素养水平，式（9-4）是在控制了中介变量家庭总收入的影响后，户主金融素养对家庭保险持有的直接效应。上式中系数γ_2和γ_3相乘就是收入的传导效应，若三式中，主要自变量系数均显著，则收入机制存在，结果如表9-10所示：第（1）列结果表明，金融素养对保险持有情况有正向作用；第（2）列结果表明，金融素养对农户的收入水平的影响是正向且显著的；第（3）列结果表明，在加入了总收入的控制作用后，回归仍显著，表明收入机制存在。

表9-10 收入机制检验结果

变量	(1) insurance	(2) lnincome	(3) insurance
$fiance$	0.330*** (7.45)	0.459*** (23.74)	0.275*** (6.08)
$lnincome$	—	—	0.061*** (5.02)
Control_var	YES	YES	YES
Observations	18 930	18 273	18 273

注：* 表示 $p<0.1$，** 表示 $p<0.05$，*** 表示 $p<0.01$。

9.7.2 风险态度机制

农户的金融素养和保险配置之间可能不只存在收入机制，还可能存在风险态度机制。本研究参考先前学者的做法，对风险态度机制进行赋值，对风险态度机制进行实证检验，其模型与收入机制完全一致。

模型（1）与收入机制得到的结论相同，金融素养水平对保险配置有正向效应；模型（2）表明，农户的金融素养水平越高，会增加其风险厌恶程度，越高的金融素养，会越愿意规避风险；模型（3）在加入风险态度这个中介变量后，金融素养的系数仍然在1%水平下显著，而风险态度的系数不显著，说明风险态度机制不存在（表 9 - 11）。

表 9 - 11　风险态度机制检验结果

变量	(1) insurance	(2) risk	(3) insurance
fiance	0.263*** (5.95)	−0.415*** (−28.04)	0.275*** (6.08)
risk	—	—	0.023 (1.38)
Control_var	YES	YES	YES
Observations	18 273	18 273	18 273

注：＊表示 $p<0.1$，＊＊表示 $p<0.05$，＊＊＊表示 $p<0.01$。

9.8　研究结论及建议

9.8.1　研究结论

本章从 CHFS 2019 年数据出发，探究农户金融素养水平对其家庭保险配置的影响效果。首先，根据问卷数据，分析了当前金融素养水平及家庭保险配置情况；其次，使用因子分析对金融素养指标进行构建；最后，采用 Probit 模型对农户金融素养水平影响农户保险资产配置进行实证分析，并对收入机制和风险态度机制进行实证检验，得到以下结论：

第一，中国民众对经济的关注程度有限，大多数人不关心经济状况，且金融知识匮乏，无法正确回答一些简单且基础的金融问题，这也反映了当前中国民众的金融素养水平普遍较低，对经济形势不敏感，没有能力做出有效的投资决策。

第二，中国的保险覆盖率较高，超过 90% 的人持有社会保险或是商业保险，社会保险的持有率要远高于商业保险的持有率，商业保险的覆盖面小，人们对商业保险仍存在偏见和误解。农户家庭保险配置相当匮乏，保险需求严重不足。

第三，农户金融素养水平对保险资产配置有显著的正向影响，农户的金融素养水平越高，越愿意进行保险投资。不同地域的农户，投保习惯也有所差异。西部地区相较于中、东部地区，信息较为闭塞且商业保险种类不够丰富，因此金融素养的提升对促进西部地区农户购买商业保险的效果更好。

9.8.2 政策建议

从宏观政策层面，进行金融知识普及和教育活动。政府应加强对农村居民的金融知识普及和教育，定期在乡村地区开展金融宣传活动，动员基层干部积极参与，提高农户的金融素养。应利用线上平台如短视频，以低成本、广覆盖的方式宣传金融知识；优化金融生态环境，推动农村金融生态的优化，降低金融交易成本，为乡村企业及市场主体提供更多金融资源配置，促进产业振兴。

从微观层面，通过线上线下宣传，让农村居民认识到金融产品的优点，消除对金融产品特别是对保险产品的认识不足和误解。同时，加强对金融机构的监管，确保其业务行为规范。提升保险产品的认知度，强化农村居民对保险产品功能和作用的认识，改变其对保险的传统观念。

从提升农村居民金融资产配置有效性的层面，需要增加农村居民收入，提高农村居民的经济水平，让农村居民拥有更多可以支配的资产，提高金融素养后可以有效参与投资活动，从而更好地规划资产，提高保险需求。

（本章撰稿人：陈佩琪、张少宁）

参 考 文 献

艾小青，郝龙华，李国正．金融知识对城乡居民创业活动的影响：基于CHFS数据的实证分析 [J]．湖南科技大学学报（社会科学版），2021，24（2）：71-79．

蔡庆丰，肖比诺，陈武元．从投资"现在"到投资"未来"：金融素养对家庭教育投资的影响 [J]．教育发展研究，2022，42（20）：33-46．

曹兰英．新型农村养老保险、农户金融市场参与及家庭资产配置 [J]．统计与决策，2019，35（18）：161-164．

曹瓅，杜祥雨，莫媛．金融素养对农户正规金融贷款决策的影响研究 [J]．大连理工大学学报（社会科学版），2022，43（4）：63-71．

曹瓅，罗剑朝．社会资本、金融素养与农户创业融资决策 [J]．中南财经政法大学学报，2019（3）：3-13，158．

曾志耕，何青，吴雨，等．金融知识与家庭投资组合多样性 [J]．经济学家，2015（6）：86-94．

陈华，杨晓旭．农村居民参与商业医疗保险的逆向选择和道德风险研究 [J]．农村经济，2022（10）：91-101．

陈静．基本养老保险对家庭消费的影响：基于CHFS数据的实证分析 [J]．消费经济，2015，31（1）：10-17．

陈小知，米运生，杨天健，等．农户收入与信贷数量：倒"U"关系及其理论解释 [J]．农业技术经济，2021（6）：4-17．

陈絮雯．金融风险态度对融资决策的影响研究 [J]．市场周刊：商务营销，2020，000（66）：1-2．

陈卓，胡新艳，许金海．农民创业行为的种植文化根源：基于"稻米理论"的视角 [J]．中国地质大学学报（社会科学版），2022，22（6）：82-96．

崔静雯，徐书林，李云峰．金融知识、有限关注与金融行为 [J]．金融经济学研究，2019，34（6）：105-119．

邓昌豫．高风险意味着高回报？：投资风险态度对居民家庭收入的影响 [J]．湖南师范大学社会科学学报，2019，48（4）：92-100．

邸玉玺，郑少锋．社会网络和交易成本对农户生产性正规信贷的影响［J］．西北农林科技
　　大学学报（社会科学版），2022，22（1）：151 - 160.

丁建军，万航．数字普惠金融、金融素养与资产相对贫困［J］．湘潭大学学报（哲学社会
　　科学版），2022，46（6）：59 - 65.

董晓林，戴月，朱晨露．金融素养对家庭借贷决策的影响：基于 CHFS 2013 的实证分析
　　［J］．东南大学学报（哲学社会科学版），2019，21（3）：44 - 52，146 - 147.

杜伟岸，熊桐．金融素养对家庭风险资产配置影响的实证研究［J］．北京邮电大学学报
　　（社会科学版），2021，23（2）：36 - 44，68.

杜鑫．当前中国农村居民收入及收入分配状况：兼论各粮食功能区域农村居民收入水平及
　　收入差距［J］．中国农村经济，2021（7）：84 - 99.

樊文翔．数字普惠金融提高了农户信贷获得吗？［J］．华中农业大学学报（社会科学版），
　　2021（1）：109 - 119，179.

方匡南，吴见彬，朱建平，等．信贷信息不对称下的信用卡信用风险研究［J］．经济研究，
　　2010，45（S1）：97 - 107.

付波航，于寄语，李正旺．农村居民金融素养对家庭金融资产配置的影响：基于 CHFS 微
　　观数据的实证研究［J］．特区经济，2022（9）：107 - 110.

高博．收入构成学视野下农户金融素养对其个人信贷获取的影响［J］．许昌学院学报，
　　2021，40（3）：117 - 122.

高志，刘明慧．基于 CHFS 的家庭金融风险资产投资研究［J］．吉林工程技术师范学院学
　　报，2022，38（7）：58 - 61.

耿士威，罗剑朝．农户参与农业产业链融资意愿研究：基于农户收入差距的视角［J］．金
　　融理论与实践，2018（6）：67 - 71.

韩科飞，蔡栋梁，陈韶晖．"推动力"还是"摩擦力"？：金融素养对农户农业生产投资的
　　影响［J］．商业研究，2021（3）：10.

韩英荻，庞金波，衡丹丹．数字金融对农户多维相对贫困影响研究［J］．农业现代化研究，
　　2022，43（5）：867 - 877.

何广文，何婧，郭沛．再议农户信贷需求及其信贷可得性［J］．农业经济问题，2018，458
　　（2）：38 - 49.

何广文，刘甜．乡村振兴背景下农户创业的金融支持研究［J］．改革，2019（9）：73 - 82.

何巧云．农民工参与失业保险的可行性与可操作性研究［J］．农业经济，2021（12）：
　　71 - 73.

何昇轩，李炜．金融素养对家庭和个人收入的影响研究［J］．中共福建省委党校（福建行
　　政学院）学报，2020（3）：98 - 107.

何文剑，赵秋雅，徐静文．信贷管制何以影响农户信贷可得性？：以林权抵押贷款制度为经验证据 [J]．林业经济，2020，42（4）：65－77．

何秀荣．小康社会农民收入问题与增收途径 [J]．河北学刊，2021，41（5）：147－157．

何学松，孔荣．金融素养、金融行为与农民收入：基于陕西省的农户调查 [J]．北京工商大学学报（社会科学版），2019，34（2）：1－11．

侯建昀，霍学喜．信贷可得性、融资规模与农户农地流转：以专业化生产农户为例 [J]．中国农村观察，2016，132（6）：29－39．

侯英．农户融资行为的影响因素文献综述 [J]．视界观，2021，000（1）：P.1－1．

胡宏兵，王乔，赵春旭．参与商业保险能提高家庭主观幸福感吗：理论机制与实证检验 [J]．宏观经济研究，2022（10）：66－87＋160．

贾立，李铮．金融素养能改善农村家庭消费结构吗：基于农户参保行为的中介作用分析 [J]．农业技术经济，2021（10）：64－78．

贾立，谭雯，阿布木乃．金融素养、家庭财富与家庭创业决策 [J]．西南金融，2021（1）：83－96．

江世银，付会敏，曹嘉宝．商业保险对中国中老年居民家庭风险金融资产配置影响：基于PSM方法的实证研究 [J]．云南财经大学学报，2021，37（6）：43－55．

金榕．金融素养、信贷约束与农村家庭创业研究 [J]．改革与开放，2021（9）：33－41．

康琛宇，胡日东．人口老龄化与家庭金融资产选择：基于金融素养的调节效应 [J]．金融论坛，2020，25（12）：59－68．

雷汉云，陈迁迁．金融素养能够抑制持续性贫困吗？[J]．金融与经济，2020（12）：22－30．

雷梦雨，余国新，李先东．产业链组织模式、信息获取能力与农户借贷行为：基于新疆492户棉农的实地调查 [J]．金融发展研究，2020，461（5）：26－34．

李昂，廖俊平．社会养老保险与我国城镇家庭风险金融资产配置行为 [J]．中国社会科学院研究生院学报，2016（6）：40－50．

李景刚，高艳梅，臧俊梅．农户风险意识对土地流转决策行为的影响 [J]．农业技术经济，2014，235（11）：21－30．

李明贤，万小萱．金融科技有助于缓解农户信贷配给吗？：基于CHFS 2019数据的实证分析 [J]．农村经济，2022（6）：79－88．

李泉，杨晓霞．居民金融素养对家庭创业决策及其回报的影响研究 [J]．河北科技大学学院刊：社科版，2021，21（3）：11．

李胜旗，徐玟龙．数字鸿沟对家庭风险资产投资的影响 [J]．金融与经济，2022（10）：3－15．

李文博．论金融素养测评框架及其对金融决策的影响 [J]．成功营销，2018（12）：1．

李晓，吴雨，李洁. 数字金融发展与家庭商业保险参与 [J]. 统计研究，2021，38（5）：29-41.

李雅君，李志冰，董俊华，等. 风险态度对中国家庭投资分散化的影响研究 [J]. 财贸经济，2015（7）：150-161.

李永强、白璇、寇燕、马良. 信用卡开卡意愿与使用频率影响因素研究 [J]. 中国工业经济，2008（2）：104-112.

李渊，刘西川. 金融知识对家庭信贷行为的影响：基于 CHFS 数据的实证研究 [J]. 武汉金融，2020（5）：35-44，55.

李云峰，徐书林，白丽华. 金融知识、过度自信与金融行为 [J]. 宏观经济研究，2018，232（3）：33-47.

李云峰，徐书林. 金融知识与新农保参与行为 [J]. 中南财经政法大学学报，2020（4）：96-107，159-160.

李昭楠，邢天阳，刘七军. 共同富裕目标下金融素养对农户收入不平等的影响 [J]. 统计与决策，2022，38（23）：69-73.

刘波，王修华，胡宗义. 金融素养是否降低了家庭金融脆弱性？ [J]. 南方经济，2020（10）：76-91.

刘丹，陆佳瑶. 金融知识对农户信贷行为的影响研究：基于代际差异的视角 [J]. 农业技术经济，2019（11）：18-28.

刘冬姣，庄朋涛. 数字普惠金融与家庭商业保险购买 [J]. 消费经济，2021，37（2）：67-78.

刘芳，彭耿，廖凯诚. 家庭股票市场参与效率的影响因素研究：基于金融素养与风险偏好的比较分析 [J]. 技术经济与管理研究，2022（7）：79-83.

刘国强. 中国消费者金融素养现状研究：基于 2017 年消费者金融素养问卷调查 [J]. 金融研究，2018（3）：1-20.

刘娟，张乐柱. 农户借贷需求意愿及其影响因素实证研究 [J]. 中南财经政法大学学报，2014（1）：6.

刘雪颖. 养老保险会提升家庭金融资产配置效率吗：基于储蓄替代与风险偏好效应的实证检验 [J]. 社会保障研究，2022（6）：52-63.

刘自强，樊俊颖. 金融素养影响农户正规信贷获得的内在机制研究：基于需求角度的分析 [J]. 农业现代化研究，2019，40（4）：664-673.

柳松，魏滨辉，苏柯雨. 互联网使用能否提升农户信贷获得水平：基于 CFPS 面板数据的经验研究 [J]. 经济理论与经济管理，2020（7）：58-72.

卢亚娟，何朴真. 人口老龄化、金融素养与家庭金融资产配置 [J]. 经济问题，2022

（12）：63－72.

卢亚娟，王家华 . 老龄化视角下家庭商业保险持有行为影响因素研究：基于 CHFS 调研数据的实证分析 ［J］. 河海大学学报（哲学社会科学版），2018，20（1）：25－30，90.

卢亚娟，殷君瑶 . 户主风险态度对家庭金融资产配置的影响研究 ［J］. 现代经济探讨，2021（12）：62－70.

卢亚娟，张雯涵，孟丹丹 . 社会养老保险对家庭金融资产配置的影响研究 ［J］. 保险研究，2019（12）：108－119.

鲁斯玮，罗荷花 . 金融素养、风险态度对家庭负债的影响研究 ［J］. 武汉金融，2020（10）：28－37.

罗必良，耿鹏鹏 . "稻米理论"：集体主义及其经济解理 ［J］. 华南农业大学学报（社会科学版），2022，21（4）：1－12.

马小勇 . 中国农户的风险规避行为分析：以陕西为例 ［J］. 中国软科学，2006（2）：22－30.

孟德锋，田亮，严伟祥 . 金融素养与信用消费行为：以信用卡为例 ［J］. 金融论坛，2019，24（11）：67－80.

孟德锋，严伟祥，刘志友 . 金融素养与家庭金融脆弱性 ［J］. 上海金融，2019（8）：1－13.

孟宏玮，闫新华 . 金融素养、家庭杠杆率与家庭消费 ［J］. 金融发展研究，2019（12）：30.

米运生，贺虹，高亚佳，等 . 社会资本异质性与农户融资渠道选择 ［J］. 农林经济管理学报，2018，17（2）：121－129.

闵诗筠 . 金融知识影响家庭互联网理财参与度的实证分析 ［J］. 金融纵横，2022（3）：26－36.

潘选明，张炜 . 金融知识有利于农村减贫吗？：来自中国的微观证据 ［J］. 农村经济，2020（9）：99－109.

庞贞燕，姜风黎，赵群，等 . 消费信用与信用消费问题探讨 ［J］. 金融理论与实践，2000（6）：10－12.

彭克强，张琳，邱雁 . 农民增收提高了农户正规信贷可得性吗：兼论中国粮食主产区农户的经济属性 ［J］. 财贸经济，2017，38（6）：49－65.

钱忠好，冀县卿 . 中国农地流转现状及其政策改进：基于江苏、广西、湖北、黑龙江四省（区）调查数据的分析 ［J］. 管理世界，2016，269（2）：71－81.

乔杨，张浩 . 家庭风险金融资产配置与商业保险参与：基于 CHFS 2017 的实证研究 ［J］. 调研世界，2022（5）：44－54.

秦芳，王文春，何金财 . 金融知识对商业保险参与的影响：来自中国家庭金融调查

（CHFS）数据的实证分析 ［J］. 金融研究，2016，436（10）：143-158.

秦海林，李超伟，万佳乐. 金融素养、金融资产配置与投资组合有效性 ［J］. 南京审计大学学报，2018，15（6）：99-110.

秦江城，栾敬东，陈澳. 财经知识水平怎样推动村民创新 ［J］. 云南省农业大学院刊：社科版，2022，16（5）：11.

单德朋. 金融素养与城市贫困 ［J］. 中国工业经济，2019（4）：136-154.

沈红波，黄卉，廖理. 中国信用卡市场持卡人透支行为研究 ［J］. 统计研究，2013（10）：61-67.

盛智明，蔡婷婷. 金融从业经历、金融素养与家庭风险投资：基于"中国家庭金融调查（CHFS）"2017 数据的分析 ［J］. 东南大学学报（哲学社会科学版），2021，23（5）：79-88，151.

施喜容，孟德锋. 金融知识、风险承受能力与退休养老规划选择 ［J］. 金融教育研究，2018，31（2）：14-20.

宋帅，李梦. 数字金融对农民创业决策的影响 ［J］. 华南农业大学学报：社会科学版，2021，20（5）：12.

苏岚岚，何学松，孔荣. 金融知识对农民农地流转行为的影响：基于农地确权颁证调节效应的分析 ［J］. 中国农村经济，2018，404（8）：17-31.

苏岚岚，孔荣. 金融素养、创业培训与农民创业决策 ［J］. 华南农业大学学报（社会科学版），2019，18（3）：53-66.

苏岚岚，孔荣. 农民金融素养与农村要素市场发育的互动关联机理研究 ［J］. 中国农村观察，2019（2）：61-77.

孙光林，李庆海，李成友. 欠发达地区农户金融知识对信贷违约的影响：以新疆为例 ［J］. 中国农村观察，2017（4）：87-101.

唐丹云，李洁，吴雨. 金融素养对家庭财产性收入的影响：基于共同富裕视角的研究 ［J］. 当代财经，2023（4）：55-67.

陶维荣. 金融素养对城乡居民家庭收入的影响研究：基于 CFPS 数据的实证分析 ［J］. 农业现代化研究，2021，42（3）：526-536.

田红宇，王媛名，祝志勇. 数字化赋能：互联网使用对农户信贷的影响及其异质性研究：基于选择实验方法的检验和分析 ［J］. 农业技术经济，2022（4）：82-102.

王刚贞，韩蓉. 数字普惠金融、金融素养与农户创业 ［J］. 重庆邮电大学学报（社会科学版），2022，34（4）：118-128.

王慧玲，杨少雄，孔荣. 金融素养降低农户消费不平等了吗?：基于金融行为的中介效应分析 ［J］. 西北农林科技大学学报（社会科学版），2021，21（5）.

王稳，桑林．社会医疗保险对家庭金融资产配置的影响机制［J］．首都经济贸易大学学报，2020，22（1）：21-34.

王稳，孙晓珂．医疗保险、健康资本与家庭金融资产配置研究［J］．保险研究，2020（1）：87-101.

王旭霞，王珊珊．金融素养、风险态度与家庭投资效率：基于新疆地区的微观调查数据分析［J］．西部金融，2022（8）.

魏加威，杨汭华．收入风险冲击下农业保险对农户家庭劳动力资源配置影响研究：基于山东、河南、贵州1733户调研数据［J］．干旱区资源与环境，2021，35（10）：53-59.

温涛，刘亭廷．金融素养和社会信任能促进农户数字金融参与吗［J］．西南大学学报（社会科学版），2023，49（1）：85-100.

温忠麟，叶宝娟．中介效应分析：方法和模型发展［J］．心理科学进展，2014，22（5）：731-745.

乌云花，永梅，温青超，等．农牧民的金融素养测评及影响因素研究：基于内蒙古农村牧区的调研［J］．农业现代化研究，2022，43（2）：240-248.

吴锟，吴卫星，王沈南．信用卡使用提升了居民家庭消费支出吗？［J］．经济学动态，2020（7）.

吴锟，吴卫星．理财建议可以作为金融素养的替代吗？［J］．金融研究，2017（8）：161-176.

吴锟，吴卫星．金融素养对居民信用卡使用的影响［J］．北京工商大学学报（社会科学版），2018（4）：84-95.

吴锟．金融素养对中国居民家庭金融行为的影响研究［D］．北京：对外经济贸易大学，2016.

吴罗发．中部地区农民社会养老保险参与意愿分析：以江西省为例［J］．农业经济问题，2008（4）：63-66.

吴卫星，吴锟，王琎．金融素养与家庭负债：基于中国居民家庭微观调查数据的分析［J］．经济研究，2018（1）：97-109.

吴卫星，吴锟，张旭阳．金融素养与家庭资产组合有效性［J］．国际金融研究，2018（5）.

吴卫星，张旭阳，吴锟．金融素养与家庭储蓄率：基于理财规划与借贷约束的解释［J］．金融研究，2021（8）：119-137.

吴雨，彭嫦燕，尹志超．金融知识、财富积累和家庭资产结构［J］．当代经济科学，2016，38（4）：19-29，124-125.

吴雨，杨超，尹志超．金融知识、养老计划与家庭保险决策［J］．经济学动态，2017（12）：86-98.

吴玉锋.新型农村社会养老保险参与行为实证分析：以村域社会资本为视角［J］.中国农村经济，2011（10）：64-76.

伍再华，谢北辰，郭新华.借贷约束、金融素养与中国家庭股票市场"有限参与"之谜［J］.现代财经（天津财经大学学报），2017，37（12）：20-35.

项质略，张德元，王雅丽.金融素养对农户创业的影响及其异质性分析：基于要素市场化水平的调节效应［J］.湖南农业大学学报（社会科学版），2020，21（4）：36-44.

项质略，张德元，王雅丽.我国金融素养对农民创新的负面影响及其异质性解析：由于要素资本市场化水平的调控效果［J］.内蒙古农村大学学报：社科版，2020，21（4）：9.

谢贤君.金融知识普及、金融风险与市场要素配置效率研究［J］.财贸研究，2021，32（12）：50-64.

邢大伟，管志豪.金融素养、家庭资产与农户借贷行为：基于CHFS 2015年数据的实证［J］.农村金融研究，2019（10）：32-39.

徐逸乐，管福泉.金融素养对农户家庭负债决策的影响［J］.中国商论，2022（9）：4.

徐璋勇，杨贺.农户信贷行为倾向及其影响因素分析：基于西部11省（区）1664户农户的调查［J］.中国软科学，2014（3）：45-56.

许泉，张龙耀，吴比.信贷市场对农地流转市场发育的影响［J］.华南农业大学学报（社会科学版），2016，15（4）：19-30.

许宪春，雷泽坤，窦园园，等.中国南北平衡发展差距研究：基于"中国平衡发展指数"的综合分析［J］.中国工业经济，2021，395（2）：5-22.

杨明婉，张乐柱.社会资本强度对农户家庭借贷行为影响研究：基于2016年CFPS的数据［J］.经济与管理评论，2019，35（5）：71-83.

杨润慈，石晓平，关长坤，等.农地经营权抵押贷款提高了农户的信贷可得性吗？：基于风险分担机制的调节效应分析［J］.中国土地科学，2022，36（5）：51-60.

杨少雄，孔荣.金融知识获取圈层对农户农地抵押贷款参与的影响研究：基于失地风险感知的中介效应分析［J］.重庆大学学报（社会科学版）2022，28（6）.

杨云帆，吴玥玥.金融知识对农村家庭资产规模的影响：基于性别差异的视角［J］.中国农业大学学报（社会科学版），2022，39（2）：184-204.

姚佳.家庭资产组合选择研究［D］.厦门：厦门大学，2009.

尹志超，郭沛瑶，张琳琬."为有源头活水来"：精准扶贫对农户信贷的影响［J］.管理世界，2020，36（2）：59-71，194，218.

尹志超，宋全云，吴雨，等.金融知识、创业决策和创业动机［J］.管理世界，2015，256（1）：87-98.

尹志超，宋全云，吴雨.金融知识、投资经验与家庭资产选择［J］.经济研究，2014，49

(4)：14.

尹志超，田文涛，王晓全．移动支付对家庭商业保险参与的影响：基于中国家庭金融调查数据的实证分析 [J]．财经问题研究，2022 (11)：57 - 66.

尹志超，吴雨，甘犁．金融可得性、金融市场参与和家庭资产选择 [J]．经济研究，2015，50 (3)：87 - 99.

尹志超，严雨，蒋佳伶．收入波动、社会网络与家庭商业保险需求 [J]．财经问题研究，2021 (8)：52 - 61.

尹志超，张紫璇，严雨．抚育子女对家庭保险需求的影响 [J]．金融论坛，2022，27 (4)：60 - 69.

于蓉．我国家庭金融资产选择行为研究 [D]．广州：暨南大学，2006.

臧文如．新生代农民工信用卡消费使用行为研究 [J]．农业技术经济，2015 (2)：95 -108.

张号栋，尹志超．金融知识和中国家庭的金融排斥：基于 CHFS 数据的实证研究 [J]．金融研究，2016 (7)：80 - 95.

张洪霞，赵砚，宋夏云．居民金融素养、市场化进程和商业保险参与：基于 CHFS 数据的实证分析 [J]．金融发展研究，2021 (10)：67 - 73.

张冀，于梦迪，曹杨．金融素养与中国家庭金融脆弱性 [J]．吉林大学社会科学学报，2020，60 (4)：140 - 150，238.

张乐柱，王剑楠．新型农业经营主体金融素养与信贷可得性：基于 CSQCA 与 Probit 方法的实证 [J]．东岳论丛，2022，43 (9)：49 - 56.

张凌霜，易行健，杨碧云．共同富裕目标背景下的商业保险、数字经济与人民幸福感：来自住户调查数据的经验证据 [J]．金融经济学研究，2022，37 (1)：42 - 60.

张龙耀，白子玉，王维彪，等．数字农贷对农户信贷需求的影响研究：以江苏沭阳数字化"阳光信贷"为例 [J]．农村金融研究，2020，483 (6)：3 - 9.

张龙耀，李超伟，王睿．金融知识与农户数字金融行为响应：来自四省农户调查的微观证据 [J]．中国农村经济，2021，437 (5)：83 - 101.

张强，杨宜勇．商业养老保险参与的影响因素分析 [J]．华中农业大学学报（社会科学版），2017 (5)：138 - 143，150.

张晓玫，董文奎，韩科飞．普惠金融对家庭金融资产选择的影响及机制分析 [J]．当代财经，2020 (1)：65 - 76.

张子豪，谭燕芝．认知能力、信贷与农户多维贫困 [J]．农业技术经济，2020 (8)：54 -68.

赵保国，薛骊阳．互联网消费金融对中国上市商业银行风险承担的影响研究 [J]．中央财经大学学报，2019，380 (4)：37 - 48.

周南，许玉韫，刘俊杰，等．农地确权、农地抵押与农户信贷可得性：来自农村改革试验区准实验的研究［J］. 中国农村经济，2019（11）：51－68.

朱建军，张蕾，安康. 金融素养对农地流转的影响及作用路径研究：基于 CHFS 数据［J］. 南京农业大学学报（社会科学版），2020，20（2）：103－115.

朱锐. 关于金融机构素养与对农民的贷款决策问题研究现状以及发展［J］. 科教导刊：电子版，2020.

朱涛，谢婷婷，王宇帆. 认知能力、社会互动与家庭金融资产配置研究［J］. 财经论丛，2016，213（11）：47－55.

朱文佩，林义. 金融素养、金融普惠性与养老金融资产配置［J］. 山西财经大学学报，2022，44（3）：43－57.

邹静，邓晓军. 数字普惠金融、金融素养和家庭收入贫困［J］. 产业经济评论，2022（5）：70－85.

Ajzen I. From intentions to actions：A theory of planned behavior［M］. Springer Berlin Heidelberg，1985.

Ajzen I. The theory of planned behavior［J］. Organizational behavior and human decision processes，1991，50（2）：179－211.

Allgood S，B W William. The effects of perceived and actual financial literacy on financial behaviors［J］. Economic Inquiry，2016，54（1）：675－697.

Ankrah TM，et al. The mediating role of access to financial services in the effect of financial literacy on household income：The case of rural ghana［J］. Sage Open，2022，12（1）.

Annamaria Lusardi，Olivia Mitchelli. Financial Literacy and Retirement Preparedness：Evidence and Implications for Financial Education［J］. Business Economics，2007，42（1）：35－44.

Awais M，Laber M F，Rasheed N，et al. Impact of financial literacy and investment experience on risk tolerance and investment decisions：Empirical evidence from Pakistan［J］. International Journal of Economics and Financial Issues，2016，6（1）：73－79.

Bertola G，Disney R，Grant C. The economics of consumer credit［M］. Massachusetts：MIT Press，2006.

Brown S J，Veld C，Veld－Merkoulova y v. credit cards：Transactional convenience or debt－trap［R/OL］. 2017，https：//ssrn. com/abstract＝2986714.

Bucher－Koenen T，Lusardi A. Financial literacy and retirement planning in Germany［J］. Journal of Pension Economics & Finance，2011，10（4）：565－584.

Campbell Y. Restoring rational choice：The challenge of consumer financial regulation［J］. American Economic Review，2016，106（5）：1－30.

Charkravorti S, Emmons W. Who pays for credit card? [J]. Journal of Consumer Affairs, 2001, 37 (2): 208 - 230.

Chen H, Volpe R P. An analysis of personal financial literacy among college students [J]. Financial Services Review, 1998, 7 (2): 107 - 128.

Clark R, Lusardi A, Mitchell OS. financial knowledge and 401 (k) investment performance: a case study [J]. Journal of pension economics and finance, 2015, 16 (3): 324 - 347.

Conrad Murendo, Kingstone Mutsonziwa. Financial literacy and savings decisions by adult financial consumers in Zimbabwe [J]. International Journal of Consumer Studies, 2017, 41 (1): 95 - 103.

Cutler N E, Devlin S J. Financial literacy 2000 [J]. Journal of Financial Service Professionals, 1996, 50 (4): 32.

Davidson S. Take the long outlook on credit quality and financial literacy [J]. Community Banker, 2002, 5.

Disney R, Gathergood J. Financial literacy and consumer credit portfolios [J]. Journal of Banking and Finance, 2013, 37 (7): 2246 - 2254.

Disney R, Gathergood J. Financial literacy and indebtedness: New evidence for U. K. consumers [N]. Discussion Papers, 2011.

Fishbein M, Ajzen I. Predicting and understanding consumer behavior: Attitude - behavior correspondence [J]. Understanding attitudes and predicting social behavior, 1980, 1 (1): 148 - 172.

Flavin M, Yamashita T. Owner - occupied housing and the composition of the household portfolio over life cycle [J]. American Economic Review, 2002, 92: 345 - 362.

Gathergood J. Self - control, Financial literacy and consumer over - indebtedness [J]. Journal of Economic Psychology, 2012 (33): 590 - 602.

Gourieroiix C, Jouneau F. Econometrics of efficient fitted portfolios [J]. Journal of Empirical Finance, 1999, 6: 87 - 118.

Gross D B, Souleles N S. Do liquidity constraints and interest rates matter for consumer behavior? Evidence from credit card data [J]. Quarterly Journal of Economics, 2002 (1): 149 - 185.

Guiso L, Jappelli T. Financial literacy and portfolio diversification (No. 0812) [J]. Einaudi Institute for Economics and Finance (EIEF), 2008.

Howitt P, Fried J. Credit rationing and implicit contract theory [J]. Journal of Money, Credit and Banking, 1980, 12 (3): 471 - 487.

Huston S J. Measuring financial literacy [J]. Journal of Consumer Affairs，2010，44（2）：296-316.

Huston SJ，Finke MS，Smith H. A financial sophistication proxy for the survey of consumer finances [J]. Applied Economics Letters，2012，19（13）：1275-1278.

Huston SJ. Measuring financial literacy. The Journal of consumer affairs，2010：296-316.

Jappelli T，Pischke JS，Souleles NS. Testing for liquidity constraints in Euler Equations with complementary data sources [J]. The Review of Economics and Statistics，1998，80（2）：251-262.

Jiang J L，Li L，Wang Z W，et al. Financial literacy and retail investors' financial welfare：Evidence from mutual fund investment outcomes in China [J]. Pacific - Basin Finance Journal，2020，59：101-120.

Kahneman D，Tversky A. subjective probability：A judgment of representativeness [J]. Cognitive Psychology，1972，3（3）：430-454.

Kaiser H F，Rice J. Little jiffy，mark IV [J]. Educational and Psychological Measurement，1974，34（1）：111-117.

Kempson H E，Whyley C M. Understanding and combating financial exclusion [J]. Insurance Trends，1999，21：18-22.

Klapper L，Lusardi A，Panos G A. Financial literacy and its consequences：Evidence from Russia during the Financial Crisis [J]. Journal of Banking & Finance，2013，37（10）：3904-3923.

Leyshon A，Thrift N. The restructuring of the UK financial services industry in the 1990s：A reversal of fortune? [J]. Journal of Rural Studies，1993，9（3）：223-241.

Lusardi A，Mitchell O S，Curto V. Financial literacy among the young [J]. Journal of Consumer Affairs，2010，44（2）：358-380.

Lusardi A，Mitchell O S. Baby boomer retirement security：The roles of planning，financial literacy，and housing wealth [J]. Journal of Monetary Economics，2006，54（1）：205-224.

Lusardi A，Mitchell O S. Financial literacy and planning：Implications for retirement wellbeing [R]. Working Papers，2005：34-37.

Lusardi A，Mitchell O S. Financial literacy and retirement planning in the United States [J]. Journal of Pension Economics & Finance，2011，10（4）：509-525.

Lusardi A，Mitchell O S. Financial literacy around the world：An overview [J]. Journal of pension economics and finance，2011，10（4）：497-506.

Lusardi A, Mitchell O S. The economic importance of financial literacy: Theory and evidence [J]. Journal of Economic Literature, 2014, 52 (1): 5 - 44.

Lusardi A. Risk literacy [J]. Italian Economic Journal, 2015, 1 (1): 5 - 23.

Maarten C J, Van Rooij, Lusardi A, et al. Financial literacy, retirement planning and household wealth [J]. The Economic Journal, 2012, 122 (560): 449 - 478.

Mason C L J, Wilson R M S. Conceptualizing financial literacy business school research series [D]. UK: Loughborough University, 2000.

Meyll T, Walter A. Tapping and waving to debt: Mobile payments and credit card behavior [R/OL]. 2018. https: //ssrn. com/abstract=3145158.

Moore D L. Survey of financial literacy in Washington State: Knowledge, behavior, attitudes, and experiences [R]. Washington State: Washington State Department of Financial Institutions, 2003.

Noctor M, Stoney S, Stradling R. Financial literacy, a report prepared for the National Westminster Bank [R]. London: National Foundation for Educational Research, 1992.

Noctor M, Stoney S, Stradling R. Financial literacy: A discussion of concepts and competences of financial literacy and opportunities for its introduction into young people's learning [R]. London: National Foundation for Educational Research, 1992.

Nurdan S, T Fatih, O Sayilir. "The Effects of financial literacy on the borrowing behavior of turkish financial consumers" [J]. International Journal of Consumer Studies, 2012, 36: 573 - 579.

Pelizzon L, Weber G. Are household portfolios efficient? An analysis conditional on housing [J]. The Journal of Financial and Quantitative Analysis, 2008, 43: 401 - 431.

Ricaldi L, Finke M. S, Huston S. J. Financial literacy and shrouded credit card rewards [J]. Journal of Financial Services Marketing, 2013, 18 (3): 177 - 187.

Rooij MV, et al. Financial literacy and stock market participation [J]. Journal of Financial Economics, 2007, 101 (2): 449 - 472.

Rooij MV, Lusardi A, Alessie R. Financial literacy and stock market participation [J]. Journal of Financial Economics, 2011, 101 (2): 449 - 472.

Sevim C, Kalyoncu F, Sezgin Z. Küresel Krizin Türkiye Ekonomisine Etkileri [J]. Kara Harp Okulu Bilim Dergisi, 2012, 22.

Stiglitz JE, Weiss A. Credit rationing in markets with imperfect information [J]. The American Economic Review, 1981, 71 (3): 393 - 410.

Stock JH, Yogo M. Testing for weak instruments in linear IV regression [J]. NBER Technical Working Papers，2005，14（1）：80-108.

Talhelm T，Zhang X，Oishi S，et al. Large-scale psychological differences within China explained by rice versus wheat agriculture ［J］. Science，2014，344（6184）：603-608.

Tan J，Cai D，Han K，et al. Understanding peasant household's land transfer decision-making：A perspective of financial literacy. Land Use Policy，2022，119，Article 106189.

Williamson S. Costly monitoring，financial intermediation，and equilibrium credit rationing ［J］. Journal of Monetary Economics，1986，18（2）：159-179.

Xia T，Wang Z，Li K. Financial literacy overconfidence and stock market participation ［J］. Social Indicators Research，2014，119：1233-1245.

Yu YQ. Financial literacy and asset allocation among retired residents：Evidence from China ［J］. Journal of the Asia Pacific Economy，2022，27（4）：860-881.

后　记

——半亩方塘待云舒的日子

小时候，总在做一个跳进无底深渊的梦，不似庄先生的鲲鹏展翅豪壮。于是大半生战战兢兢，小心求证，耳边也总回想起"年轻的朋友来相会"的旋律，哪曾想已近耳顺之年了。经济供给与需求均衡的一把剪刀剪掉了计划的辫子，但市场的边际曲线并不按预期的意愿走向。张五常先生的"一条需求曲线"之说，给了我们去繁就简的启示。金融交易又何尝不如此？当金融机构拿着那个"财富与收入"的尺子丈量客户信用的时候，将绝大多数的农村客户尤其是长尾群体排斥了。由此，解决条件排斥、增加普惠金融供给诚然为基本逻辑，而金融需求有效性的提升是从根本上使金融交易均衡点向右下方移动的举措，信用增加和金融素养的提升是关键点。

基于此，开展了农村客户的信用与金融素养提升两个方面的研究，本书是金融素养方面的部分研究成果。在问题提出之后，运用经济学的实证分析方法，分为以下专题进行了探讨：金融素养对农户信贷可得性、正规信贷可得性与农村居民家庭收入、农村家庭信用消费参与行为、农村家庭风险资产配置的异质性、农户金融资产投资、农户创业融资决策、农地转入及其机制、农户家庭保险配置等方面的影响，并得出了具有价值的研究结论，有针对性地提出政策性建议。

课题组成员以博士、硕士为主，参与初稿撰写的主要是：王剑楠、孙维远、徐帆、邓艺、张晓雷等博士，刘惠芬、李雨婷、侯润玉、陈佩琪等硕士，初稿撰写者在文后一一注明。由于是同学们分专题完成的，每章均相对独立成篇，且因写作时间、目的不同，所引文献、数据也存有差异，特此说明。本书参引文献众多，因篇幅所限未完全著录，敬请谅解。我作为项目主持人，与广东金融学院的张少宁博士、王剑楠博士一起校正并通改全稿。由此可以看出，主要的贡献应该归于孩子们！付梓之际，由衷感谢普惠院米运生教授的鼎力支持，真诚感谢中国农业出版社的闫保荣编审多年来的乡谊和付出，感谢张斗艳编辑专业的修改建议。一份共同的涉农事业，愿化作一丝春雨，催生农村希望的一片嫩绿。

　　权作记。

张乐柱

2023 年 6 月 19 日

图书在版编目（CIP）数据

信贷可得：金融素养与乡村振兴中的金融供给 / 张乐柱，张少宁，王剑楠编著. —北京：中国农业出版社，2023.11

（普惠金融与"三农"经济研究系列丛书）

ISBN 978-7-109-31692-8

Ⅰ.①信…　Ⅱ.①张… ②张… ③王…　Ⅲ.①农村金融改革－研究－中国　Ⅳ.①F832.35

中国国家版本馆 CIP 数据核字（2024）第 034690 号

中国农业出版社出版

地址：北京市朝阳区麦子店街 18 号楼

邮编：100125

责任编辑：郑　君　　文字编辑：张斗艳

版式设计：王　晨　　责任校对：吴丽婷

印刷：北京中兴印刷有限公司

版次：2023 年 11 月第 1 版

印次：2023 年 11 月北京第 1 次印刷

发行：新华书店北京发行所

开本：700mm×1000mm　1/16

印张：14.5

字数：252 千字

定价：68.00 元